AF401629

THÈSE
POUR LE DOCTORAT

L'acte public sur les matières ci-après sera soutenu

Le Jeudi 12 Mai 1864, à midi

PAR

JULES-ADOLPHE HABERT

NÉ A BOURGES (CHER)

PRÉSIDENT : **M. ORTOLAN**, PROFESSEUR.

SUFFRAGANTS :
- MM. **VALETTE**,
- **COLMET-DAAGE**,
- **MACHELARD**, PROFESSEURS.
- **LABBÉ**, AGRÉGÉ.

BOURGES

E. PIGELET, IMPRIMEUR, RUE DES ARENES, 55.

1864.

Altius ibunt qui ad summa nitentur,
quam qui, præsumpta desperatione quo
velint evadendi, protinus circa ima
substiterint.

QUINTILIEN.
(*Instit. orator. proœm.*)

Veritati litamus.
(BYNKERSHOEK.)

A MON PÈRE, A MA MÈRE.

DE LA PUISSANCE PATERNELLE.

PREMIÈRE PARTIE.

DE LA PUISSANCE PATERNELLE EN DROIT ROMAIN.

CHAPITRE I.

PRÉLIMINAIRES HISTORIQUES.

L'impossibilité de trouver des formules précises et satisfaisantes pour bien définir le droit naturel, fait qu'on est allé jusqu'à nier ce droit lui-même. Quoi qu'on ait pu dire, il existe cependant un droit antérieur et supérieur à tous autres, d'origine divine, immuable, éternel, concomitant avec l'apparition des êtres. La terre tirée du chaos, c'est l'ordre qui partout remplace l'anarchie : les corps sont soumis aux lois de la pesanteur ; d'autres lois régiront les âmes. L'inertie a ses lois, la vie aura les siennes. Qu'on nomme instinct ou autrement la force occulte qui pousse chaque être à sa fin mystérieuse, à l'accomplissement de ces actes divers destinés sans doute à réaliser les secrets desseins de la Providence, toujours est-il que cette force existe, incontestable, indiscutable, et, quand je me place à ce point de vue théorique et philosophique, je comprends à merveille ce que

"

dit Ulpien : *Jus naturale est quod natura omnia animalia docuit, nam jus istud non humani generis proprium, sed omnium animalium.... Hinc liberorum procreatio, hinc educatio, videmus etenim cætera quoque animalia, feras etiam, istius juris peritia censeri* (1).

Remarquons en passant que la dernière phrase prend un sens différent, lorsque nous la lisons dans le texte des Institutes, où le mot *perita* remplace *peritia* (2). Bien que le grave problème de l'âme des bêtes ne fût pas alors, que je sache, à l'ordre du jour, cette altération me semble volontaire de la part des trois rédacteurs qui, trouvant un peu dur de nous assimiler aux autres créatures, quant à la connaissance du *jus naturale*, ne se firent pas scrupule très-probablement d'enlever une simple lettre, par respect pour le genre humain.

Quoi qu'il en soit, on a été sévère à l'égard de l'auteur du fragment précité : on a reproché à Ulpien sa division tripartite du droit privé ; on a dit qu'elle n'avait pas sa raison d'être ; que *jus gentium*, *jus civile* voulaient tout dire, et qu'on n'avait que faire du troisième terme. Pour qui se place au point de vue pratique, la critique est juste, et si juste que je me garderais bien de la réfuter. Mais au point de vue de la spéculation pure, la division d'Ulpien n'est point déraisonnable. Elle a le mérite de ne pas confondre deux choses parfaitement distinctes : les rapports de fait, *jus naturale*, que la nature impose à tous les êtres, et les rapports de droit, rapports qui nous sont propres et se subdivisent en *jus civile* et en *jus gentium*. Le mot *jus*, qui paraît choquant au premier cas, se justifie pourtant dans les trois hypothèses : ce mot, en effet, vient de *jubere* ; il désigne un ordre, un précepte. De même qu'il exprime dans les autres cas l'idée d'une contrainte imposée aux hommes par la conscience et les divers pouvoirs sociaux, dans le premier cas il se rapporte à l'idée d'une contrainte imposée par l'instinct à tout être et non

____

(1) L. I, § 3, Dig., *de Just. et jure*.
(2) Inst. Just., l. I, t. II, Pr.

plus seulement à l'homme : *hinc liberorum procreatio, hinc educatio.* Instinctivement, naturellement, les êtres, procréant des êtres, donnent à leur postérité ces premiers soins qui la font vivre. Ainsi se forme un lien d'étroite dépendance, un *naturalis juris vinculum* qui partout subordonne les petits aux grands, la faiblesse à la force, les enfants aux pères, si bien que la puissance paternelle a sa base non dans les lois, mais dans les faits, dans les nécessités de l'existence même. Tout être a sa minorité pendant laquelle il est soumis et dirigé. Ce pouvoir directif, il appartient au père en vertu, si l'on veut, de cette autorité que donnent l'âge et l'expérience de la vie ; mais en vertu surtout de cette loi qui place la créature au-dessous de son créateur, l'effet au-dessous de la cause. C'est la loi de nature, et cette loi suprême suffit aux sociétés naissantes. Puis, lorsque l'État s'organise, il intervient et réglemente ces rapports indispensables, sacrifiant parfois les intérêts privés aux intérêts du plus grand nombre, et alors la puissance paternelle, de droit naturel et de droit civil, devient aussi de droit public dans l'intérêt de la société tout entière. Mais pour qu'ainsi le pouvoir public s'interpose entre le père et les enfants, il faut un état social avancé, il faut l'ordre établi, des magistrats, des lois.

Si maintenant nous remontons le cours des âges pour chercher au loin nos premières origines, nous nous arrêterons sans doute à cette idée que la première de ces sociétés humaines, qui ne sont que des collections de familles, dut être la famille elle-même, et naturellement le chef de la famille fut le chef de la société. Tant que la société garda sa simplicité primitive, les pouvoirs du chef restèrent indéfinis. Il fut maître et maître absolu, car, entre le despotisme et l'autorité dont le père a besoin, pendant un certain temps, pour remplir, à l'égard des siens, sa tâche sainte, les nuances sont trop délicates, les distinctions trop subtiles, les limites trop effacées pour être saisies, comprises et respectées par les premiers ancêtres de l'humanité. Le patriarche, à l'origine, semble n'avoir que des droits et point de devoirs envers ses enfants qui, de leur côté, paraissent n'avoir à son égard que des devoirs sans droits. P. Grégoire a tort lorsque, dans son *Syntagma*, il cite, à l'appui de ces conjectures, le sacrifice d'Abraham : *Quasi jus suum paternum exercere voluerit Abrahamus, et non potius mandato Dei speciali (generali præceptioni deroganti) parere.... Impertinentissime probat*, dit Doneau (1). Reconnaissons l'impertinence de la preuve, et, sans vouloir sonder un fait mystérieux qui ne prouve rien dans l'espèce et qui s'offre à nous comme tout exceptionnel, demandons-nous où est la règle, la *generalis præceptio*. Nous ne la trouvons pas avant le Décalogue, qui a dit : « Tu ne tueras point ; » mais auparavant il avait eu soin de dire : « Tu honoreras ton père et ta mère, afin d'avoir une longue vie sur la terre que Dieu t'a donnée (2). » N'y aurait-il pas, dans cette promesse, une menace implicitement contenue, à l'égard des enfants contempteurs de la loi ? J'en suis intimement persuadé, quand je lis ces textes du droit mosaïque : « Celui qui aura frappé son père ou sa mère sera puni de mort. Celui qui aura maudit son père ou sa mère sera puni de mort (3). »

Reste à savoir qui pouvait appliquer la peine. A cet égard, on lit dans le Deutéronome : « Quand un homme aura un enfant méchant et rebelle, n'obéissant point à la voix de son père, ni à la voix de sa mère, et qu'ils l'auront châtié, et que, nonobstant cela, il ne les écoute point, alors le père et la mère le prendront et le mèneront aux anciens de sa ville... et ils diront aux anciens de sa ville : « C'est ici notre fils qui est méchant et rebelle... » et tous les gens de la ville le lapideront et il mourra (4).... »

De ce texte on pourrait conclure que de très-bonne heure l'usage s'établit de recourir aux magistrats de la cité, quand le cas était assez grave pour mériter plus qu'une simple correction ; mais remarquons bien qu'ici les *anciens* se présentent à nous

---

(1) Hug. Donelli, comm. *de Jure civ.*, ch. XIV.
(2) *Exode*, XX.
(3) *Idem*, XXI, 15, 17 ; *Lévit.*, XX, 9 ; *Deutér.*, XXVII, 16.
(4) *Deutér.*, XXI, 18 et s.

non comme de vrais juges, mais comme exécuteurs des volontés du père et ministres de ses vengeances. Le seul but du recours aux *anciens* de la ville devait être de rendre la peine exemplaire : si cette peine est appliquée par le peuple et devant le peuple, c'est pour qu'Israël voie et craigne le sort réservé aux méchants. Mais je n'irai pas jusqu'à dire que dès lors les mœurs interdisaient au père de se faire justice à lui-même, en châtiant les siens comme il l'entendait, fût-ce par la mort du coupable. Dans l'enfance des peuples, les mauvaises mœurs ont en général plus de force que les bonnes lois. surtout lorsque ces dernières ont été inspirées par des vues supérieures au niveau moral et intellectuel de ceux qu'elles étaient destinées à régir. Aussi croyons-nous que, sauf les tempéraments, plus ou moins efficaces, du droit mosaïque, l'omnipotence arbitraire des patriarches se maintint longtemps dans ces âges reculés. Longtemps, suprême arbitre de la destinée de ces enfants qu'il a reçus de la nature, le père peut les immoler à ses caprices, les mettre à mort, innocents ou coupables, lorsque tel est son bon plaisir. Qui s'interposerait entre l'enfant et lui ? Il est le maître, c'est tout dire ; il peut tout. Cet absolutisme est la règle dans tout l'Orient. Et cela dure tant que l'intérêt public ne vient pas opposer un puissant contre-poids à l'intérêt privé de ces chefs de famille gouvernant leurs *sujets* avec cet égoïsme que la civilisation chrétienne a pu seule, après dix-huit siècles de lutte, expulser de nos lois et presque de nos mœurs.

L'*égoïsme* est un mot qui résume à lui seul les différentes phases de l'histoire ancienne. A l'égoïsme individuel se substitue l'égoïsme de la cité, plus absolu, plus despotique encore que celui qui le précéda dans l'ordre logique et chronologique. Voyez la Grèce et les lois de Lycurgue : étrange absorption des familles dans l'État ! Le père n'est plus qu'un citoyen chargé d'acquitter sa dette envers la patrie, la mère commune, en lui donnant des défenseurs. L'enfant naît-il, on le présente aux plus anciens de la tribu ; malheur à lui, s'il est frêle et débile ! on le met à mort sans pitié. La patrie n'a que faire de pauvres malingres qui peut-être un jour lui seraient à charge, au lieu de racheter, par de futurs services, leur présente inutilité! Pour qu'on fasse grâce à l'enfant, il faut qu'il paraisse robuste et bien constitué; alors il est expédient pour l'État qu'il vive. La patrie l'adopte, et l'enfant, soustrait dès ses jeunes ans à l'autorité du père, reçoit, sous la surveillance des magistrats, cette éducation commune qui doit développer en lui ces vertus civiques, les seules dont on fasse cas chez les Spartiates!

Contraires au droit naturel, s'il y a du vrai dans cette pensée de Pline : *Vis et lex naturæ semper in ditione parentum esse liberos jussit* (1), de pareils principes ne pouvaient convenir qu'au patriotisme dur et farouche des rudes Lacédémoniens. Autre était l'esprit public à Athènes. C'est ce qui nous explique le peu de succès des lois de Dracon, cet autre Lycurgue, dépaysé chez un peuple trop doux pour pratiquer longtemps sa politique austère. Sa législation n'était pas née viable; elle tomba sous la réprobation publique, et Solon n'eut pas de peine à faire adopter des institutions assurément préférables.

D'abord propriété d'un être individuel, d'un être collectif dans un droit postérieur où l'État supplante le père, ici l'enfant me semble rendu à lui-même. Sans doute, il dépend de son père, il dépend aussi de l'État, mais précisément parce qu'il dépend des deux, nul des deux ne l'absorde. Non, ce n'est plus un membre, sans volonté propre, de la famille ou du corps social; c'est un être à part, capable d'avoir des droits. Il en a même à l'égard de son père qui ne peut en principe disposer de la liberté de ses enfants. C'est à tort qu'on a soutenu que les lois de Solon attribuaient aux pères le droit de leur donner la mort. Denys d'Halicarnasse dit positivement, dans ses *Antiquités romaines*, que, suivant les lois de Solon, de Pittacus et de Charondas, les Grecs ne permettaient aux pères que de déshériter leurs enfants ou de les chasser de leurs maisons, sans qu'ils pussent leur infliger des peines plus graves. « Si, dans la suite, les Grecs ont donné plus d'extension au pouvoir paternel, il est à présumer qu'ils en ont

______

(1) Plin., *in Panegyr.*

puisé l'idée dans les lois romaines (1). » Cette hypothèse n'a vraiment rien d'invraisemblable. Rome eut le talent de communiquer à tous ses idées bonnes ou mauvaises. Par malheur, au point de vue où nous nous plaçons, son influence ne fut pas heureuse. Adopter en ceci l'esprit des lois romaines, c'était non pas marcher dans la voie du progrès, mais faire un triste retour vers les premiers âges, vers la barbarie du passé.

L'exclusive préoccupation des intérêts de la patrie paraît avoir encore guidé le plus illustre des philosophes antiques. Partant de l'idée contestable que l'unité absolue est le caractère essentiel d'une république parfaite, Platon trouve son idéal dans la communauté des enfants et des femmes, qu'il associe à la communauté de tous les biens. L'être abstrait, collectif qu'on appelle l'État, est à la fois père de tous les citoyens et propriétaire de tout ce qu'ils possèdent. L'enfant de quelqu'un devient l'enfant de tout le monde. C'est un vague *codominium*, indéfini et indéfinissable, un communisme extravagant où tout est si bien concentré, broyé dans une unité chimérique, qu'on ne reconnaît plus aucun des éléments qu'on a pulvérisés dans cette pâte informe. Étrange insanité d'un sublime génie ! Les sages sont parfois les fous, je le sais bien, mais concevons-nous chez Socrate et chez Platon, sur ce point capital, une telle méprise, la plus inconcevable des aberrations !

Quittons bien vite le jardin d'Académus pour nous rendre au Lycée : là, du moins, Aristote enseigne une doctrine plus pratique et plus naturelle. Aristote reconnaît la loi de nature dans l'autorité du père sur les enfants. Mais cette autorité n'est pas illimitée. Le père est roi, sans être monarque absolu ; il règne sur des êtres libres. Son gouvernement est, si vous voulez, une monarchie constitutionnelle, et ce tempérament au dur absolutisme dont il s'était investi dans l'antiquité, c'est d'abord la nature qui le lui impose, la nature qui lui donne un pouvoir directif, uniquement parce qu'il a sur son enfant la prééminence de l'âge et

____

(1) Barthélemy, Introduction au *Voyage dans la Grèce*.

de la raison ; c'est, d'un autre côté, la saine politique qui devra veiller soigneusement sur ces générations futures, la pépinière de l'État (1).

C'est au livre II de sa *Politique* qu'Aristote fait la critique des idées platoniciennes (2). Il réfute ces théories désordonnées de chaos politique, où tous les éléments de l'ordre social sont confondus pêle-mêle dans une écrasante unité. « Eh quoi ! dit-il, quand vous supprimez la famille, vous croyez que c'est pour le bien de la cité ! Comment ! vous arrachez les enfants à leur père, et vous vous figurez qu'en agissant ainsi, contre le vœu de la nature, vous travaillez pour tous, pour le salut public ! Profonde erreur ! car, de cette façon, vous anéantissez la cité elle-même, qui ne vit que de la satisfaction donnée aux intérêts individuels. Tous les enfants seront à tous : fort bien ; mais qui se chargera de leur donner ces soins requis à l'entrée dans la vie ? L'intérêt banal du premier venu, prenant soin d'un enfant quelconque, pourra-t-il suppléer à la tendre affection, à l'égoïste vigilance dont les parents entourent leur progéniture ? » Mieux vaut être le dernier des arrière-neveux dans le système d'Aristote, que le fils dans la *République* de Platon, déclarée cependant par Rousseau, dans l'*Émile*, « le plus beau traité d'éducation qu'on ait jamais fait. »

Au temps où les meilleurs esprits se partageaient, en Grèce, en deux grandes écoles, — académiciens et péripatéticiens, — Rome, fondée depuis quatre cents ans, n'avait qu'un droit rudimentaire. C'est le droit du plus fort, c'est la consécration des idées rétrogrades. Patriciens et *patres*, oppresseurs de la plèbe et de la *familia*, sont les vivants portraits du patriarche antique, prince et seigneur, gouvernant sans contrôle tout son entourage, ses enfants et ses serviteurs. Si les fils de famille, pendant si longtemps, sont comme garrottés dans les liens de puissance, c'est que ces liens sociaux et factices s'appuient sur des liens naturels qu'on ne saurait briser ; mais la plèbe a vite compris qu'elle peut rompre

(1) *Politique* d'Aristote, l. I, ch. VIII.
(2) *Idem*, l. II, ch. II.

les anneaux de la chaîne forgée pour elle par l'esprit hautain et dominateur, en un mot par la morgue des fiers patriciens : ses premiers efforts ont pour résultat la rédaction des XII Tables, vulgarisant un droit mystérieux jusqu'alors accaparé par les classes privilégiées.

Il est fâcheux pour nous que la IV⁰ Table, qui paraît avoir été relative à la puissance paternelle, n'ait pu nous être conservée en son entier. Un seul article, relatif à la *venumdatio*, est textuellement reproduit par Gaius (1) et Ulpien (2), et ne laisse aucun doute sur sa parfaite authenticité. Tout le reste est perdu ; seulement on induit d'un passage de Denys d'Halicarnasse que cette IV⁰ Table consacrait l'omnipotence paternelle établie, dès la fondation de la cité, par le premier prince et législateur de Rome. Bynkershoek est d'avis que Romulus lui-même fit deux lois sur ce point, la première ordonnant au père d'élever ses enfants mâles et l'aînée de ses filles ; la seconde n'imposant plus de restrictions à l'autorité paternelle. De ces deux lois, Noodt n'admet que la première ; c'est elle qu'il suppose adoptée, consacrée par son insertion dans les XII Tables. Mais je ne puis admettre sa supposition. Tout, au contraire, prouve que le père avait les pouvoirs les plus larges, envers et contre tous, droit de vie et de mort. L'unique restriction qu'on pourrait reconnaître, c'est la prohibition de mettre à mort l'enfant qui n'avait pas accompli sa troisième année, *quia justa causa necandi deficit* (3), prohibition du reste presque insignifiante à cause des effets du *jus exponendi*. Qu'on se rappelle ce bizarre usage en vertu duquel on prenait l'enfant naissant pour l'étendre aux pieds de son père, libre de l'accepter ou de le refuser. Lorsqu'il en voulait, il le prenait dans ses bras, l'élevait *(tollebat)* ; mais s'il n'en voulait pas, il détournait les yeux ; on emportait l'enfant, on allait l'exposer. Et même au premier cas, pour que l'enfant vécût, il fallait

(1) *Gaii Inst.*, I, 132.
(2) Ulp., *Reg.*, II, 1.
(3) Den. d'Halic., I. II.

encore qu'à l'acceptation du père se joignît la sanction de la
société qui faisait périr les enfants difformes. Un passage de
Cicéron (*de Leg.*) nous atteste en effet qu'ils étaient mis à mort
aussitôt après leur naissance ; exclusive, égoïste préoccupation
des intérêts de la patrie qui, voulant s'exempter d'une charge inutile et, d'un autre côté, n'estimant que la force, retranche impitoyablement tous ceux dont elle croit n'avoir rien à attendre.

Cela rappelle les lois de Lycurgue, et, du reste, il paraît que les
lois de la Grèce n'ont pas été sans influence sur la rédaction de ces
premières lois romaines. La critique historique a nié comme apo-
cryphe et légendaire le voyage en Grèce de trois patriciens
chargés d'en étudier la législation pour rédiger les Tables d'après
ces données. Ce voyage n'est pas prouvé, je le veux bien, mais, en
admettant même qu'il n'ait pas eu lieu, rien n'empêche que les
Romains aient eu de quelque autre manière connaissance du
droit des Grecs qu'un exilé d'Éphèse, un nommé Hermodore,
paraîtrait avoir su à fond et enseigné à l'époque des décemvirs.
« C'est, dit Pomponius, ce que certains racontent (1). » Quelques
emprunts aux Grecs n'empêchent pas, d'ailleurs, le droit romain
d'être un droit fort original, et en particulier la famille
romaine d'avoir une physionomie *sui generis* tout à fait caracté-
ristique.

La famille romaine se présente à nous comme la réalisation
dans l'ordre privé, du rêve de Louis XIV dans l'ordre politique :
Un roi, une loi, une foi : *Quod foris est regnum, id domi patria
potestas*, dit Godefroi. Le *paterfamilias* est monarque absolu :
chez lui, tout est à lui, tout, excepté sa femme, s'il n'a pas acquis
la *manus* ; mais ses enfants sont à lui comme ses esclaves. Même
mariées, ses filles restent en sa puissance, lorsqu'elles ne sont
pas *in manu mariti*. Ainsi, propriétaire de sa *familia*, souverain
maître de son entourage, le *paterfamilias*, dans le droit primitif,
règne en sa maison sans contrôle. Ses dieux sont ceux de tout
ce qui vit sous son toit ; les *sacra privata* sont ceux d'une demeure,

____

(1) L. II, § 4, Dig., *de Orig. juris.*

et non pas ceux de tel ou tel individu. Un seul compte, en qui tous les autres viennent s'absorber et s'anéantir; la mort de l'individualisme, l'unité malgré la pluralité des êtres; *filius et pater censentur eadem persona; filius, portio corporis paterni, caro patris augmentata* (1).... Malgré leur nom, les *liberi* ne sont pas libres. Sans doute, enfants de Romains et Romains eux-mêmes, ils ne sont pas *esclaves*, et, sous ce rapport, l'appellation de *liberi* se justifie; mais ils ne sont pas libres si, comme dit Doneau, *libertatis hæc sunt : non parere, nisi cui velis; posse esse, ubi velis... quæ acquisieris, ea tibi habere, hisque uti pro tuis; et præsertim si quis liberos susceperit, quos natura illi dat, eos ipsos maxime in potestate habere. Hæc omnia in filiisf. potestate patris immutantur* (2). La *liberté*, c'est, dans le système romain, la possession de tous les droits pour *quelques* hommes; la *patrie*, c'est la possession pour les mêmes hommes de tous les biens (3). *Patria, res patrum.* On peut appliquer aux volontés paternelles ce qu'Ulpien dit des constitutions impériales : *Quod patrif. placuit, legis habet vigorem.* Sa *familia* lui appartenant corps et biens, il peut en user et en abuser comme de sa chose. A son pouvoir discrétionnaire sont soumis ses enfants comme ses esclaves. Le mot *potestas* s'applique aux uns comme aux autres. C'est sur cette idée de *puissance* que repose la famille romaine, pure conception, pure création juridique, institution toute civile et partant la moins naturelle des familles.

Pour avoir droit au nom de *paterfamilias*, la paternité n'était pas indispensable : *Ut quis dicatur familias, satis est ut familiæ suæ dominus sit, quoniam hæc vox non solum in eis locum habet, qui vere patres sunt filiosque habent, sed etiam in eis qui sine prole sunt, dum jura in domo sua habeant, quæ cæteri patresfamilias* (4). Le *paterfamilias*, c'est l'homme indépendant de qui tout dépend, tout relève. Demandons-nous toutefois si ce *sui*

---

(1) Card. Tuschi, *Practicæ conclus.*
(2) Hug. Donelli, comm *de Jure civ.*
(3) Th. Lavallée, *Coup d'œil sur le monde ancien.*
(4) Alciat, *de Verb. signif.*, libri quatuor.

juris qui, dans l'ordre privé, n'obéit à personne, et qui peut devenir un tyran domestique s'il se laisse entraîner par de mauvais instincts, avait, en droit public, vis-à-vis de l'État, la même indépendance. La réponse ne peut être que négative, si l'on tient compte de l'esprit des lois romaines ; car ce qui les caractérise est avant tout la forte organisation des rapports sociaux. On n'aurait pas laissé au *paterfamilias* un pouvoir sans limites, si les conséquences d'un pareil système eût été de faire de chaque famille un petit État dans l'État. Au contraire, des liens très-étroits rattachaient les *patresfamilius* au pouvoir politique. L'intérêt de l'État dut passer de bonne heure avant leurs propres intérêts. « L'organisation de la puissance paternelle tendait à donner plus de force au gouvernement. Il lui suffisait de s'assurer la soumission des pères de famille pour diriger à son gré la masse entière de la nation(1). » Je vois ici la raison d'État qui domine et protége une institution dont le vice capital a l'air de contribuer au bien de la chose publique. C'est un premier pas vers la centralisation, pas d'autant plus fâcheux qu'il est fait à rebours de ce droit naturel qui devrait constamment servir de base aux lois écrites. Plus tard, on comprit bien qu'on s'était fourvoyé, et, quand les empereurs voulurent à leur tour *centraliser* dans des vues politiques, ils s'y prirent autrement qu'en spéculant ainsi sur l'étroit égoïsme des chefs de famille. Mais, en attendant, quoi de plus factice que cette unité collective et chimérique de la *familia* confondue, annihilée dans une seule *persona*, synthèse comparable à celle du boudhisme, anéantissant, absorbant toutes les âmes dans le Grand Tout ! La raison d'État seule explique qu'on ait maintenu pendant si longtemps ces principes contre nature.

Maintenant, comment expliquer le triomphe de tels principes ? Devons-nous en chercher la cause dans un système préconçu, bien arrêté, confondant sciemment, volontairement, tous les biens avec les enfants et les esclaves dans le droit strict, absolu, de *propriété* ? Devons-nous la chercher dans l'idée plus subtile d'une magistra-

____

(1) Berriat-Saint-Prix, *Notes sur le Code civil.*

ture domestique où le père administre son petit domaine, sa *familia*, comme les magistrats gouvernent la cité, la grande famille ? Non, la *patria potestas* romaine ne se fonda pas en vertu d'une abstraction. C'est instinctivement, j'en suis persuadé, que fut adopté, confirmé ce droit barbare, en rapport avec l'esprit aristocratique et l'étroit égoïsme des premiers Romains. Le génie politique de Rome s'en fit une arme qui dura jusqu'à la fin de la République, sans se briser, sans s'émousser. Jusque-là, le *paterfamilias* est bien plus qu'un magistrat ; il *peut* vendre ses justiciables ! Il est investi d'un droit de disposition qui n'est comparable à nul autre, si ce n'est au droit de propriété. Bien que cela répugne, il faut se résigner à le dire *propriétaire* de sa *familia*, et par conséquent des enfants et descendants qui en font partie. Nous verrons à la fin le *paterfamilias*, exproprié pour cause d'utilité publique, cesser d'être propriétaire de ses fils ; en attendant, il l'est ; mais n'exagérons pas cette idée de propriété, quand nous l'appliquons aux personnes. Comment croire qu'un père ait jamais confondu ses enfants, futurs *patresfamilias*, qui perpétueront sa famille, avec le mobilier qui garnit sa maison ? Plus nominale que réelle fut, très-probablement, l'étrange confusion des personnes et des choses dans le patrimoine du *paterfamilias* dont je vais étudier en détail les prérogatives.

CHAPITRE II.

COMMENT S'ACQUÉRAIT LA PATRIA POTESTAS.

La puissance paternelle s'acquiert en droit romain de trois manières différentes : 1° par les justes noces ; 2° par la légitimation ; 3° par l'adoption.

1er MODE : LES JUSTES NOCES.

Nous lisons dans les Institutes : *In potestate nostra sunt liberi nostri quos ex* justis nuptiis *procreavimus* (1).... *Justas autem nuptias inter se cives Romani contrahunt, qui secundum præcepta legum coeunt, masculi quidem puberes, feminæ autem viripotentes, sive patresfamilias sint, sive filiifamilias : dum tamen, si filiifamilias sint, consensum habeant parentum quorum in potestate sunt* (2)....

Ainsi, pour contracter un mariage romain, il n'est pas nécessaire d'être chef de famille ; seulement les enfants d'un *alieni juris* seront non pas sous la puissance de leur père, mais sous celle de l'ascendant auquel ce père n'a pas cessé d'être soumis. Supposons maintenant qu'un *paterfamilias* se marie et ait des enfants, il aura sur eux la *patria potestas*, si son *matrimonium*

(1) Inst. Just., l. I, t. IX, Pr.
(2) *Idem*, t. X, Pr.

est *legitimum*. Or, les *nuptiæ* ne sont *justæ, legitimæ*, qu'aux quatre conditions suivantes. Il faut :

1° La puberté des deux époux : *Minorem annis duodecim nuptam tunc legitimam uxorem fore, cum apud virum explesset duodecim annos* (1).

2° L'accord de volontés : *Nuptiæ consistere nec possunt, nisi consentiant omnes, id est qui coeunt, quorumque in potestate sunt* (2).

3° L'absence d'empêchements dérivant de la parenté naturelle (*cognatio*), ou de l'alliance (*affinitas*), ou encore de lois prohibitives : *Ergo non omnes nobis uxores ducere licet* (3).... *Inter parentes et liberos infinite, cujuscumque gradus, connubium non est* (4).... *Inter eas quoque personas quæ ex transverso gradu cognationis junguntur, est quædam similis observatio, sed non tanta* (5).... *Adfinitatis quoque veneratione quarumdam nuptiis abstinendum est* (6).... *Sunt et aliæ personæ quæ propter diversas rationes nuptias contrahere prohibentur* (7)....

4° La qualité de citoyen romain. — Longtemps ce fut une sérieuse entrave. Gaius, qui écrivait sous Antonin le Pieux, et son successeur, Marc Aurèle, a bien soin de noter cette règle importante et de mettre auprès de la règle l'exception. Par exception, des Latins et des pérégrins, désireux de s'allier à des familles romaines, pouvaient obtenir la faveur d'un *connubium* leur donnant droit aux justes noces, à la *patria potestas*. Du reste, on voit dans Gaius les Romains eux-mêmes, et les vétérans en particulier (8), solliciter ce *connubium* qui leur permet d'avoir des enfants en puissance, et comme eux citoyens romains.

Ce que dit Gaius est confirmé par Ulpien, qui dit d'une façon

____

(1) L. IV, Dig., *De Ritu nupt.*
(2) L. II, *idem*.
(3) Inst. Just., l. I, t. X, § 1.
(4) Ulp., *Reg*, t. V, § 6.
(5) Inst. Just., l. I, t. X, § 2.
(6) *Idem*, § 6.
(7) *Idem*, § 11.
(8) *Gaii Inst.*, I, 56, 57.

fort claire : *Connubium habent cives Romani cum civibus Romanis; cum Latinis autem et peregrinis, ita si concessum sit* (1). Du sens restrictif des derniers mots, je conclus que les *Regulæ* sont antérieures à la constitution fameuse par laquelle Caracalla concède à tous les sujets de l'empire tous les droits de cité romaine (2). Dès lors, Latins et pérégrins (*in orbe romano qui sunt*) ont la *patria potestas*. Seuls en sont privés les *extranei* par rapport à la domination romaine, les *Barbares* qu'elle n'a pas atteints, et ceux qui, soit par suite de condamnations, soit en leur qualité d'esclaves ou d'affranchis devenus seulement Latins ou déditices, sont étrangers au droit de Rome.

Avant Caracalla, on peut dire qu'en principe, entre Romains et pérégrins, et pour les pérégrins entre eux, il n'y a qu'un *matrimonium juris gentium* ne produisant ni l'agnation romaine, ni la *patria potestas*. Jamais sans doute un déditice ne pouvait aspirer à cette *potestas*, car *nulla lege aut senatusconsulto, aut constitutione principali aditus illis ad civitatem Romanam datur* (3). Mais du moins tous autres avaient accès aux droits de la cité romaine, grâce à des chemins détournés que Gaius prend la peine de nous faire connaître (4).

Un premier moyen, c'est la *causæ probatio* : *Nam lege Junia cautum est*, nous dit Ulpien, *ut testatione interposita quod liberorum quærendorum causa uxorem duxerit, postea filio filiave nato natave et anniculo facto (Latinus) possit ad prætorem vel præsidem provinciæ causam probare, et fieri civis Romanus, tam ipse quam filius filiave ejus et uxor, scilicet si et ipsa Latina sit, nam si uxor civis Romana sit, partus quoque civis Romanus est, ex senatusconsulto quod auctore divo Hadriano factum est* (5).... *Simul ergo filium in potestate sua habere incipit* (6).

(1) Ulp., *Reg.*, t. **V**, § 4.
(2) L. XVII, Dig., *de Statu hom.*
(3) *Gaii Inst.*, 1, 26.
(4) *Idem*, 1, 65 à 81.
(5) Ulp., *Reg.*, III, 2.
(6) *Gaii Inst.*, 1, 66.

Un second moyen, c'est l'*erroris probatio*. Lorsqu'un citoyen romain avait épousé une latine ou une pérégrine, par erreur, la croyant romaine, et que de ce mariage un enfant était né, *hic non est in potestate*, nous dit Gaius ; car, pour que l'enfant ait la condition du père, il faut que les époux aient le *connubium*. Mais il est loisible à ce citoyen romain de prouver la cause de sa méprise, *et ita uxor quoque et filius ad civitatem Romanam perveniunt, et ex eo tempore incipit filius in potestate patris esse.* Si c'est une déditice qu'il a épousée par erreur, il pourra toujours, par l'*erroris probatio*, acquérir les droits de puissance paternelle ; mais *uxor non fit civis romana.* L'*erroris probatio* est encore applicable au cas où une Romaine épouse un pérégrin qu'elle a cru Romain ou Latin : *Ita filius et maritus ad civitatem Romanam perveniunt, et æque simul incipit filius in potestate patris esse.* Si c'est un déditice qu'elle a épousé, le croyant Romain ou Latin, son fils alors devient bien citoyen romain, mais *in potestatem patris non redigitur* (1); car son père, après comme avant, est déditice, et ne peut acquérir les droits de la cité. De même encore, une Latine, épousant un pérégrin qu'elle a cru Latin, pourrait, en prouvant son erreur, placer son fils sous la puissance paternelle : *Omnes fiunt cives Romani, et filius in potestate patris esse incipit* (2).

Qu'un Latin, prenant pour Latine ou pour Romaine, une pérégrine, l'épouse, au moyen de l'*erroris probatio*, ce Latin peut avoir la puissance paternelle, et le même moyen peut la faire acquérir à tout Romain qui, se croyant Latin, épousera une Latine, ou une pérégrine, se croyant pérégrin.

Les Latins pouvaient encore arriver à la puissance paternelle par diverses voies qu'Ulpien nous indique : *beneficio principali, iteratione, militia, nave, œdificio, pistrino* (3), moyens particuliers, tout à fait secondaires, pour lesquels nous devons supprimer les détails.

---

(1) *Gaii C.*, 1, 68.

(2) *Idem*, 69.

(3) Ulp., *Reg.*, t. III, § 1.

Pas plus que le *matrimonium juris gentium*, le concubinat ne donne les droits de la *patria potestas*. Les *liberi naturales*, comme les *spurii*, les *vulgo quæsiti*, les enfants nés du *contubernium* des esclaves entre eux ou d'un esclave avec une personne libre, suivent tous la condition de la mère. Or, la mère n'a sur aucun de ses enfants, pas même sur ceux nés *ex justis nuptiis*, la *potestas* réservée aux ascendants mâles.

Le *paterfamilias* peut avoir sur sa femme un pouvoir analogue à cette *potestas* : cela a lieu lorsque la femme est *in manu*, ce qui n'arrive pas toujours, car il y a mariage sans *manus* comme il y a *manus* sans mariage. Mais lorsque, *qualibet ex causa*, une femme se trouve *in manu mariti*, *placuit eam jus filiæ nancisci* (1). La *manus* en fait, pour ainsi dire, la fille de son mari, la sœur de ses enfants. Mais n'exagérons pas cependant cette idée. Si les Romains n'ont pas connu notre puissance maritale, et si la *manus* n'était qu'une sorte de *patria potestas* acquise au mari par l'usucapion, par la coemption et la confarréation, cette *potestas* vraisemblablement n'était pas aussi énergique à l'égard de la femme qu'à l'égard des enfants. Si, sous certains rapports (acquisition des biens, tutelles, successions (2), etc.), l'assimilation fut complète ; sous d'autres rapports, il dut y avoir des différences capitales. C'est ainsi que j'ai peine à croire que le mari ait eu jamais, en droit romain, droit de vie et de mort sur sa femme *in manu* comme sur ses enfants en puissance. Glissant rapidement sur une institution qu'il faut, à notre avis, se garder de confondre avec celle qui fait l'objet de ce travail, nous ne dirons rien des trois manières de constituer la *manus*, si non que la *confarreatio* se présente à nous comme un mode solennel, propre aux patriciens, tandis que l'*usus* et la *coemptio* étaient les modes ordinaires. L'*usus* paraîtrait ne s'être appliqué qu'à la femme *alieni juris, in patria potestate* ; la femme *sui juris* n'aurait pu le subir sans léser les droits de ses héritiers agnats. Cette dernière avait pour-

(1) *Gaii C.*, I, 115.
(2) *Idem*, I, 148 ; II, 159 ; III, 3.

tant une ressource, la mancipation. Elle pouvait se vendre avec son patrimoine ; c'est la *coemptio* dans sa première acception. Puis, lorsqu'on l'appliqua aux *alieni juris*, ce mot signifia que le *pater-familias*, abdiquant tout droit sur sa fille, la cédait au mari sans aucune réserve de sa *patria potestas*. Longtemps du reste avant Justinien la *manus* était tombée en désuétude.

2e MODE : LA LÉGITIMATION.

I. — Le second mode d'acquérir la puissance paternelle est ce qu'on a nommé, depuis le moyen âge, la *légitimation ;* mais le nom est beaucoup moins ancien que la chose, pourtant assez récente dans le droit romain. Sous la République, et même encore sous l'empire, avant Constantin, point de *patria potestas* possible à l'égard des enfants nés de concubinat, ce mariage bâtard, transformé par Auguste en véritable institution et, depuis, si bien enraciné dans les mœurs que, malgré le triomphe des idées chrétiennes, il se maintint jusqu'au xe siècle. On sait qu'Auguste était parti de principes économiques ; il voulait à tout prix repeupler l'Italie : d'où les lois Julia et Papia Poppæa. Ne sachant comment extirper cette espèce d'hérésie politique et morale, Constantin voulut en arrêter les progrès, en offrant la *patria potestas* à ceux qui consentiraient à épouser leurs concubines. Permettant ainsi de légitimer par subséquent mariage, il établit un mode d'assimilation des *liberi naturales* aux enfants nés des justes noces (335 de J.-C.). Cette constitution provisoire et transitoire dans les idées de Constantin, qui n'aspirait à rien moins qu'à la suppression d'une institution tout à fait antichrétienne, cette constitution, dis-je, est renouvelée par l'empereur Zénon (476). Peuvent user du bénéfice de la loi ceux *quibus nulla uxor est, nulla ex justo matrimonio legitima proles suscepta* (1). A cette

____

(1) L. V, Code, *de Natur. lib.*

première condition, l'absence d'enfants légitimes, Zénou en ajoute une seconde, l'existence présenté d'enfants naturels : *Hi vero qui tempore hujus sacratissimœ jussionis necdum prolem aliquam ex ingenuarum concubinarum consortio meruerint, minime hujus legis beneficio perfruantur ; cum liceat easdem mulieres sibi prius jure matrimonii copulare, non extantibus legitimis liberis aut uxoribus, et legitimos filios (utpote nuptiis prœcedentibus) procreare* (1).

Anastase, trouvant apparemment trop sévère cette deuxième condition, l'abroge en ces termes : *Jubemus eos quibus nullis legitimis existentibus liberis in præsenti aliquæ mulieres uxoris loco habentur, ex his sibi progenitos seu procreandos, suos et in potestates legitimosque habere* (2).... A son tour, Justin réprouve l'esprit de la Constitution anastasienne : *In posterum sciant omnes*, nous dit-il, *legitimis matrimoniis legitimam sibi posteritatem quærendam, ac si prædicta constitutio lata non esset* (3). Enfin Justinien estime équitable, au cas de subséquent mariage, *non solum secundos liberos, qui post dotem editi sunt, justos et in potestate esse patribus, sed etiam anteriores, qui et his qui postea nati sunt, occasionem legitimi nominis præstiterunt;* et cela *ne posteriores liberi qui, post dotem editi sunt, sibi omne paternum patrimonium vindicare audeant, quasi justi et in potestate effecti, fratres suos, qui ante dotem fuerant nati, ab hereditate paterna expellentes;* ce qu'il considère comme souverainement injuste (4). *Post dotem*, dit le texte. La constitution d'une *dos* servait sans nul doute à préciser l'instant où le concubinat se transformait en justes noces, et, par suite, l'instant de l'acquisition de la *patria potestas*. Voilà pourquoi les *dotalia instrumenta* furent considérés comme indispensables pour la légitimation. *Dotalibus instrumentis compositis, in potestate patris efficitur* (5),

(1) L. V, Code, *de Natur. lib.*
2) L. VI, *idem.*
(3) L. VII, *idem.*
(4) L. X et XI, Code, *de Natur. lib.*
(5) Inst. Just., l. I, t. X, § 13.

nous disent les Institutes qui exigent, en outre, que l'enfant soit issu d'un père vivant en concubinat avec une femme qu'aucune loi ne lui eût défendu d'épouser, au moment de la conception (*cujus matrimonium minime legibus interdictum fuerat*). Toutefois Justinien déroge à ce principe dans la Novelle LXXVIII, en faveur des enfants qu'un homme libre a eus d'une de ses esclaves : s'il l'affranchit et s'il l'épouse, il légitime ses enfants, comme si le mariage eût été possible avant l'affranchissement (1). — Une troisième condition est indiquée dans la Novelle LXXXIX : le consentement des enfants eux-mêmes, requis pour toute espèce de légitimation, *nam si solvere jus patriæ potestatis invitis filiis non permissum est patribus, multo magis sub potestatem redigere invitum filium et nolentem... justum non est.* Si donc il y a pluralité d'enfants, et que les uns acceptent et les autres repoussent la légitimation qui leur est offerte, les premiers seulement deviendront légitimes, *aliis in jure naturali manentibus* (2).

Ces trois conditions une fois remplies, l'enfant né hors mariage se trouve en puissance, *in patria potestate* : *Quod et aliis liberis qui ex eodem matrimonio postea fuerint procreati, similiter nostra constitutio præbuit* (3). C'est en ces termes que finit le passage des Institutes relatif à la légitimation. Je serais assez disposé à croire qu'ici les rédacteurs ont eu surtout en vue les enfants conçus avant, mais nés après le mariage. L'emploi du pluriel, donnant à la phrase un sens général, a fait rejeter cette justification par les commentateurs les plus accrédités. Choqués d'une façon de parler trop naïve, supposant une incorrection, ils ont proposé différentes versions qui s'éloignent assez du texte primitif. Celle qui s'en éloigne le moins et que j'adopterais, s'il fallait opérer un changement quelconque, c'est celle qui, changeant simplement une lettre, se contente de mettre *ut* à la place de *et*. Rien que cela suffirait en effet pour donner à la

---

(1) Nov. LXXVIII, ch. x.
(2) Nov. LXXXIX, ch. xi.
(3) Inst. Just , l. I, t. X, 13.

phrase un sens plus raisonnable. Mais il est bien permis de trouver arbitraires les graves changements proposés par Cujas : *Quod etsi alii liberi ex eodem...* ou par Hotoman : *Quod etsi alii liberi nulli ex eodem*, etc., quoiqu'au fond ils expriment des idées très-justes; car, qu'il naisse ou ne naisse pas d'enfants après le mariage, la *patria potestas* est toujours acquise à l'égard de tous les enfants légitimés *per subsequens matrimonium*.

II.—L'oblation à la curie est une autre voie pour arriver à la *patria potestas* par la légitimation.

Nous n'avons pas à raconter la décadence des curies municipales. Rappelons seulement ici qu'on leur confia, dans les premiers temps de l'empire, le soin de recouvrer l'impôt. Cette mesure eut pour résultat de les rendre responsables de la perception, et lorsqu'en des temps difficiles les recouvrements ne se firent plus, une charge énorme pesa sur elles. On paya cher alors l'honneur d'être curial, et la législation fut obligée d'offrir des récompenses à ceux qui voudraient repeupler les curies désertées. Primitivement, le titre de curial ne se transmettait qu'aux fils légitimes ; on le rendit transmissible aux fils naturels. *Ut novos faciat curiales, aut foveat quos invenit* (1), une constitution de Théodose et de Valentinien permet d'acquérir la *patria potestas* en donnant son fils naturel à la curie, ou encore sa fille naturelle à un curial, pareilles unions étant peu recherchées à cause du discrédit où étaient tombées ces fonctions forcées, constituant une espèce de servitude. *Et quoniam omnino favendum est curiis civitatum*, nous dit Justinien, *illud addendum esse censemus, ut liceat patribus naturales filios curiæ patriæ suæ tradere, non solum nulla eis legitima sobole existente, sed etiam si filios, vel alios liberos ex legitimis nuptiis procreatos habeant* (2). Si le *filius naturalis* passait ainsi sous la puissance de son père, il n'entrait cependant pas dans sa famille ; la légitimation ne produisait d'effets qu'entre les enfants et leur père ; c'est un droit contraire aux

____

(1) L. III, Code, *de Natur. lib.*
(2) L. IX, *idem.*

anciens principes, un droit nouveau que Justinien consacre dans la Novelle LXXXIX : *Filium per hujus modi causam factum legitimum, ipsi soli genitori legitimum facimus... sancimus oblatum curiæ naturalem filium solummodo patri legitimum fieri successorem, nullum tamen habere participium ad ascendentes aut descendentes, aut ex latere agnatos vel cognatos patris : aut illos aliquod habere participium ad illorum successiones* (1).

III. — La puissance paternelle résultait encore de la légitimation par rescrit du prince. Celui qui n'a point d'enfants légitimes et qui ne saurait épouser sa concubine morte ou indigne, peut, dit la Novelle LXXIV, *offerre imperatori precem hoc ipsum dicentem, quia vult naturales suos filios restituere naturæ, et antiquæ ingenuitati, et legitimorum juri, ut* sub potestate *ejus consistant, nihil a legitimis filiis differentes* (2).... Enfin si, *propter quosdam fortuitos casus*, le père n'avait pas usé de ce bénéfice, dernière ressource, il pouvait spécifier dans son testament *velle sibi eos legitimos esse filios successores* (3). Il leur donnait ainsi des droits de succession, mais il mourait alors sans avoir eu sur eux les droits de puissance paternelle.

3ᵉ MODE : L'ADOPTION.

Il nous reste à parler ici de l'adoption comme troisième et dernier moyen d'acquisition de la *patria potestas*.

A notre *patria potestas* sont soumis non-seulement les enfants que la nature nous donne, mais encore ceux qu'elle a donnés à d'autres, et que nous avons adoptés (4).

On sait que la forme employée pour l'adoption des *sui juris* lui avait fait donner le nom *d'adrogation*. Il fallait pour cela recourir

(1) Nov. LXXXIX, ch. IV.
(2) Nov. LXXIV, ch. II ; LXXXIX, ch. IX.
(3) Nov. LXXXIX, ch. X.
(4) Inst. Just., I, t. XI, Pr.

aux comices, ce qui ne permit pas l'adrogation des femmes et proscrivit aussi celle des impubères qu'Antonin le Pieux autorisa le premier *sub certis conditionibus*. Comme on ne voulait pas détourner du mariage en donnant trop facilement la faculté de se procurer une paternité fictive, on établit en principe que l'adrogeant devait avoir au moins soixante ans d'âge, *nisi forte morbus aut valetudo in causa sit, aut alia justa causa adrogandi* (1). Ce n'est qu'à ceux qui ne pouvaient guère espérer la paternité naturelle qu'on croyait devoir donner un autre moyen d'avoir des enfants en puissance.

L'adrogé *paterfamilias* entraînait avec lui toute sa *familia* sous la *patria potestas* de l'adrogeant (2). C'est un effet propre à l'adrogation, parce qu'en cas d'adoption proprement dite, l'adopté ne saurait transmettre à l'adoptant une *potestas* qu'il n'a pas lui-même. Toute *potestas* est au *paterfamilias* qui pourra fort bien détacher de sa personne, de sa *familia*, un fils en puissance, et réserver ses droits sur les enfants du fils nés ou du moins conçus avant l'adoption. Nous lisons dans le *Promptuarium* d'Harménopule : « Un homme, ayant en sa puissance un fils dont la femme est enceinte, donne ce fils en adoption ; puis son petit-fils vient au monde : *hunc dicimus in potestate avi esse.* Quand l'enfant naît de justes noces, il faut s'attacher au temps de la conception. Or, à ce moment, le père de l'enfant était sous la puissance de son propre père ; donc c'est ce dernier qui retiendra la puissance sur son petit-fils (3). » Il faudrait que la conception fût postérieure à l'adoption pour que l'adoptant eût la *patria potestas* sur l'enfant du fils adoptif.

Adoptantur autem, dit Aulu-Gelle, *cum a parente in cujus potestate sunt, tertia mancipatione in jure ceduntur, atque ab eo qui adoptat, vindicantur.* Pour détacher de sa personne l'enfant mâle au premier degré, le *paterfamilias* le mancipait trois

____

(1) L. XV, § 2, Dig. *de Adopt.*
(2) *Gaii Inst.*, l. I, 107.
(3) *Promptuar.* d'Harménopule, t. XVII.

fois : *Si pater filium ter venumduit, filius a patre liber esto,* lisons-nous dans les XII Tables. Une seule mancipation suffisait pour tous autres. Ces liens de puissance une fois brisés, une *in jure cessio* devenait nécessaire pour les rétablir à l'égard de l'acquéreur par rapport auquel, jusqu'à nouvel ordre, l'enfant se trouvait seulement *in mancipio.*

Sous Justinien, il suffit d'un simple acte en présence du magistrat ; mais, frappé du préjudice que l'adoption pouvait causer aux adoptés en les privant de tout droit sur la succession de leur père naturel, sans leur garantir aucun droit sur celle du père adoptif, qui pouvait, après la mort du premier, rompre, en les émancipant, le lien d'agnation, Justinien restreint les effets de l'adoption (1), quand l'adoptant est une personne étrangère : il laisse à l'adopté, sur les biens de l'adoptant, des droits de succession *ab intestat,* mais il retire à l'adoptant les droits de puissance paternelle que le *parens naturalis* conservera. Cette restriction ne sera pas appliquée, si l'adoptant est ascendant de l'adopté, *utroque enim jure, tam naturali quam legitimo in hanc personam concurrente, pristina jura tali adoptioni servavimus, quemadmodum si paterfamilias se dederit adrogandum* (2).

Les commentateurs ont nommé *plena* l'adoption qui transmet encore sous Justinien la puissance paternelle, et *minus plena* celle qui ne la transmet plus.

Nous devons ajouter que l'empereur Anastase fit de l'adoption un moyen d'acquérir sur les *liberi naturales* la *patria potestas* qui manquait au père (3). Justin ne veut plus de ces moyens détournés : *Cum nimis sit indignum et nimis impium flagitiis præsidia quærere et petulantiæ servire liceat, et jus nomenque patris, quod eis denegatum est, id altero legis colore præsumant* (4). Et Justinien ne revient sur cette matière que pour confirmer dans

(1) Inst. Just., l. I, t. XI, 2.
(2) Inst. Just., l. III, t. I, § 14.
(3) L. VI, Code, *de Natur. lib.*
(4) L. VII, *idem.*

deux Novelles, à peu près dans les mêmes termes, la constitution de Justin, *quam manere in suis terminis volumus : quoniam castitatem diligenter consideravit* (1).

Quant à l'adoption par les femmes, elle fut impossible jusqu'à Dioclétien. Gaius nous dit (2) et Ulpien nous répète (3) que *feminæ neutro modo possunt adoptare, quoniam nec naturales liberos in potestate habent.* L'espèce d'adoption que Dioclétien autorise, *in solatium amissorum liberorum*, crée, si l'on veut, une maternité fictive *in vicem legitimæ sobolis*, mais ne transmet pas aux mères le droit des pères, la *patria potestas* interdite aux femmes : les principes du droit civil sont respectés (4).

(1) Nov. LXXIV, ch. III ; LXXXIX, ch. XI, § 2.
(2) *Gaii C.*, I, § 104.
(3) Ulp., *Reg.*, VIII, 9.
(4) L. V, Code, *de Adopt.*

CHAPITRE III.

DES DROITS DU PATERFAMILIAS SUR LA PERSONNE DE SES ENFANTS EN PUISSANCE.

Je veux faire l'histoire interne de la *patria potestas* en deux parties distinctes, nettement tranchées, la première relative aux droits sur la personne, la seconde relative aux droits sur les biens. Dans le présent chapitre, je m'occuperai uniquement des droits quant à la personne, laissant pour un autre chapitre tout ce qui concerne les biens.

Nous avons vu qu'on peut, sans exagération, appeler la puissance paternelle à Rome un vrai droit de propriété : *Unde liberi, ratione patris, non erant personæ, sed res mancipi, quæ venumdari, mancipari, vindicari, imo et ob justam causam occidi poterant* (1).

Au chapitre v nous verrons affranchir le fils de famille de la *patria potestas* au moyen de mancipations simulées ; mais, en droit ancien, cette vente était sérieuse lorsqu'elle avait pour but d'octroyer à un tiers le *mancipium*, ce *dominium sui generis*, plaçant l'enfant *in injustam servitutem*, sans en faire un esclave, sans préjudicier à son ingénuité. Le plus souvent, c'était un moyen pour le père de réparer le tort que le fils de famille avait pu causer à autrui ; la personne lésée se payait en nature, s'indemnisait comme elle pouvait, exploitant les services que pouvait lui rendre

____

(1) Heineccius, *Notes sur Vinnius.*

l'enfant *in mancipio;* et l'abandon noxal des auteurs du délit offrait au *parens* civilement responsable l'inappréciable avantage de se libérer sans bourse délier, sans sacrifices pécuniaires.

Le seul article de la loi des XII Tables qui nous ait été conservé relativement aux droits de puissance paternelle, est précisément celui qui consacre le *jus vendendi* pour le *paterfamilias* à l'égard du fils de famille : *Si pater filium ter venumduit, filius a patre liber esto.* Gaius nous donne sur ces trois mancipations les explications les plus claires (1) : l'enfant, mancipé par son père, affranchi par celui qui l'a *in mancipio, revertitur in potestatem patris sui.* Si le père le revend, et que la seconde vente soit suivie d'une seconde manumission, *quo facto rursus,* dit Gaius, *in potestatem patris sui revertitur.* Insistons ici sur le mot *revertitur :* il indique un droit de retour légal. Si l'enfant, aux deux premières manumissions opérées par son acquéreur, n'était pas *sui juris,* mais retombait toujours sous la *potestas* de son père, c'est que la loi prenait soin de réserver au père des droits éventuels sur le fils qu'il mancipait, pour le cas où ce *mancipium* serait brisé, *in quo majus etiam jus patris quam domini fuit* (2), une seule vente éteignant définitivement les droits du maître sur l'esclave. Il faudrait cependant se garder d'en conclure que la puissance paternelle surpassait en énergie la puissance dominicale : le maître pouvait bien aliéner son esclave, en transférer la propriété à autrui ; le père ne pouvait aliéner son enfant, et le *mancipium* qu'il procurait à un autre n'était pas un droit de propriété ; c'était si peu la même chose qu'autant le maître avait de chances de trouver des acquéreurs pour ses esclaves, autant le *paterfamilias* avait de peine à en trouver pour ses enfants, *quia ad servitutem filius vendi nequit.* On se souciait peu des droits incomplets, instables que conférait le *mancipium,* et j'ai lu quelque part que la difficulté de se débarrasser des enfants par la vente rendit souvent les pères plus cruels que les maîtres :

(1) *Gaii Comm.,* I, § 132.
(2) Vinnius, *Comm. Inst.*

*hinc promptior ad occidendum vel exponendum animus, in his
nempe quos urgebat res angusta domi.*

Ajoutons enfin qu'à chaque vente nouvelle, l'esclave retombait
sous un joug nouveau, sans espoir de conquérir son indépendance, tandis que le fils n'avait qu'à gagner à des ventes réitérées,
*quod non tantum non erat ei grave, sed etiam maximi beneficii
loco, eo quod per hanc emancipationem in potestate aliena esse
desineret, suique juris fieri inciperet* (1). C'est l'indépendance et
non l'esclavage qui l'attendait au bout de trois mancipations,
triple protestation contre une autorité dont le *paterfamilias*
voulait se défaire.

La loi des XII Tables, où ce principe est inscrit, ne parle, il est
vrai, ni des petits-fils, ni des filles, mais on crut devoir suppléer
à son silence en prenant à la lettre le mot *filius*, et l'on formula
ce principe : *In cæteris liberorum personis, seu masculini, seu feminini sexus, una mancipatio sufficit* (2). Les Sabiniens pensaient
que, pour le fils lui-même, il ne fallait aussi qu'une mancipation,
lorsqu'on le mancipait *ex noxali causa ; crediderunt enim tres
lege XII Tabularum ad voluntarias mancipationes pertinere* (3).
Au contraire, les Proculiens, en perpétuelle dissidence, esti-
maient que, dans tous les cas, les trois mancipations étaient
indispensables, *quia lege XII Tabularum cautum sit, ne aliter
filius de potestate patris exeat, quam si ter fuerit mancipatus* (4).
Brisant d'un seul coup définitivement tous les liens de puissance
rattachant le *filius* au *paterfamilias*, le système sabinien pousse
le père à payer la *litis æstimationem*, les dommages-intérêts dont
les méfaits du fils l'ont rendu redevable, plutôt que d'opérer un
abandon noxal qui, lui ravissant des droits précieux, ne lui laisse
aucun espoir de les recouvrer. Si cependant le père optait pour
l'abandon, le fils pouvait compter sur l'émancipation, sa dette

(1) *Lexicon juridicum jur. Cæsar. et canon.* J. H. Calvini.
(2) *Gaii C.*, I, § 134 ; Ulp., *Reg.*, t. X, § 1.
(3) *Idem*, IV ; § 79.
(4) Gaius, *idem*.

une fois acquittée. Si, pendant quelque temps, le temps du *mancipium*, le *filius* était presque au niveau d'un esclave, du moins il devenait ensuite *sui juris*, tandis que, dans le système proculien, beaucoup plus favorable au père, l'enfant ne sortait de sa quasi-servitude que pour retomber sous la puissance paternelle qui pouvait éterniser sa minorité. Quoi qu'il en soit, le système des Proculiens me semble beaucoup plus conforme à l'esprit du droit primitif où la *patria potestas* est si vivace qu'elle renaît, pour ainsi dire, de ses cendres après deux mancipations.

Cet abandon noxal est une barbarie qu'avait introduite et favorisée l'égoïsme des mœurs romaines, prêt à décliner toute solidarité dans la cité, dans la famille, dès que s'offre à lui la navrante perspective d'un sacrifice à faire pour autrui. Aux fins de n'être point responsable des actes de tel ou tel de ses enfants, souvent on voyait la patrie le donner en noxe à ses ennemis (1), et chaque citoyen, imitant la patrie, donnait en noxe, pour n'être pas responsable, l'enfant dont la faute ou l'erreur avait causé quelque dommage, les Romains trouvant injuste, *iniquum nequitiam (filiorum) ultra ipsorum corpora (civitali vel) parentibus damnosam esse* (2). Le père n'était pas forcé de prendre la défense de l'enfant coupable, d'après le principe en vigueur dans l'ancien droit pour les fils de famille comme pour les esclaves : *Noxali judicio invitus nemo cogitur defendere* (3). Julien nous dit ce qu'il advient alors : *Quotiens nemo filiumfamilias ex causa delicti defendit, in eum judicium datur* (4). Et si le fils est condamné, ajoute Ulpien, *judicatum facere debet* (5).

Comment exécuter cette condamnation, si le fils était sans pécule? On exerçait sur lui la *manus injectio*, beaucoup plus grave, dans ses dures conséquences, que l'abandon noxal, source du *mancipium*.

(1) Tite Live, *Ann.*, IX, 10.
(2) *Gaii C.*, IV, § 7.
(3) L. XXIX et XXXIII, Dig., *de Noxal. action.*
(4) L. XXXIV, eod. tit.
(5) L. XXXV, eod. tit.

En effet, si l'enfant n'était pas secouru, sans doute on n'eut jamais l'insigne barbarie de le couper pour s'en partager les morceaux, atroce partage que les XII Tables autorisent, mais qui, par bonheur, n'eût guère été profitable aux copartageants. Sans doute, il avait la vie sauve, mais il arrivait fréquemment qu'on le vendait comme esclave au delà du Tibre ; il était alors beaucoup plus à plaindre que le *filius* qui se trouvait *in mancipio*, grâce à l'abandon noxal de son père.

Tout ce droit s'adoucit par la suite des temps ; on en vint à supprimer l'abandon noxal par rapport aux fils de famille. C'était incompatible avec les mœurs nouvelles, nous dit Justinien dans les Institutes, *quis enim patiatur filium suum et maxime filiam in noxam alii dare, ut pene per corpus pater magis quam filius periclitetur, cum in filiabus etiam pudicitiæ favor hoc bene excludit* (1) ?

Toute aliénation du fils de famille est expressément interdite par Dioclétien et Maximien, dans la constitution qui porte : *Liberos a parentibus neque venditionis neque donationis titulo, neque pignoris jure aut alio quolibet modo, nec sub prætextu ignorantiæ accipientis in alium transferri posse, manifestissimi juris est* (2). On ne peut ni donner ni vendre ses enfants. Négation du droit de propriété du père : point de transport valable, *nec sub prætextu ignorantiæ accipientis*; par exemple, *si filium tuum genero vendidisti, qui tam proxima necessitudine conjunctus, conditionis ignorantiam simulare non potest* (3). On ne peut excuser une telle méprise. *Quid*, en cas d'erreur excusable ? Un père vend sciemment son enfant en puissance à un acheteur de bonne foi ; on demande si ce père est garant de l'éviction : « Oui, » répond Julien. Celui qui de bonne ou de mauvaise foi vend comme esclave un homme libre, est garant de l'éviction : même garantie sera due par le *pater*, *si filium suum tanquam servum vendiderit* (4).

(1) Inst. Just., l. IV, t. VIII, § 7.
(2) L. I, Code, *de Patrib. qui filios suos distrax.*
(3) L. XXXVII, Code, *de Liber. causa.*
(4) L. XXXIX, § 3, Dig., *de Eviction.*

Cette éviction, l'acquéreur ne peut l'éviter. Ni l'esclavage, ni la libertinité ne peut résulter d'une convention privée (1) ; droit incontestable et incontesté, *certum jus*, suivant l'expression du Code : *Liberos privatis pactis non posse mutata conditione servos fieri certi juris est* (2).

Les textes précédents éclaircissent le sens de la constitution suivante : *Libertati a majoribus tantum impensum est, ut patribus, quibus jus vitæ in liberos, necisque potestas olim erat permissa, libertatem eripere non liceret* (3). Vinnius, ne pensant qu'au *jus vendendi*, n'hésite pas à dire que Constantin s'est trompé, à moins, ajoute-t-il, qu'on ne cherche une excuse dans ce fait que le droit de vente est tombé en désuétude avant le droit de vie et de mort. Ce n'est pas Constantin, c'est Vinnius qui se trompe. Heineccius à bon droit relève son erreur dans l'annotation qui commence ainsi : *Non lapsus videtur Constantinus dum negat licuisse patri filio eripere libertatem : libertatem enim pro ingenuitate accipit : sensusque est, quamvis parentes in servitutem vendiderunt liberos, non tamen iis ereptam esse ingenuitatem....* Vinnius a le tort de confondre ici l'état de droit et l'état de fait, les *servos* et ceux qui sont *in servitute*.

Est *in servitute* le *filiusfamilias* vendu *sanguinolentus* par son père, *propter nimiam paupertatem*, cas unique où la vente est encore tolérée par Constantin, mais avec des effets restreints, puisqu'il ajoute : *Liceat autem ipsi qui vendidit, vel qui alienatus est, aut cuilibet alii ad ingenuitatem eum propriam repetere, modo si pretium offerat*, etc. (4). Cette vente conférait donc à l'acquéreur non la propriété, mais un droit de jouissance, perpétuellement rachetable, sur la personne de l'enfant. Phil. Dattius, dans sa *Diatriba de venditione liberorum*, émet l'idée que ce sont les malheurs des temps qui, multipliant les infanticides, détermi-

(1) L. XXXVII, Dig., *de Liber. causa.*
(2) L. X, Code, *de Liber. causa.*
(3) L. X, Code, *de Patria potest.*
(4) L. II, Code, *de Patrib. qui filios.*

nèrent Constantin à déroger au principe dès lors admis que la vente était impossible, mais dans un cas seulement, *ob egestatem*. Dans tous les autres cas, on ne tolérait plus l'octroi d'une telle jouissance.

Nul *mancipium*, pas même de *pignus* possible à l'égard du fils, quelle que fût l'étendue de l'obligation contractée par le père : *Filios naturales, alumnos constitit generali obligatione (rerum quos quis habuit, habiturusve sit) non contineri* (1). Sera puni de la relégation le créancier coupable d'avoir pris en gage un enfant qu'il savait être fils de famille (2). La peine était assez sévère et cependant l'abus reparaissait toujours. Justinien se crut donc forcé d'y revenir et de chercher à guérir cette plaie sociale, Novelle CXXIV, au ch. VII : *Ne quis creditor filium debitoris pro debito retinere præsumat.* Ayant appris qu'en divers lieux se perpétue le triste usage de retenir — *aut in pignus, in servile ministerium, aut in conductionem,* — le fils du débiteur jusqu'à l'extinction de la dette, et cela contre toutes les règles du droit, puisqu'au moins depuis Dioclétien et Maximien, *ob æs alienum servire liberos creditoribus, jura compelli non patiuntur* (3), Justinien prohibe énergiquement ces *inhonestas pignerationes* et sanctionne ainsi sa défense : *Jubemus ut si quis hujusmodi aliquid deliquerit, non solum debito cadat, sed tantam aliam quantitatem adjiciat dandam ei qui retentus est ab eo, aut parentibus ejus, et post hoc etiam corporalibus pœnis ipsum subdi a loci judice : quia personam liberam pro debito præsumpserit retinere* (4).

Passons au droit beaucoup plus important encore de vie et de mort sur les enfants en puissance. Comment expliquer, sinon justifier l'attribution de ce pouvoir discrétionnaire ? Nous l'avons dit ailleurs, la bizarre immixtion des personnes et des choses dans le patrimoine est toute théorique, et jamais dans les faits cette

(1) L. VIII, Dig., *de Pignor. et hypoth.*
(2) L. V, Dig., *Quæ res pignor.*
(3) L. XII, Code, *de Oblig.*
(4) Nov. CXXXIV, ch. VII.

assimilation n'a dû être complète. Noodt pense que le droit du *paterfamilias* de mettre à mort l'enfant qui vient de naître, est fondé sur l'avis de certains philosophes *qui existimant partum, dum in utero est, pro homine non habendum, quia nec editum, nisi nutricis opera intervenisset.* Mais d'abord cela ne prouverait rien, quant aux enfants conservés après leur naissance ; d'un autre côté, si l'enfant conçu est censé déjà né dans son propre intérêt, on ne voit nulle part l'enfant déjà né réputé simplement conçu dans l'intérêt du père, intérêt bien peu digne d'être ménagé, puisqu'il s'agit d'innocenter un parricide ! Bynkershoek voit ici la stricte application du droit absolu de propriété qui permet d'aller jusqu'à détruire sa chose. Pour moi, j'y verrais plutôt une conséquence du système unitaire qui fait de la famille un tout indivisible ayant une seule âme, une seule tête, un seul chef. Que ce chef frappe un membre de la *familia*, c'est comme s'il se frappait lui-même ; il y a, si l'on veut, un suicide partiel devant lequel la loi se trouve désarmée. Sans doute *summum jus, summa injuria* ; mais, dans la rigueur du droit primitif de Rome, on peut tuer son fils sans outrepasser son droit. Membres d'un corps dont le *parens* est l'âme, les *liberi* n'ont qu'un rôle : obéir, suivre l'impulsion qu'on leur donne, en un mot servir d'instruments passifs aux libres volontés du père. Paul, parlant des héritiers siens, déjà propriétaires du vivant du père, si bien qu'à sa mort ils n'ont pas l'air d'hériter, puisque alors pour eux la succession se borne à prendre en main l'administration des biens, ajoute à ces raisons la réflexion suivante : *Nec obstat quod licet eos exheredare, quod et occidere licebat* (1). L'idée d'une espèce de *codominium* latent se concilie sans peine avec ce droit de mort qu'eut longtemps le chef de famille. Rien n'empêche, en effet, de voir dans la famille une espèce de société que, gérant à vie, le père administre avec les plus larges pouvoirs. Nul ne peut contrôler, critiquer sa gestion : il n'a pas de comptes à rendre ; si bien qu'après tout, la société, c'est lui-même. Encore l'*una persona* qui reparaît.

---

(1) L. II, Dig., *de Liber. et posth.*

Puis, lorsque cette idée d'unité de personne tend à s'affaiblir dans les lois et dans les mœurs, c'est comme conséquence du droit de punir que le *jus occidendi* se maintient encore. Le père s'était investi d'une confiance illimitée ; il est censé n'agir que *ob justam causam*, n'infliger aux siens que des rigueurs salutaires, ou, sinon salutaires, du moins méritées. Qui donc oserait en douter ? Voilà comment pendant trop longtemps se maintint cette *patria potestas* qui n'eut, dit Vinnius, ni fin, ni limites.... *Non finem, quia in omne vitæ filii tempus producta fuit, etiamsi summos honores gessisset... non modum, quia immensa fuit* (1).

S'il faut en croire Denys d'Halicarnasse, c'est Romulus lui-même qui aurait établi ce pouvoir absolu du *paterfamilias*, en lui donnant droit de mort sur ses enfants par une loi que les décemvirs auraient confirmée. Papinien nous parle aussi d'une *lex regia* donnant droit de vie et de mort au père (2). Mais prenons-y garde, si ce *jus occidendi* fut *legibus introductum*, il fut encore bien plus *moribus receptum*, suivant une expression d'Ulpien (3). Ce sont les mœurs, plus que les lois, qui le maintinrent dans sa primitive rigueur. Comment comprendre que l'intérêt de l'État, qui pousse les décemvirs à condamner à mort les enfants difformes (*insignes ad deformitatem pueros* (4), ne les ait pas poussés à protéger assez les enfants de bonne apparence pour leur garantir au moins la vie sauve ? S'ils ne l'ont pas fait, c'est qu'il était impossible de réagir contre de funestes abus légitimés par une tradition barbare. C'est ainsi que le droit primitif se maintint tout le temps de la République dans son intégrité, dans sa férocité. Tout était possible à ce *paterfamilias* haut justicier dans sa demeure, infligeant, appliquant comme il veut, quand il veut, la peine à ses yeux méritée. Ces pouvoirs de souverain juge dont personne ne peut

(1) *Vinnii Comm. Inst.*
(2) Papin., *Lib. singul. de adulter. collat. leg Mosaic. et Rom.*
(3) L. VIII, Dig., *de His qui sui.*
(4) Cicér., *de Leg.*, 3, 8.

réviser les arrêts, l'exécution suivant de trop près la sentence, suffisent pour nous expliquer bien des procédés arbitraires qui n'ont pas leur justification dans la loi. Comme exemple, citons cette coutume impie d'exposer les enfants naissants dont le chef de famille voulait se défaire, bien qu'au témoignage de Denys d'Halicarnasse, les XII Tables aient condamné cette barbarie, et qu'aucune loi postérieure n'ait jamais fait cette honteuse concession : les lois n'en sont pas responsables. Surtout à Rome, il ne faut pas conclure des mauvaises mœurs aux mauvaises lois. N'imputons pas à des textes législatifs le maintien d'une *potestas illibata*, tant que dure la République, et disons simplement qu'on n'eût osé toucher à des priviléges de puissance paternelle qui se perpétuaient *vi consuetudinis*.

Plus fort vis-à-vis des particuliers et moins respectueux envers leurs prétendus droits, l'empire osa toucher à ces pouvoirs du père, et, malgré la ténacité de coutumes invétérées, il réussit à introduire d'équitables tempéraments ; mais à quelle époque précise ? C'est un point fort controversé. Des discussions y relatives, la plus vive, la plus ardente est sans contredit celle qui eut lieu entre deux grands jurisconsultes que j'ai déjà eu l'occasion de citer : le professeur Gérard Noodt, de l'académie de Leyde, auteur d'un livre intitulé *Julius Paulus, sive liber singularis de partus expositione et nece apud veteres*; et le sénateur Cornelius van Bynkershoek, membre de la cour suprême de Hollande, Zélande et Westfrise, auteur d'un livre *de Jure occidendi, vendendi et exponendi liberos apud Romanos veteres*. Les idées neuves du dernier ouvrage, en tout point opposé, nous le verrons bientôt, aux idées moins neuves du premier, choquent le professeur de Leyde, qui répond sur un ton assez dur, assez sec, pour que Bynkershoek se croie forcé de reprendre la plume et tous ses arguments, afin d'écraser sous leur poids son persévérant adversaire. Tel est le but de ces *curæ secundæ* où, suivant pas à pas le docte professeur, il cherche à lui prouver qu'il a fait fausse route, qu'il s'égare sur tous les points; mais, dans la discussion, Bynkershoek ne sort pas des limites du convenable, tandis qu'il reproche à bon droit

à G Noodt de les avoir parfois méconnues et franchies : *Libertatem
sententiæ dicendæ cum Labeone nostro semper defendi, et amo qui
defenderint*; mais j'aime aussi que le respect des convenances s'allie
à la sincérité, et vous ne m'offrez pas cette aimable assemblage.
Vous avez beau me prodiguer les épithètes de *clarissimus, eximius,
amplissimus*, de ces vains artifices je ne suis pas dupe : *nunc me
habes pro homine erudito, nunc iterum pro fungo et stipite*. Ce
n'est pas ainsi qu'on doit agir entre amis: *Inter amicos amice
agier oportet*, tandis qu'au fond rien de moins amical que l'*Amica
responsio* de Gérard Noodt.

Préciser l'époque où cessa, chez les Romains, la faculté de
mettre à mort ou d'exposer impunément ses descendants, voilà
toute la question pendante, et Noodt la pose assez mal, lorsqu'il
vient dire : *Una lis est, quamdiu parentibus in foro Romano fuerit permissum liberos natos, antequam suscepti, agniti, alique jussi
essent, pro arbitrio exponere aut necare.* — Bynkershoek ne peut
l'accepter sous cette forme : « Vous avez tort, dit-il à Noodt, d'employer le mot *parentes* qui comprend les père et mère ; cet attribut
de la puissance paternelle fut toujours propre au père et à l'ascendant mâle. Vous avez également tort de vous servir de la formule restrictive : *Antequam suscepti, agniti, alique jussi essent;
quo significares idem juris non fuisse in liberis susceptis, agnitis,
alique jussis.* » Sans doute il est à croire que les parents pauvres
sacrifiaient surtout leurs enfants aussitôt nés, *liberos sanguino-
lentos, quia in his minor erat injuriæ sensus*, « *nesciunt quippe
mortem, et sub cultro rident* (1). » Mais ce n'est pas une raison
pour établir en droit une distinction qu'aucun texte n'autorise.
Au contraire, Denys d'Halicarnasse nous apprend que c'était un
droit pour la vie. *Etiamsi filius rempublicam tractaret, vel
magistratus maximos gereret, vel præclare de republica esset
meritus.*

Ces rectifications une fois opérées dans la formule de Noodt,
arrivons au fond même de la controverse : Jusqu'à quelle époque

_____

(1) Tertull., *Apolog.*, ch. VIII.

a duré, dans la législation romaine, le *jus vitæ et necis erga liberos ?*

Jusqu'à Trajan, Adrien, Antonin le Pieux, soutient Bynkershoek. Jusqu'à Valentinien, Valens et Gratien, réplique Noodt, qui a le malheur d'ajouter que Juste Lipse a seul pressenti son système. « Il a fait plus que le flairer, il l'a trouvé, » répond vivement Bynkershoek : *Laudandus Lipsius ut dux et auctor, nec tantum ut nunc facis, ab odora canum vi.* Après avoir cité différents témoignages pour prouver que le meurtre et l'exposition des enfants sont choses licites avant Valentinien, Valens et Gratien, Lipsius (*in Epist.* 85, *ad Belg.*) ajoute : *Omnia fœda, sæva, et ideo a Christianis principibus coercita. Primi fuerunt, opinor, qui voluerunt, illi quos dixi principes.* Vous n'êtes donc pas l'inventeur de ce système. A vrai dire, il n'y a de vous, dans votre ouvrage, qu'une malheureuse interprétation de la loi IV, *de Agnosc. et alend.*, capitale en cette matière et pourtant omise par Juste Lipse. Le reste est un tissu d'extraits de Lipsius et de Gothofred. — Reconnaissons que Bynkershoek est presque aussi sec ici que son adversaire, et reprenons, pour ne plus l'interrompre, le fil de l'argumentation.

« Si, dit Noodt, vous ne pouvez me faire voir, à partir de Trajan, l'interdiction formelle du *jus exponendi,* il m'est permis de croire que ce droit antique a subs'sté, — *sine crimine et pœna,* — jusqu'au temps de Valentinien. — Sans doute, répond Bynkershoek, je n'ai point de loi, de constitution spéciale abrogeant le droit primitif ; mais faut-il toujours une loi formelle pour l'abrogation d'un droit suranné ? Qu'on me cite donc une loi qui ait abrogé la triple vente des enfants, et pourtant *sublatam constat.* Constatons de même l'abrogation de ce prétendu droit de tuer et d'exposer. *Unus est legum corrector, usus.* Qu'avons-nous besoin d'un texte législatif, quand la marche du temps et des idées suffit pour nous expliquer ce changement dans les mœurs et, par suite, dans les coutumes ?

C'est en vain que vous invoquez le témoignage de Justin, martyr, qui, dans sa deuxième apologie *pro Christianis ad Antoninum Pium ejusque filios,* constate qu'entre autres coutumes romaines réprouvées des chrétiens, est l'exposition des enfants : Justin se garde bien de dire *infantum expositionem jure publico a gentilibus licitam atque impunitam relinqui*. Vous avez beau, pour fortifier son témoignage, détourné de sa véritable acception, y joindre celui de Lactance, de Tertullien, de tous les Pères... c'est en vain que je cherche un endroit dans leurs livres, un passage indiquant des lois légitimant les crimes odieux qu'ils condamnent. Les Pères ont voulu flétrir les vices du siècle, les mauvaises mœurs et non les mauvaises lois. C'est assez l'habitude des théologiens de se plaindre, avec ou sans cause, de la difficulté des temps; mais ce qui prouve que ces plaintes n'avaient pas trait alors à la législation, c'est qu'on en trouve de toutes semblables, même après la promulgation de la loi I, Code *de His qui parentes vel liberos occid.*, qui est de Constantin et qui frappe de l'antique peine du parricide les pères meurtriers de leurs enfants. Lactance, en ses *Institutions*, écrites vers l'an 320, flétrit l'affreuse impiété des infanticides. Mais, direz-vous, il parle au nom des lois divines exclusivement. Pourquoi cette restriction? C'est un crime aux yeux du droit positif, au moins depuis la loi précitée, qui est de l'an 318. Qui vous dit que l'auteur n'y fait pas allusion ? — Ambroise, qui vécut après Constantin, écrit dans son *Hexæmeron* (l. V, ch. xviii) : *Feminæ nostri generis cito ablactant etiam illos quos diligunt, aut si ditiores sunt, lactare fastidiunt ; pauperiores vero abjiciunt parvulos, et exponunt et deprehensos abnegant.* Bien mieux, Ambroise écrit ces lignes *après* la loi II, Code *de Infant. expos.*, qui fut promulguée par Valentinien, Valens et Gratien, et qui interdit formellement l'exposition des enfants. La Constitution est de l'an 374 ; l'*Hexæmeron* de l'an 389. Ambroise y parle donc de ce qui se faisait, non de ce qui pouvait légalement se faire. Bref, aucun des apologètes n'a dit formellement *jure licito partus exponi vel elidi.* Au contraire, Tertullien (l. I, *ad Nationes*, ch xv) dit expressément : *Gentiles infanticidas legibus quidem prohiberi, sed nullas magis tam impune elidi.* Est-ce dire assez clairement que la loi positive condamne un tel crime, bien qu'elle soit, hélas ! trop souvent impuissante pour déraciner les mauvaises mœurs, pour avoir raison d'un usage impie ?

Noodt n'est pas plus heureux lorsqu'il cherche des arguments dans les textes législatifs. Dans la loi XXIX, Dig. *de Manum. testam.*, il est parlé de l'exposition d'un enfant par sa mère, sans que cet acte criminel soit qualifié du nom de crime, sans qu'il soit question de peine ou d'accusation. Noodt prétend que cela prouve que, du temps de Scævola, l'auteur de ce texte, l'exposition de part était parfaitement licite. S'il suffit ainsi que ce crime soit nommé sans addition de peine, pour qu'on soit fondé à le croire autorisé, il faut également dire qu'au temps de Paul, cette autorisation n'était pas retirée, puisque la loi I, § 2, au Dig. *de Juris et facti ignorantia*, mentione le fait sans commentaire, *absque ulla mentione accusationis vel pœnæ*. C'est ce que je ne puis admettre. En tout cas, dans la loi XXIX, il s'agit de la mère, et jamais la mère n'eut le droit d'exposer ; c'est un effet de la puissance paternelle. Donc cet argument porte à faux.

J'en dis autant de celui qu'il prétend tirer de la loi XVI, au Code *de Nuptiis* ; Dioclétien et Maximien y parlent ainsi : *Patrem qui filiam exposuit, hanc nunc adultam sumptibus et labore tuo factam, matrimonio conjungi filio tuo desiderantis favere voto convenit : qui si renitatur, alimentorum solutioni (in hoc solummodo casu) parere debet.* — Si, dit Noodt, le coupable eût été dès lors punissable, se fût-il trouvé un père assez fou pour répéter la fille qu'il avait exposée, et, par cet acte de démence, se perdre en se livrant lui-même au président tenu par son mandat de purger la province des vauriens et des scélérats (*malis hominibus provinciam purgare*) (1)? Si le coupable eût dès lors été punissable, les empereurs auraient-ils dit qu'après avoir exposé sa fille, crime capital, il peut cependant avoir l'impudence de la réclamer, même très-légalement, pourvu qu'il soit prêt à payer les frais d'aliments à celui qui l'aura élevée? Ce serait trop absurde ; il est plus vraisemblable qu'encore en ce temps, l'exposition et

____

(1) L. III, Dig., *de Offic. præsidiis.*

même la répétition (les aliments payés) n'avaient rien d'illicite.

Le côté spécieux de cette argumentation ne déconcerte pas Bynkershoek. qui répond: *Non solum in l. XVI non fuisse quæsi-tum vel responsum de jure vel injuria expositionis, sed de consensu patris exponentis potuisse quæri et responderi, utut illicita fuisset expositio.* Il n'est guère touché par cette objection que le père n'aurait jamais eu le courage de s'attirer ainsi les rigueurs de la loi par des révélations, par des réclamations aussi malencontreuses que compromettantes. Ne se peut-il que, dans l'espèce, *amor filiæ, ne nuptias indignas contraheret, spreverit extraordinariam, quam tunc fuisse reor, patrum exponentium pœnam et simul spreverit infamiam facti?* Cette peine d'ailleurs n'était pas capitale. Jusqu'à Constantin, en pareille circonstance, on n'applique pas la peine ordinaire des lois Cornelia (*de Sicar.*), ou Pompeia (*de Parric*). Mais, en supposant même qu'un si noir forfait eût été dès lors puni du dernier supplice, qu'en faudrait-il conclure contre mon système? Absolument rien. Ce fut bien en effet la peine capitale que l'on dut appliquer après l'an 374, date des constitutions de Valentinien, Valens et Gratien, qui se trouvent l. VIII, Code *ad Legem Corneliam, de Sicariis*, et l. II, Code *de Infantibus expositis*. Or, *diu post sancitam pœnam capitalem,* Justinien, l. III *et ult*, Code *de Infant. expos.*, et Novelle CLIII, interdit formellement toute répétition de l'enfant exposé, revendication prohibée déjà vers l'an 412 par Honorius et Théodose, auteurs présumés de la deuxième partie de notre l. II, *de Infant. expos.*, loi qui commence par soumettre l'exposant *animadversioni quæ constituta est.* Qu'on admette ou refuse la répétition, il n'en faut rien conclure quant à la question de savoir si l'exposition était ou n'était pas légale.

Quand ce droit odieux de vie et de mort, droit qui permet au père d'être l'assassin, le bourreau de ses descendants, cessa-t-il d'être un droit pour devenir un crime horrible et punissable? Gothofred a raison lorsqu'il dit que ce droit durait encore au temps de Cicéron, d'Auguste, de Claude et de Néron; mais je crois que, dès lors, la société romaine subissait transformation et qu'au point de vue particulier qui nous occupe, une révolution salutaire s'était opérée dans les esprits et les mœurs dès le règne de l'empereur Trajan. Ce que Papinien dit de lui (l. V, Dig., *Si a parente quis...*) contient à mes yeux comme à ceux de Bynkershock, une présomption très-forte en faveur de cet heureux progrès d'idées. L'empereur Trajan force un père à émanciper le fils qu'il maltraitait (*quem male contra pietatem adficiebat*) et refuse à ce père indigne, d'après les conseils de Neratius et d'Ariston, la *bonorum possessio* qui lui revenait, en sa qualité de *manumissor*, sur la succession de son fils prédécédé. Noodt a beau dire qu'on ne peut rien induire d'un *singulare decretum* rendu par un prince, *legibus soluto*, et non par un préteur, *legibus adstricto*. Si le droit de vie et de mort eût encore subsisté dans toute sa force, si rien n'eût empêché le père de mettre son enfant à mort, je voudrais bien savoir alors pourquoi Trajan a cru bon de forcer un père à émanciper son enfant, en prétextant uniquement des violences et la *necessitas solvendæ pietatis*. Qui peut plus, peut moins. On n'a pas le droit de punir celui qui frappe, quand celui qui frappe a le droit de tuer. *Qui occidere potest, multo magis contumelia poterit jure adficere* (1).

Nouvelle brèche faite à ce *jus patrium* par l'empereur Adrien qui, dit Marcien, condamne à la déportation un père meurtrier de son fils à la chasse. Le fils en question était pourtant bien coupable : *novercam adulterabat*, dit notre texte (2). Rien cependant ne justifie le père : *Patria potestas in pietate debet, non atrocitate, consistere.* Donc l'*atrocitas* du *parens* était proscrite ; car comment expliquer le rescrit d'Adrien, si le père avait pu tuer son fils innocent ? S'il avait pu le tuer, pourquoi pas à la chasse ? Il avait ce droit n'importe où. Vainement vous viendrez me dire que le meurtrier est puni parce qu'il a tué son enfant *more latronis potius quam jure patris*, un pareil guet-apens n'étant pas justifiable. A cette explication je préfère la glose qui dit :

(1) L. XXII, § 3, Dig., *ad Leg. Jul. de Adult.*
(2) L. V, Dig., *de Lég. Pomp. de Parric.*

Patrem deportari, quia accusare, non occidere debuit. Je suppose en vigueur ce précepte de droit qu'Ulpien nous fait connaître : *Inauditum filium pater occidere non potest ; sed accusare eum apud præfectum, præsidemve provinciæ debet* (1).

Plus de doute, au temps d'Alexandre Sévère, le *jus necis* est décidément abrogé. La loi III, Code *de Patria potest.*, est une constitution de l'empereur Alexandre qui complète, à nos yeux, l'excellente réforme, commencée sous Trajan, désormais consommée. On ne veut plus d'une justice expéditive où le père était à la fois juge et partie. La loi repousse enfin ces procédés sommaires sans contrôle, sans garanties. Sans doute, si l'enfant oublie ses devoirs de piété filiale, *castigare jure patriæ potestatis non prohiberis*, dit Alexandre en cet endroit ; mais si l'enfant se montre incorrigible, il faut avoir recours au président de la province, *dicturo sententiam quam dici volueris.* Ainsi, dit Doneau, *cum in cæteris accusationibus magistratus pœnam aut ex legibus statuat, aut pro arbitrio moderetur, hic permittitur patri pœnam dicere, qua velit affici filium, quem in potestate habet ; ut quam ille dixerit, hanc magistratus sententia sua sequi cogatur* (2).

Mais une objection se présente : ce texte est dépourvu de sanction. Rien, dans la loi III, qui m'indique un moyen de punir le père rebelle à ses prescriptions. Il est vrai, mais cependant il ne faut pas croire que toute *lex imperfecta* puisse être impunément violée. A défaut de sanction pénale dans le texte, c'est un cas de *judicium extraordinarium*, avec une peine arbitraire et variable, suivant la gravité du délit imputé. Trajan se montre moins sévère qu'Adrien ; c'est qu'il ne s'agissait, dans la première affaire, que d'un simple délit, et que, dans la seconde, il s'agissait d'un crime. Dans les deux cas, nous voyons une punition. Constantin ne fut pas le premier qui punit, s'il fut le premier qui punit de la peine du parricide, le bourreau de son propre enfant.

Nous sommes encore bien loin de l'an 318, date de cette con-

---

1 L. II, Dig., *Ad leg. Cornel. de Sicar.*
2 H. Donelli. *Comm. jur. civ.*

stitution mémorable où Constantin confondra sous le même nom
ceux qui tuent soit leurs ascendants, soit leurs descendants,
quand Paul dit, en parlant des enfants en puissance : *quos occidere
licebat, et non licet* (1). Ainsi, c'est le passé, ce n'est pas le présent qu'en ces mots il caractérise. Rien ne prouve mieux, à mon
sens, l'interdiction du meurtre et de l'exposition au temps de ce
jurisconsulte, que ce court extrait de son livre des *Sentences :*
*Necare videtur non tantum is qui partum perfocat, sed et is qui
abjicit, et qui alimonia denegat, et (is) qui publicis locis misericor-
diæ causa exponit, quam ipse non habet* (2). Noodt a beau dire
que ce n'est pas là une règle de droit pratique, ayant cours au
Forum, et que c'est simplement un précepte de morale qui devait
faire suite à la vraie *regula*, permettant l'exposition et l'infanti-
cide, règle retranchée par Tribonien. La preuve du retranche-
ment? la preuve de ce qu'il avance? Évidemment, les présomptions sont contre lui, surtout si l'on tient compte de l'esprit du
livre où le passage en question a été écrit. Les sentences de Paul
ne sont pas des pensées théoriques et philosophiques, *sed recepta
jurisprudentiæ dogmata.*

Tels sont, dans cette intéressante discussion, les principaux
arguments de chaque système. Nous n'avons pas dissimulé nos
préférences pour la façon d'argumenter de Bynkershoek. Les pro-
babilités les plus grandes militent en faveur de ses idées, pourtant
contestées par les esprits les plus grands, les plus clairvoyants.
Sans parler de Justus Lipsius et de Noodt, — leur cause est enten-
due, — notre Doneau lui-même paraît incliner dans ce sens, qui n'est
pas le nôtre, lorsqu'il dit, à propos du fameux imparfait *quos occidere licebat : Nam quod Pithæus sentit tempore Pauli etiam juris-
consulti et sic mediæ jurisprudentiæ ætate adhuc superfuisse vitæ
et necis in liberos facultatem, Tribonianum autem in d. l. XI pro
licet, licebat reposuisse, vereor ut verum sit* (3). Par bonheur,

(1) L. II, *de Lib. et posth.*
(2) L. IV, Dig., *de Agnosc. et alend.*
(3) H. Donelli, *Comm. jur. civ.*

nous pouvons citer en sens contraire Fabre, Grégoire, Hotoman,
dont l'érudition, favorable à notre doctrine, conjecture avec nous
que ce fut par l'usage, insensiblement et par un progrès latent,
et non pas brusquement, par une loi subite, que fut arrêtée l'ef-
frénée licence qui permettait de tuer et d'exposer ses enfants.

Sous l'empire, insensiblement, la *patria potestas* se transforme,
s'humanise et se christianise : c'est maintenant l'idée de *pietas*
qui domine, non plus celle d'*auctoritas*. Outre l'antique idée de
domination, *paterfamilias* contient l'idée nouvelle de paternité
pour toute la *familia*, deux idées désormais unies, inséparables,
dont Lactance exprime si bien l'intime union dans la *duplex
potestas* du père et du maître : *Dominum eumdem esse, qui sit
pater, etiam juris civilis ratio demonstrat, quis enim poterit filios
educare, nisi habeat in eos domini potestatem?... Unde apparet
eumdem ipsum et patrem esse servorum et dominum filiorum.
Denique et filius manumittitur tanquam servus, et servus libera-
tus, patroni nomen accipit, tanquam filius. Quod si propterea
paterfamilias nominatur, ut appareat eum duplici potestate prœ-
ditum, quia et indulgere debet quia pater, et coercere, quia dominus : ergo idem servus est qui est filius ; idem dominus qui est
pater* (1). D'un côté, la coercition dominicale ; mais, pour contre-
balancer ce droit, le devoir d'une indulgence paternelle envers
l'esclave, envers l'enfant. Insistons sur les mots *indulgere debet*,
car ils nous suffiront pour caractériser le grand progrès de l'époque qui nous occupe. Tout est là ; les décrets et les constitutions
sont la consécration de l'idée triomphante : *pater indulgere debet*,
et si le père, oubliant ce devoir sacré, *filii fata properaverit, sive
clam, sive palam*, Constantin veut qu'il soit puni de la peine du
parricide, *et neque gladio, neque ignibus, neque ulli allii solemni
pœnœ subjugetur, sed insutus culeo (cum cane et gallo gallina-
ceo et vipera et simia) et inter eas ferales angustias comprehensus,
serpentium contuberniis misceatur : et ut regionis qualitas
tulerit, vel in vicinum mare, vel in amnem projiciatur, ut omni*

____

(1) Lactance, *Divin. instit.*, l. IV, ch. III.

*elementorum usu vivus carere incipiat, et ei cœlum superstiti,
terra mortuo auferatur* (1) ; peine bizarre, symbolisme étrange
qui trahit l'imagination d'un peuple enfant ; supplice extravagant
que je fais remonter à ces questeurs du parricide statuant, dit
Pomponius, *de capite civis*, à l'époque des XII Tables (2). Remarquons que le mot *filius*, ici présent, ne se trouve pas dans le texte
de la loi Pompeia, *de Parricidiis*, tel du moins que Marcien le
donne (3). Promulguée vraisemblablement sous le consulat de
Cn. Pompée, près de quatre cents ans avant la constitution précitée, cette loi a bien soin d'omettre le *filius* dans l'énumération
complaisante qu'elle fait de ceux qui, en donnant ou recevant la
mort, sont, à cause des liens étroits qui les unissent, les auteurs
ou les victimes d'un parricide. Sous cette flétrissante dénomination, la loi Pompeia comprenait expressément le meurtre des
enfants par la mère ou l'aïeule ; mais, jusqu'à Constantin, on n'y
comprenait pas le meurtre du fils par le père.

Mentionnons enfin une constitution de Valentinien et Valens
qui, confiant non plus seulement au père, mais aux proches qui
ont l'autorité de l'âge (*senioribus propinquis*), le droit de correction sur les enfants mineurs, borne l'action de ce tribunal domestique et circonscrit cette juridiction privée : *Neque nos in punien-
dis minorum vitiis potestatem in immensum extendi volumus, sed
jure patrio auctoritas corrigat propinqui juvenis erratum, et privata animadversione compescat. Quod si atrocitas facti jus
domesticæ emendationis excedat, placet enormis delicti reos dedi
judicum notioni* (4).

La Grèce avait connu ces conseils de famille. D'après Platon
(l. II, *de Leg.*), le père qui voulait renier son enfant (*abdicare, id est
dicere non filium*) portait sa plainte au tribunal des *propinqui*,
devant lequel le fils avait droit de défense. Si la majorité votait

<hr>

(1) L. un. Code, *de His qui par.*; l. IX, Dig., *de Lege Pompeia*.
(2) L. II, § 23, Dig., *de Orig. juris*.
(3) L. I, Dig., *de Lege Pompeia*.
(4) L. IX, t. XV, Code, *de Emend. propinq*.

pour l'expulsion, le fils *abdiqué* devait *alio abire*, déguerpir dépouillé de tout ; car *liberos abdicare*, c'est, dit Vinnius, *eos nudos re omni domo expellere*. Quintilien envisage cette *abdicatio* sous une double face : il distingue l'*abdicatio criminis perfecti* (*ut si abdicetur raptor, adulter*), et l'*abdicatio criminis imperfecti* (pour punir l'enfant de sa désobéissance, etc.). Ce *jus abdicandi* doit s'adapter sans peine aux usages romains conférant aux *patres* les pouvoirs les plus amples, droit de vie et de mort, droit d'exposer, de vendre. Pline (l. VII, ch. xiv) offre un exemple d'*abdicatio* appliqué à Rome à un enfant adoptif, et, ce qui est plus grave, elle paraîtrait même s'y être appliquée aux enfants nés de justes noces. Cela ressort d'un récit de Valère Maxime (l. V) où l'on voit : *Cæsetum equitem Romanum jubenti Cæsari ut filium suum abdicaret, respondisse : « Celerius tu mihi, Cæsar, omnes filios meos eripies, quam ex iis ego unum nota pellam mea. »* Enfin, ce qui nous prouve que l'*abdicatio* n'était pas inconnue à Rome, c'est la constitution de Dioclétien et de Maximien où nous la voyons expressément réprouvée : *Abdicatio, quæ Græco more ad alienandos liberos usurpabatur.... Romanis legibus non comprobatur* (1). Ces empereurs, je crois, n'en auraient pas parlé si les Romains n'avaient *usurpé* les pouvoirs que l'usage grec accordait aux pères, pouvoirs qui même se trouvaient outre-passés, à défaut d'intervention de la famille dans l'exercice de la *patria potestas*, jusqu'au temps de Valens et Valentinien. Au temps donc où l'*abdicatio* fut praticable, elle dut s'opérer à Rome sans contrôle et devenir la source de criants abus dont s'occupèrent sans doute les jurisconsultes en maint endroit de leurs écrits ; et si nous n'en trouvons nulle trace aux Pandectes, c'est que Justinien aura fait supprimer, comme désormais inutile, toute allusion, tout vestige d'une funeste importation. Pareille suppression se conçoit d'autant mieux qu'il ne restait que trop de traces apparentes de coutumes impies condamnées par les lois. Par exemple, il paraît que l'affreuse coutume d'exposer les enfants pour s'en débarrasser

(1) L. VI, Code, *de Patria potest.*

était encore vivace au temps de Justinien, puisqu'il est obligé d'insister sur ce point dans le Code et dans les Novelles.

D'après la loi XXIV, Code *de Episcop. audient.*, et la l. III, Code *de Infant. expositis*, qu'ils soient nés ingénus ou de race servile, les enfants exposés devront être traités en hommes libres. Vous avez relevé l'enfant abandonné, vous lui avez sauvé la vie : vous n'aurez pas la faculté de l'asservir ; ce serait transformer votre bonne action en honteux trafic, en spéculation coupable. Quant à ceux qui *ab initio infantes abjecerunt, in ecclesiis* ou ailleurs, pour se dispenser de les élever, et qui plus tard, apprenant que ces enfants vivent, les revendiquent comme esclaves, *cupientes crudelitati suæ hoc etiam apponere, ut quos in ipsis vitæ primordiis ad mortem exposuerint, eos postquam adoleverint, defraudent libertate* (1), on les soumettra aux peines les plus sévères (*pœnis extremis*) pour leur faire expier, « *cædem ac calumniam.* » En tout cas, l'enfant exposé sera toujours de condition libre. Même avant ces salutaires constitutions, si l'enfant exposé, ne sachant d'où il sort, et *putans se servum*, se laissait traiter en esclave, on ne voyait là qu'une erreur de fait qui ne nuisait en rien aux droits de la naissance (2) ; et, d'après une constitution précitée de Valentinien, Valens et Gratien (3), si quelque bonne âme recueille, élève l'enfant exposé, pas de droit de revendication pour le père coupable d'un tel abandon, *nec enim suum quis dicere poterit, quem pereuntem contempsit.*

Comment se fait-il qu'on n'ait pas sévi plus tôt contre ce déplorable usage ? C'est que l'État lui-même était intéressé à ne pas entraver la liberté des pères. Chaque père étant libre de ne conserver que ce qu'il veut d'enfants et d'exposer le reste, on se marie d'autant plus qu'on n'a pas à craindre les inconvénients d'une famille trop nombreuse ; mais la nature met dans le cœur des parents une tendresse assez forte, assez énergique, pour les

(1) Nov. CLIII, *de Infant. exposit.*
(2) L. I, § 2, Dig., *de Jur. et fact. ignor.*
(3) L. II, Code, *de Infant. exposit.*

détourner, la plupart du temps, de l'odieux projet qu'ils auraient formé d'exposer leur progéniture. Le *jus exponendi* produisait donc à Rome un réel accroissement de population. Même cause produit le même effet en Chine. Seul entre les modernes, le peuple chinois conserve ce cruel usage ; or, de tous les pays, c'est le plus populeux (1). Voilà comment cette hideuse institution a trouvé des apologistes. L'apparente utilité de l'exposition la fait approuver hardiment par Helvétius qui, voyant le bien, le bon dans l'utile, ne peut que trouver belle et bonne une méthode qui doit éviter au Céleste Empire les calamités de la dépopulation (2).

Nous avons vu tantôt que le père exposant n'avait plus le droit de répéter l'exposé. Ce refus du droit de répétition n'est ici qu'une dérogation au principe qui lui permettrait de réclamer son enfant, si l'exposition s'était faite à son insu ou malgré sa défense. Nulle raison pour ne pas appliquer au *parens* la constitution d'Alexandre donnant au maître la faculté de répéter, lorsque le part de son esclave a été exposé sans ou contre ses ordres (3).

La revendication est possible au *parens ;* mais est-ce la *rei vindicatio* ordinaire, *l'actio singularum rerum petitionis ?* Non, dit Ulpien, *per hanc actionem liberæ personæ quæ sunt juris nostri, utputa liberi qui sunt in potestate, non petuntur : petuntur igitur aut præjudiciis, aut interdictis, aut cognitione prætoria : et ita Pomponius* (l. XXXVII) : « *Nisi forte,* inquit, *adjecta causa quis vindicet* (4). » Ainsi, le père a différents moyens pour faire reconnaître ses droits de puissance :

1° Il a, en premier lieu, le *præjudicium,* action dont la formule, réduite à l'*intentio* (*formula ex sola intentione constans*) (5), se bornait sans doute à poser cette question, l'unique question d'un litige dont le but n'était pas une condamnation, mais tout simplement la constatation d'un fait : *Judex esto... an Lucius*

---

(1) Hume, *Essays and treaties on several subjects.*
(2) Helvétius, livre *de l'Esprit et de l'homme.*
(3) L. I, Code, *de Infant. expos.*
(4) L. I, § 2, Dig., *de Rei vindic.*
(5) Théoph., *Inst.,* IV, 8, § 13 ; *Gaii Inst.,* IV, p. 44.

Titius in potestate Lucii Titii sit, an non. Je suppose le débat entre le fils et le père, car c'est en pareil cas qu'on devait recourir aux actions préjudicielles.

2° Au contraire, lorsque des tiers étaient en cause, c'était le cas de recourir aux interdits. Il y a même *ad hoc* des interdits spéciaux *de liberis exhibendis et ducendis* dont Ulpien donne les formules :

Interdictum de liberis exhibendis. — *Ait prætor :* « *Qui quæve in potestate Lucii Titii est, si is eave apud te est, dolove malo tuo factum est, quominus apud te esset, ita eum eamve exhibeas* (1). »

Interdictum de liberis ducendis. — *Ait prætor :* « *Si Lucius Titius in potestate Lucii Titii est, quominus eum Lucio Titio ducere liceat, vim fieri veto* (2). »

Ces deux interdits se complètent l'un par l'autre : *Prius interdictum quod est de liberis exhibendis, præparatorium est hujus interdicti : quo magis enim quis duci possit, exhibendus fuit* (3).

En principe, on n'a pas à s'occuper des causes qui faisaient retenir l'enfant : il suffit que l'enfant soit *in potestate* pour que sa restitution soit obligatoire (4) ; mais si, à tort ou à raison, il a été jugé que celui qui réclame n'a pas la *patria potestas* sur l'enfant, on opposera à son interdit l'exception de la chose jugée, de manière à mettre en question non si l'enfant est en puissance, mais s'il y a eu jugement à cet égard (5). De même encore, il se peut que la mère ait été, *cognita causa*, autorisée à garder l'enfant auprès d'elle, *ob nequitiam patris, divortio facto* (6) ; on vient à son secours par une exception qui paralyse l'interdit du père (7).

Lorsqu'enfin l'objet de la revendication se trouve être une fille

____

(1) L. I, Pr., Dig., *de Liber. exhib.*
(2) L. III, Pr., Dig., *eod. tit.*
(3) L. III, § 1, Dig., *eod. tit.*
(4) L. I, § 2, Dig., *de Liber. exhib.*
(5) L. I, § 4, Dig., *eod tit.*
(6) L. un. Code, *Divortio facto;* Nov. CXVII, ch. **VII.**
(7) L. 1, § 3, Dig., *de Liber. exhib.*

mariée et bien mariée, dont la restitution romprait un mariage *concordans, forte et liberis subnixum,* le mari la retient, en opposant au père une équitable exception, *ne bene concordantia matrimonia jure patriæ potestatis turbentur* (1). « Bien plus, ajoute Hermogénien, le mari aurait lui-même le droit d'agir *de uxore exhibenda et ducenda* contre un père détenteur de sa fille en puissance (2). »

Dans tous les autres cas, la répétition du *parens* était légitime. S'il ne voulait courir les chances d'un procès, celui qui détenait l'enfant devait le rendre aussitôt l'interdit rendu. Et quand, plus tard, les interdits sont tombés en désuétude, le *præses* ou *rector provinciæ* y supplée par un *decretum ad instar interdicti,* vu l'urgence de pareilles affaires qui presque toujours requéraient célérité. *Adi præsidem provinciæ, ac postula filios tuos exhiberi* (3), disent les empereurs Dioclétien et Maximien dont les constitutions, surtout celle de l'an 294 (4), portent un coup fatal au système formulaire.

3° Déjà, même avant Dioclétien et Maximien, au temps où fleurit le *judiciorum ordo,* le préteur *extra ordinem cognoscebat,* dans les questions de revendication d'enfants. La procédure extraordinaire, la *cognitio prætoria,* s'applique en ces sortes de causes, lorsqu'il n'y a qu'un point de droit à déclarer, une mesure d'ordre à faire exécuter, mais pas de formule d'action à délivrer, tout procès étant impossible.

4° Enfin, j'ai cité quelques mots de Pomponius qui, nous dit Ulpien, semble reconnaître qu'un *paterfamilias, vindicans filium,* revendiquant son fils par la *rei vindicatio* ordinaire, mais *adjecta causa,* en énonçant le caractère de sa puissance, intente une action régulière, *recte egit, ex lege Quiritium, ex jure Romano* (5).

(1) L. I, § 5, Dig., *de Liber. exhib.*
(2) L. II, eod tit.
(3) L. II et III, Code, *de Liber. exhib.*
(4) L. II, Code, *de Pedan. judic.*
(5) L. I, § 2, Dig., *de Rei vindic.*

La *causæ adjectio* n'est pas sans importance ; sans elle, le *parens* pourrait faire un esclave de ce fils ingénu qu'il a revendiqué. Voilà probablement ce qui la fit admettre. D'un autre côté, cette *rei vindicatio* offre au père un grand avantage, en ce qu'elle donne à sa juste réclamation toute l'énergie d'une action réelle. Il fait ainsi valoir, envers et contre tous, son droit immédiat sur son enfant en puissance, sans préjudice encore de l'*actio furti*, cette action purement pénale, qu'en cas de vol on donne au père tant contre les voleurs que contre leurs complices. *Si filiusfamilias subreptus sit*, dit Paul, *patrem habere furti actionem palam est* (1) ; mais le jurisconsulte a bien soin d'ajouter : *Mater filii subrepti furti actionem non habet* (2). C'est donc exclusivement au *paterfamilias* qu'appartient cette action, l'accessoire du droit qu'il a de répéter son enfant en puissance par les moyens que nous avons énumérés.

———

La puissance paternelle survivait au *parens* relativement à deux droits particuliers que nous ne saurions passer sous silence.

Le premier de ces deux droits, à effets posthumes, est celui de nommer un tuteur aux enfants ; le second est celui d'indiquer l'héritier des enfants pour le cas où, mourant impubères, ils seraient sans cela privés de testament.

1° Tutelle testamentaire. — Gaius nous dit expressément : *Legibus duodecim Tabularum permissum est parentibus liberis suis sive feminini, sive masculini sexus, si modo in potestate sint, tutores testamento dare* (3). Les XII Tables disaient en effet : *Uti legassit super pecunia tutelave suæ rei, ita jus esto* (4). Remarquons bien ces mots : *tutela suæ rei* : c'est qu'il s'agit ici des

———

(1) L. XXXVII, Dig., *de Furtis*.
(2) L. XXXVIII, Dig., eod tit.
(3) L. I, Pr , Dig., *de Testam. tutel.*
(4) Lex XII Tabul., t. V.

enfants en puissance, la *res* du *paterfamilias*. Le tuteur élu sera leur tuteur, s'ils deviennent *sui juris* avant d'être pubères. La puberté d'ailleurs n'était pas un obstacle à la validité de la nomination, dans l'ancien droit, en ce qui concerne les femmes, *veteres enim voluerunt feminas etiam si perfectæ ætatis sint, propter animi levitatem in tutela esse* (1); tutelle perpetuelle, ébréchée par Auguste dans la loi Papia, par Claude dans la loi Claudia, puis tombée en désuétude, sans formelle abrogation. Sous ce rapport, pendant longtemps, différence entre les deux sexes; mais complète assimilation par rapport à la qualité de *sui juris* exigée des uns et des autres.

La nécessité d'être *sui juris* explique comment il se fait que nos petits-fils et nos petites-filles ne puissent recevoir de nous une tutelle testamentaire, que si notre mort ne les fait pas retomber sous la puissance de leur père (2); c'est justement ce qui arrive quand, du vivant du testateur, le fils, père de ces enfants, a cessé d'être en sa puissance (3). On peut enfin donner un tuteur par testament aux enfants posthumes, *si in ea causa sint, ut si vivis nobis nascantur, in potestate nostra fiant;* et même encore à la femme *in manu,* traitée comme une fille, que cette femme soit l'épouse du testateur ou de son fils (4).

Modestin nous complète ces renseignements, lorsqu'il distingue entre les droits des père et mère. Qu'il institue ou qu'il exhérède son fils, le père a le droit de lui donner un tuteur. La mère n'a ce droit qu'autant qu'elle l'institue, *quasi in rem potius quam in personam, tutorem dare videatur.* Et encore l'élection émanée de la mère n'est pas confirmée sans enquête, tandis qu'en principe la nomination du père est ratifiée sans être examinée, *nisi si causa, propter quam tutor datus videbatur, in eo mutata sit, veluti si ex amico inimicus, vel ex divite pauperior*

---

(1) *Gaii C.*, I, § 144.

(2) *Idem*, § 146.

(3) L. I, § 2, Dig., *de Testam tut.*

(4) *Gaii C.*, I, § 147, 148.

effectus sit (1). Double différence : 1° la mère ne pourrait, exhé-
rédant son fils, lui donner un tuteur : le père le pourrait pour
ses fils en puissance, non pour ses enfants naturels : *Naturali
filio, cui nihil relictum est, tutor frustra datur a patre* (2) ;
2° le choix de la mère est toujours l'objet d'une *inquisitio* qui,
sauf l'exception susmentionnée, n'a pas lieu quant au choix du
père. Nommé par lui, même à son fils émancipé, lisons-nous
dans les Institutes (3), ce tuteur datif voit ses pouvoirs confirmés
sans difficulté : *Confirmandus est ea sententia præsidis omnimodo,
id est, sine inquisitione.* En droit strict, de pareilles nominations
n'auraient pas dû être valables ; mais, par respect pour la volonté
des défunts, on finit par en tenir compte et déroger à la rigueur
des vieux principes en divers cas énumérés par Modestin dans
quelques lignes que je cite : *Si fuerit persona talis quæ non
potest dare, velut si mater, aut patronus, aut extraneus quis ; aut
persona, cui non potest dari, velut si pater filio non existenti in
potestate, aut filiæ dederit ; aut si dixerit : « Precor te curam
habere rerum ; » aut in codicillis non confirmatis dederit tutorem,
aut curatorem : tunc quod deficit, repleri a consulari potestate
constitutiones concesserunt, et secundum mentem confirmari tutores* (4). De là le nom de *tutores confirmandi* donné par les commentateurs pour indiquer cette nécessité d'une confirmation à
l'égard des tuteurs dont la nomination n'était pas en droit régulière, les XII Tables faisant de ce choix un attribut de la *patria
potestas.*

2° Substitution pupillaire. — Si l'on s'écarta du droit primitif,
pour valider l'élection de tuteurs nommés par qui n'eut pas les
enfants en puissance, on ne varia pas quant au droit plus important de substitution pupillaire, qui resta toujours le privilége
exclusif du *paterfamilias.* Le *paterfamilias* peut, testant pour

(1) L. IV, Dig., *de Testam. tut.*
(2) L. VII, Dig., *de Confirm. tut.*
(3) Inst. Just., L. I, t. XIII, § 5.
(4) L. I, § 1, in fine, Dig., *de Confirm. tutor.*

lui-même, tester par la même occasion pour son enfant, en prévision du cas où, mourant avant lui, l'enfant ne recueillerait pas son héritage ; puis du cas où, vivant assez pour succéder, mais pas assez pour faire un testament valable, l'enfant mourrait avant l'âge de puberté (1). Au premier cas, substitution vulgaire ; substitution pupillaire au second.

Un point longtemps controversé, longtemps douteux, ce fut la question de savoir si, quand l'une des deux substitutions se trouvait exprimée, l'autre devait alors être sous-entendue. Cette controverse est tranchée par une constitution de l'empereur Marc Aurèle : *Ut cum pater impuberi filio in alterum casum substituisset, in utrumque casum substituisse intelligatur, sive filius heres non extiterit, sive extiterit, et impubes decesserit* (2). Supposons maintenant plusieurs institués, substitués entre eux ; nous admettrons aussi les deux substitutions, au cas où tous les institués sont impubères ; mais s'il y en a de pubères parmi eux, cette inégalité ne permet pas d'admettre la précédente solution. La substitution réciproque ne vaudra que comme substitution vulgaire. Ainsi l'ont décidé Sévère et Antonin : *Incongruens enim videbatur, ut in altero duplex esset substitutio, in altero sola vulgaris* (3).

La substitution pupillaire s'accorde à merveille avec les idées romaines de copropriété, d'unité de personne. Tester pour ses continuateurs, c'est encore tester pour soi-même. On n'y voyait pas de dérogation choquante au grand principe : On ne peut tester que pour soi. Il a semblé bon que les volontés du père fussent la loi, la règle de la *familia*, jusqu'au jour où, *patrefamilias defuncto*, les volontés du fils *sui juris* et pubère s'y substituent légalement. En attendant, la prévoyance paternelle évite à l'impubère de mourir *intestat*. C'est ainsi que s'est introduit l'usage de tester au nom de ses enfants impubères, institution valable pour les enfants

(1) Inst. Just., l. II, t. XVI, Pr.
(2) L. IV, Pr., Dig., *de Vulg. et pupill.*
(3 L. IV, § 2, Dig., *de Vulg. et pupill.*

mâles jusqu'à ce qu'ils aient quatorze ans, et pour les filles jusqu'à leur douzième année, pourvu, bien entendu, que les uns et les autres soient restés jusqu'à cet âge *in potestate*. La *patria potestas* est indispensable; on ne peut donc substituer de la sorte aux émancipés, tandis qu'on le peut aux posthumes, aux petits-fils, enfin à tous les descendants que la mort du testateur rendra *sui juris; sed si eos patres præcedant*, dit Ulpien, *ita demum substitui eis potest, si heredes instituti sint, vel exheredati : ita enim post legem Velleiam succedendo non rumpunt testamentum; nam si principale ruptum sit testamentum* (par leur agnation ou leur quasi-agnation), *et pupillare evanuit* (1).

Bien que la substitution pupillaire tienne lieu de testament à l'égard du fils, en réalité ce n'est, à l'égard du père, qu'un accessoire de son propre testament, et, par suite, le père qui veut substituer doit commencer par se choisir un héritier (2), puisque, sans cette institution fondamentale, nul article du testament ne peut valoir, ou, pour mieux dire, il n'y a pas de testament.

D'ordinaire, c'était par un seul et même acte que le père testait pour lui et pour les siens. Dans tous les cas, les deux testaments n'en font qu'un, *pro uno habentur* (3) : c'est l'expression d'Ulpien, et Justinien se sert d'expressions analogues, lorsqu'il dit : *Unum testamentum est duarum causarum, id est duarum hereditatum* (4). L'unité juridique des deux testaments tient à l'étroite dépendance qui rattache la substitution à l'institution. C'est le cas d'appliquer l'adage : *Accessorium sequitur principale.* L'accessoire, c'est l'institution secondaire, quant à l'hérédité du fils, le principal étant l'institution du père, quant à sa propre hérédité. Les rapports entre les deux testaments sont tels que si celui du père est nul, celui du fils est nul de même. La substitution ne peut subsister sans l'institution principale — *caput et fundamentum* — de ce testament *un* en droit, mais souvent

(1) L. II, Pr., Dig., cod. tit.
(2) L. 1, § 3, Dig., cod. tit.
(3) L. XX, Pr., Dig., *de Vulg. et pupill.*
(4) Inst. Just., II, t. XVI, § 2.

double ou triple en la forme, puisqu'on peut substituer par actes séparés, postérieurement à l'institution. Nulle uniformité n'est d'ailleurs exigée dans la confection de ces actes successifs : *Si pater sibi per scripturam*, dit Ulpien, *filio per nuncupationem, vel contra fecerit testamentum, valebit* (1).

La séparation matérielle des deux faits produit cette autre conséquence que celui qui a fait son propre testament avant d'avoir acquis la puissance paternelle, pourra néanmoins substituer valablement si, lorsqu'il substitue, la *potestas* existe. Quelqu'un choisit pour héritier un impubère *extraneus* lors de la confection du testament : si, par adoption ou par adrogation, le testateur acquiert la puissance paternelle, il pourra dès lors substituer à l'institué, *poterit ei substituere* (2), dit Ulpien. Remarquons que, puisqu'il s'agit de substitution pupillaire, c'est ici de l'adrogation des impubères qu'Ulpien veut parler. Avant Antonin, quand le pubère seul pouvait être adrogé, l'adrogation n'était pas un mode d'acquérir, avec la *patria potestas*, le droit de substituer pupillairement. Lorsqu'on permit l'adrogation des impubères, on la soumit à des conditions protectrices (*quibusdam conditionibus*) indiquées dans les Institutes (3). L'une de ces conditions est la caution donnée par l'adrogeant de rendre les biens du pupille, en cas de mort avant la puberté, *illis qui, si adoptio facta non esset, ad successionem ejus venturi essent*, et, par conséquent, au substitué pupillaire qu'avait pu nommer le *parens naturalis* lorsqu'il avait encore son enfant en puissance. Mais *quid*, à l'égard du substitué pupillaire nommé par l'adrogeant lui-même, lorsque l'adrogé meurt *ante pubertatem?* Ulpien répond à la question dans deux passages du Digeste, liv. I et liv. XXVIII (4). C'est au deuxième texte qu'il faut s'attacher pour avoir toute sa pensée. Le jurisconsulte s'exprime ainsi : *In adrogato impubere dicimus ad substitutum ejus ab adrogatore datum non debere pertinere ea, quæ haberet, si adro-*

(1) L. XX, § 1, Dig., *de Vulg. et pupill.*
(2) L. 11, Pr., in fine, Dig., eod. tit.
(3) Inst. Just., l. I, t. XI, § 3.
(4) L. XXII, § 1, Dig., *de Adopt.*; l. X, § 6, Dig., *de Vulg. et pupill.*

*gatus non esset; sed ea sola, quæ ipse ei dedit adrogator : nisi
forte distinguimus....* Nulle quant aux biens personnels de l'a-
drogé, vu l'obligation de les rendre à qui de droit, la substitution
de .l'adrogeant n'était valable qu'à l'égard des biens qu'il avait
donnés ou fait donner au pupille mort impubère, à l'exception
peut-être encore de la quarte, *quam omnimodo ex rescripto divi
Antonini debuit ei relinquere,* dans les cas d'émancipation sans
juste cause, ou d'exhérédation sans motifs suffisants. Peut-être
alors serait-il bon de distinguer entre cette quarte et le reste : ce
n'est pas l'adrogeant, c'est la loi qui la donne et, pour la donner,
en dépouille l'adrogeant, dépouillement qui devrait être irrévocable, et qui, par le fait, serait incomplet, si l'adrogeant pouvait
on disposer encore, grâce au droit de substitution. Pourquoi donc
atténuer sa peine en lui laissant une pareille faculté ? Ne serait-
il pas raisonnable de ne faire porter la substitution que sur les
biens vraiment donnés par l'adrogeant, mais non sur l'espèce
d'amende qu'on lui impose sous le nom de quarte Antonine ?
Tel n'est pas cependant l'avis de Scævola, qui permet la substitution quant à la quarte. Ulpien en étend les effets aux biens
acquis *aliunde quam ex re adrogatoris,* toutes les fois que la cause
d'acquisition se rattache à l'adrogation : *Amplius puto,* nous
dit-il, *et si quid beneficio adrogatoris adquisiit, et hæc substitutum posse habere : utpula adrogatoris amicus, vel cognatus ei
aliquid reliquit.*

On n'a pas à chercher l'origine des biens, lorsqu'à défaut
d'adoption ou d'adrogation, l'unique substitué est celui qu'a
choisi l'ascendant naturel, au temps où il avait ses enfants en
puissance. Peu importe la provenance ; tous biens, sans distinction, vont à ce substitué : *ad substitutos pupillares pertinent, et si
quæ postea pupillis obvenerint ; neque enim suis bonis testator
substituit, sed impuberis* (1).

Gaius (2) nous apprend qu'il était d'usage de joindre tout bon-

(1) L. X, § 5, Dig., *de Vulg. et pupill.*
(2) *Gaii C.,* II, § 181.

nement à l'institution la substitution vulgaire, parce que, dit-il, la substitution vulgaire n'appelant le substitué à l'hérédité qu'à défaut de l'institué, et l'institué ne faisant défaut que s'il meurt du vivant du père, en ce cas on n'a rien à craindre de la part d'un homme qui ignore les droits éventuels à lui conférés par un testament occulte et secret pour tous du vivant du testateur. Le testateur, au contraire, avait l'habitude de cacher, cacheter au bas du testament, la substitution pupillaire (les *tabulas pupillares*), avec défense expresse, *in priore parte*, d'ouvrir les tablettes infé-rieures, tant que son fils serait vivant et impubère ; et telle était encore, au temps de Justinien, l'indélicatesse des mœurs romaines, que les Instituts (1) conseillent aux personnes prudentes de ne pas négliger les mêmes précautions, qui sont contre les substitués ce qu'a été la substitution elle-même contre les héritiers *ab inte-stat*, une garantie toujours bonne à prendre, *ne post obitum paren-tis periculo insidiarum subjectus videatur pupillus.*

Ainsi, le père mort, ses volontés dernières protégent la per-sonne et les biens de l'enfant, tant que l'enfant n'est pas pubère, ou même quelquefois après sa puberté, lorsqu'un rescrit du prince autorise le père à tester pour ce fils que quelque infirmité empêche de tester lui-même (2). C'est cette autorisation que Justinien généralise (3). Nous n'avons pas à nous en occuper ici, car la substitution dite quasi-pupillaire est permise à tout ascen-dant, qu'il jouisse ou non de la puissance paternelle. Or, nous n'étudions que les priviléges de la *patria potestas*.

Ces derniers priviléges sont encore augmentés sous l'empire, en faveur de tous les militaires. Le *miles* peut tester ——*jure mili-tari*—tant pour son fils que pour lui-même ; il peut tester pour son fils sans tester pour lui : *quod testamentum valebit, si forte pater, vel in militia, vel intra annum militiæ decessit* (4). *Quid*, au cas

(1) Inst. Just., l. II, t. XVI, § 3.
(2) L. XLIII, Pr., Dig., *de Vulg. et pupill.*
(3) Inst. Just., l. II, t. XVI, § 4.
(4) L. XV, § 5, Dig., *de Testam. milit.*

où l'hérédité du militaire n'est l'objet d'aucune adition? La substitution vaudra-t-elle? Oui, dit Tryphoninus (1), puisqu'un soldat a droit de tester pour son fils sans tester pour lui-même, contrairement à ce principe général : *Quisquis impuberi testamentum facit, sibi quoque facere debet ; soli filio non poterit* (2). Nous avons donc ici deux testaments distincts, pouvant se passer l'un de l'autre ; et si le nom de substitué s'applique encore à l'héritier donné par le père à son fils, c'est un abus de langage que l'étymologie ne saurait justifier. En fait, ce sont deux institutions principales, sans *substitution*, sans institution dépendante et subordonnée.

Autre dérogation. Nous avons vu plus haut qu'en principe la substitution devra porter sur tous les biens de l'impubère. Le *miles* a la faculté de la restreindre aux biens par lui transmis dans son institution (3). Quant à ces derniers biens, il pouvait même encore tester pour ses enfants pubères. Papinien m'en fournit la preuve : « Un centurion, dit-il, en prévision du cas où ses enfants mourraient mineurs de vingt-cinq ans et sans postérité, a fait pour eux une substitution directe : s'ils meurent avant quatorze ans, le substitué prendra, suivant le droit commun, les biens propres du fils avec les biens du père ; au contraire, il ne prendra que les biens du père (*et fructus inventos in hereditate*), s'ils ont dépassé l'âge où l'on est impubère (4).» Ainsi restreinte aux biens transmis à l'institué par l'instituant lui-même (5), la substitution était possible au *miles*, même à l'égard de ses enfants émancipés, non *jure patris*, mais *jure militari*. Nous n'insisterons donc pas sur un privilége où la *patria potestas* n'était pour rien.

(1) L. XLI, § 5, Dig., eod. tit.
(2) L. II, § 1, Dig., *de Vulg. et pupill.*
(3) L. X, § 5, Dig., *de Vulg. et pupill.*
(4) L. XV, Dig., eod. tit.
(5) L. XLI, § 4, Dig., *de Testam. milit.*

CHAPITRE IV.

PATRIA POTESTAS AU POINT DE VUE DES BIENS.

SECTION I.

Effets quant aux biens entre le père et l'enfant.

Nous lisons dans les Institutes de Gaius : *Adquiritur nobis non solum per nosmetipsos, sed etiam per eos quos in potestate, manu mancipiove habemus* (1) ; et dans celles de Justinien, la reproduction du même passage, à l'exception des mots *manus* et *mancipium*, deux mots correspondant à des rapports de droit tombés en désuétude (2). L'expression *potestas*, large, compréhensive, est conservée comme s'appliquant à la fois aux enfants, aux esclaves ; *nam potestatis verbo*, nous dit Paul, *in persona liberorum patria potestas, in persona servi dominium significatur* (3). Or, c'est un principe absolu dans l'ancien droit, que Gaius formule en ces termes : *Qui in potestate nostra est, nihil suum habere potest* (4). D'où cette double et rigoureuse

(1) *Gaii C.*, II, § 86.
(2) Inst. Just, l. II, t. IX, Pr.
(3) L. CCXV, Dig., *de Verb. signif.*
(4) *Gaii. C.*, II, § 87.

conséquence qu'en principe le *parens* n'acquiert rien pour son fils, tandis que le fils acquiert tout pour son *parens*, que la *patria potestas* provienne d'un mariage ou d'une adoption.

1° **Rien n'est acquis au fils par son *parens*.** — Un père a stipulé de l'argent pour sa fille : c'est à lui qu'est acquise l'obligation. Les empereurs Sévère et Antonin le disent : *Si filiæ tuæ, quam in potestate habebas, pecuniam dari stipulatus es : paratam obligationem exercere non prohiberis* (1). Vous avez un fils en puissance : si, dit Justinien, vous stipulez pour lui, c'est comme si vous aviez stipulé pour vous-même, *quia vox tua tanquam filii est, sicut filii vox tanquam tua intelligitur* (2)... pourvu cependant qu'il s'agisse de choses qu'il ne vous est pas impossible d'acquérir, restriction contenue dans les derniers mots du texte : *In iis rebus quæ tibi adquiri possunt*. C'est une allusion au droit des pécules dont je m'occuperai bientôt, et sans doute aussi à la distinction juridique entre la stipulation d'un droit et la stipulation d'un fait : *Quod dicitur patrem filio utiliter stipulari, quasi sibi ille stipularetur, hoc in his verum est*, dit Paul, *quæ juris sunt, quæque adquiri patri possunt : alioquin si factum conferatur in personam filii, inutilis erit stipulatio, veluti ut tenere ei vel ire agere liceat* (3).

2° **Tout est acquis par le fils au *parens*.** — On ne distingue plus, comme au cas précédent, les stipulations de droit des stipulations de fait : *Contra*, dit encore le texte précité, *filius ut ire patri liceat, stipulando adquiret ei : imo et quod in suam personam conferre non potest, hoc patri adquirat* (4). De ce qui précède, il résulte tout d'abord que la stipulation du *filius* est valable : *Pupillus ex quo fari cœperit, recte stipulari potest* (5), nous dit Gaius. Le fils stipule et il acquiert. S'il n'acquérait pas, comment pourrait-il transmettre ? Il acquiert, mais le bénéfice de ladite

(1) L. II, Code, *de Contrat. et committ. stipul.*
(2) Inst. Just., l. III, t. XIX, § 4, in fine.
(3) L. CXXX, Dig., *de Verb. oblig.*
(4) *Idem*, in fine.
(5) L. CXLI, § 2, *de Verb. oblig.*

acquisition ne reste qu'un instant de raison sur sa tête, pour passer immédiatement, *ipso jure*, sur la tête de son *parens*. Ce droit absolu souffre encore quelques restrictions. Déjà Gaius en indique une capitale, relative à l'adstipulation : *Is qui in potestate patris est, parenti non adquirit adstipulando, quamvis ex omnibus cæteris causis stipulando ei adquirat* (1). J'y reviendrai. De plus, l'étude des pécules nous fera signaler d'autres dérogations ; mais, avant d'étudier l'exception, il est bon d'examiner la règle sous toutes ses faces. On la trouve appliquée sous des aspects divers, suivant que le fils stipule pour son *parens,* l'esclave du *parens*, pour son propre frère, enfin pour lui-même. Or, dans tous les cas, c'est toujours le même droit. Donc l'obligation est acquise au *parens,* soit que le fils ait stipulé :

1° Pour ce *parens*, le chef de la famille, car *hi qui sunt in aliena potestate, his in quorum sunt potestate, habere licere stipulari possunt ea ratione, qua cætera quoque his possunt stipulari* (2); tandis qu'en principe : *alteri stipulari nemo potest* (3), sauf le cas d'addition d'une clause pénale, l'intérêt étant la base de toute action. A vrai dire, à mes yeux, il n'y a pas ici dérogation formelle, le père et le fils en puissance étant de véritables cointéressés.

2° Pour un esclave du *parens*. Pomponius nous l'atteste : *Si filius meus servo meo stipuletur, adquiritur mihi* (4).

3° Pour un frère soumis à la même puissance, car *quod servus meus meo servo dari stipulatur, id perinde haberi debet, ac si mihi stipuletur* (5). Or l'ancien droit assimilait, sous ce rapport, les fils de famille aux esclaves.

4° Pour lui-même : *Quodcumque stipulatur is qui in alterius potestate est, pro eo habetur ac si ipse esset stipulatus* (6) ; et ce

---

(1) *Gaii C.*, III, § 114.
(2) L. XXXVIII, § 6, *de Verb. oblig.*
(3) L. XXXVIII, § 17, eod. tit.
(4) L. XL, *idem.*
(5) L. I, § 3, *de Stipul. serv.*
(6) L. XLV, Dig., *de Verb. oblig.*

résultat est produit lors même que le père aurait défendu la stipulation : *Filiusfamilias vetante parente, si pecuniam ab alio stipulatus sit, nihilominus obligat parenti promissorem* (1).

Supposons une stipulation conditionnelle et l'événement de la condition postérieur à l'émancipation du stipulant ; même en ce cas, l'action compéte au père, parce qu'on se reporte au moment du contrat (2). Le même *parce que* nous explique comment, dans le cas d'une obligation alternative (quand le fils *ita stipulatus est, illam rem aut illam, utrum ego velim*), le père profitera de l'acquisition réalisée par l'*eventus conditionis*, si sa *potestas* existait encore au temps de la stipulation. Le contrat s'était formé sous la condition suspensive d'un choix à faire (*electio personalis* quant au *filius*) (3). Ce choix fait, on remonte au moment du contrat pour établir les droits du père.

Supposons maintenant qu'un *paterfamilias* se donne en adrogation : la puissance paternelle, acquise à l'adrogeant, lui fait acquérir tous les biens de l'adrogé, *exceptis iis*, dit Gaius, *quæ per capitis deminutionem pereunt* (4). Excepté ces droits essentiellement personnels qui s'éteignent avec sa personne civile, l'adrogé transmet tout ce qu'il possède, ses *res corporales et incorporales*, à son nouveau *parens*, effet rétroactif que ni les XII Tables ni les édits du préteur n'avaient établi, mais qui fut sans doute introduit dans la pratique par une pensée d'assimilation avec un des effets légaux de la paternité naturelle (5). On a raisonné par analogie : *Adoptivi patres, patres naturales*, du moment qu'ils sont *patresfamilias*, ont les biens acquis par leurs enfants en puissance ; tout ce qui est transmissible leur est transmis. Jusqu'à nouvel ordre, les fils ne peuvent rien avoir en propre.

Toutefois, il faut se garder d'assimiler l'incapacité relative du

(1) L. LXII, Dig., eod. tit.
(2) L. LXXVIII, Pr., eod. tit.
(3) L. LXXVI, Dig., *de Verb. oblig.*
(4) *Gaii C.*, III, § 83.
(5) *Idem*, § 82.

fils à l'incapacité absolue de l'esclave. Aristote a raison de définir l'esclave un instrument vivant, susceptible de manier d'autres instruments (1).... Cet outil, vivant d'une vie végétative, mais mort au point de vue du droit, c'est une chose qu'on possède et qui ne saurait posséder. Rien n'appartient à rien ; or, l'esclave n'est rien, *pro nullo habetur* (2), *nullum caput habet* (3), pour le *jus civile*. Donc, il ne saurait être, pour son propre compte, créancier ou propriétaire.

Autre est la condition du *filiusfamilias*. Si, pendant quelque temps, à la lettre on peut dire que le fils est au père une propriété, c'est un droit primitif dont on s'écarte vite, et de bonne heure on voit nettement détachée la personnalité de l'enfant en puissance, personnalité sans doute effacée devant la majesté du *paterfamilias*, mais, d'un autre côté, mise en pleine lumière, quand la *persona* du *parens* n'est plus en jeu pour la neutraliser et l'absorber en elle. Cette absorption étant purement relative, en principe le fils peut toujours acquérir, et si ses acquisitions ne lui restent pas, vont immédiatement au père, c'est grâce à l'idée d'unité dans la famille, idée unifiant dans la personne du père les personnes de ses enfants, concentrant leurs biens dans son patrimoine, d'où ce *codominium* dont j'ai déjà parlé, sorte d'association qui dure tant que dure la *patria potestas*, c'est-à-dire souvent jusqu'à la mort du père, s'il lui plaît, et aussi s'il plaît à ses enfants, maîtres de refuser une émancipation qui ferait cesser la société qui les lie (4). Ce refus d'ailleurs n'était guère à redouter, car la libre gestion des biens a trop d'appâts pour être souvent repoussée par ceux qui sont capables de la prendre en main. Sans doute, en remontant par l'imagination à cet âge d'or où les plus saints patriarches, anges à peine déchus, veillaient avec tendresse sur le berceau du genre humain, on peut se figurer un état social où les fils de famille n'avaient nulle raison pour se soustraire à l'au-

(1) Aristote, *Politique*.
(2) L. XXXII, Dig., *de Reg jur*.
(3) Inst. Just., I, t. XVI, § 4.
(4) Paul, *Sent.*, II, 25, § 1.

torité paternelle, assurant, conservant leurs droits, leurs intérêts avec une telle sollicitude qu'ils ne pouvaient vraiment mettre leur liberté, leur tranquillité, leur fortune mieux à couvert qu'en les plaçant, en les laissant sous l'égide d'un pareil père, auquel ils étaient à tout jamais attachés par les liens de respect et de reconnaissance.... Mais il y a loin du patriarche biblique au *paterfamilias* romain. Les mœurs romaines, rudes, égoïstes, changent en despotisme un pouvoir protecteur ; d'où cet instinct, d'où ce besoin d'indépendance qui devait être d'autant plus vif chez les fils de famille, à Rome, que leurs liens de dépendance étaient plus étroits, et partant plus insupportables. Et cependant, il fallait supporter jusqu'au bout cette forte attache ; jusqu'au bout, et souvent ce bout n'arrivait pas. Aussi voyons-nous le chef de famille lui-même, prenant en pitié ses subordonnés, céder à leurs vœux et quelquefois accorder une satisfaction partielle à leurs légitimes aspirations, en leur accordant, à titre de récompense, ou en guise de consolation, l'administration de quelques biens détachés de son patrimoine. Ce *pusillum patrimonium* (1), c'est l'origine des pécules dont nous allons nous occuper.

Remarquons, au sujet de ces premiers pécules, qu'à cause de l'idée d'unité de personne, les membres de la *familia* qui recevaient ainsi des biens particuliers (*aliquid separatum a rationibus patrisfamilias*) n'obtenaient sur eux que des droits précaires que le *parens* leur donnait ou leur retirait à son bon plaisir. Peu à peu cependant, on sentit le besoin d'accorder au fils un patrimoine distinct, des droits non plus précaires, mais définitifs, pour lesquels il aurait capacité complète ; mais, par respect pour les droits sacrés du *parens*, pour l'antique organisation de la famille, on se contenta de faire finir la minorité sans fin des enfants pour certains biens et dans certains cas seulement, à l'égard desquels on déroge au droit commun. Voyons ces dérogations ; étudions ces divers pécules.

(1) L. V, § 3, Dig., *de Pecul.*

De ces mots *peculium a patre profectum* (1), empruntés à la langue des jurisconsultes, les commentateurs ont fait *pécule profectice*, et nommé *pécule adventice, quod extrinsecus advenit, aliunde quam ex re patris.* Il nous faut insister sur cette distinction, d'une extrême importance au point de vue des droits du *paterfamilias.* Le pécule vient-il de lui, lui seul en est propriétaire. A cet égard, l'ancien principe se maintient. Si le père a laissé, par pure tolérance, les enfants jouir ou administrer, c'est une concession qui ne saurait fonder, au mépris de ses droits, une propriété nouvelle. Tel était primitivement le droit commun qui régissait tous les pécules *sine ulla distinctione* (2). Mais l'introduction du pécule *castrens* opère dans la famille romaine une vraie révolution qui se fait insensiblement au commencement de l'empire, et par sa date justifie cette pensée de Montesquieu : « La puissance paternelle se perdit à Rome avec la République (3). » Désormais, il faudra distinguer avec soin ce *peculium militare,* dont le fils de famille est plein propriétaire, du pécule civil, *peculium paganum,* qu'un peu plus haut j'ai divisé en profectice et adventice. Nous aurons de même à décomposer notre pécule militaire en *castrens* et *quasi castrens,* ce qui nous donne quatre sortes de pécules. Pour les distinguer, pour les reconnaître, il faut considérer l'origine des biens.

I. — PECULIUM PAGANUM.

1° Pécule profectice. — *Profectitium peculium est,* nous dit Vinnius, *quod a patre sive contemplatione patris ab aliis, ad filium proficiscitur* (4). Justinien maintient, à l'égard de ce pécule, le principe de l'ancien droit : *Sancitum est,* disent les Institutes, *ut si quid ex re patris filio obveniat, hoc secundum antiquam observa-*

(1) L. IX, Dig., *de Castr. pecul.*
(2) Inst. Just., l. II, t. IX, § 1.
(3) Montesquieu, *Esprit des lois,* l. V, ch. VII.
(4) *Vinnii C. Just. Instit.*

tionem, totum parenti adquiratur. Quæ enim invidia est, quod ex patris occasione profectum est, hoc ad eum reverti (1)? Donc encore, sous Justinien, à la mort du chef de famille, nous appliquerons au pécule profectice ces constitutions de Dioclétien et Maximien : *Certum est liberorum peculia post mortem patris in hereditatem dividendam ad communionem esse revocanda* (2).... *Unde consulte ac pro juris ratione collationem fratribus tuis quos in patris communis mortis tempore fuisse potestate proponis, offeres* (3). Cette *collatio* est obligatoire si le pécule n'a été l'objet d'un prélegs (4) ; tandis que, s'il s'agissait d'un pécule *castrens* ou *quasi castrens*, il n'y aurait pas lieu à *communicatio*.

Malgré ces restrictions, le pécule profectice offrait encore au fils de sérieux avantages. S'il est vrai qu'en principe l'intérêt du père l'emporte sur celui du fils, ces intérêts sont distingués et séparés par la constitution de Claude qui, lorsque le père est saisi pour dettes et voit tous ses biens confisqués, réserve au fils ce qui compose son pécule (5). Ce pécule, dont la jouissance, même précaire, n'était pas sans utilité, survivait enfin très-souvent à la puissance paternelle. Sans doute, si le fils émancipé retient, contre la volonté du père, les dons qu'il a reçus de lui lorsqu'il était en sa puissance, le *paterfamilias* peut les revendiquer ; il n'a pas cessé d'en être propriétaire : *penes eum dominium remansit* (6). Une illégale rétention n'a pu conduire à son expropriation. Mais si la volonté contraire du *parens* n'avait pas été formellement exprimée, le *peculium non nominatim ademptum* suivait l'enfant émancipé, la séparation se continuant en l'état où étaient les deux patrimoines pendant la durée de la *potestas*. Le nouveau *sui juris* pouvait usucaper les divers objets du pécule (7).

---

(1) Inst. Just., l. II, t. IX.
(2) L. XIII, Code, *Fam. ercisc.*
(3) L. XII, Code, *de Collat.*
(4) L. XXXVIII, Dig., *de Cond. indeb.*
(5) L. III, § 4, Dig., *de Minor. vigint.*
(6) L. XVII, Code, *de Donat.*
(7) *Vatic. fragm.*, 260.

Papinien nous cite en exemple un père qui avait donné des esclaves à sa fille en puissance, et ne lui avait pas retiré ce pécule lors de son émancipation. *Ex postfacto donationem videbatur perfecisse* (1), ajoute le jurisconsulte. *Ex postfacto* : pas de *donatio perfecta* entre le père et l'enfant en puissance, parce qu'il n'y a pas de dette civile possible entre eux : *Inutilis est stipulatio, si ab eo stipuleris qui tuo juri subjectus est, vel si is a te stipuletur* (2) ; et il n'y a pas de dette civile, parce qu'il n'y a pas d'action : *Quod non magis cum his quos in potestate habemus, quam nobiscum ipsi agere possumus* (3).

L'obligation, ainsi privée de la sanction qui la rendrait civile, n'en existe pas moins, en tant que naturelle, entre le *parens* et le fils, quel qu'ait été d'ailleurs le rôle joué par chacun d'eux au contrat.

Supposons donc d'abord le *parens* créancier, par suite d'un *mutuum* que le *filius* rembourse après son émancipation. Dans l'espèce, le fils pourra-t-il répéter ? Non, répond Africain, si le père n'a rien retenu du pécule, car alors il reste toujours une obligation naturelle. La preuve que le père a droit de rétention, c'est que, si un étranger eût — *intra annum* — agi *de peculio*, le père eût pu déduire sa propre créance (4). Telle est aussi la règle enseignée par Ulpien qui déduit du pécule les créances du maître, *quia prævenisse dominus et cum servo suo egisse creditur* (5). Disons du père ce qu'il dit du maître, du fils ce qu'il dit de l'esclave ; car, à cet égard, le droit est le même pour tous ceux qui sont *in potestate*.

La même solution, dans l'hypothèse inverse, se justifie à l'aide du même argument. Soit un fils créancier, le père débiteur. Si le père, après l'émancipation du fils, a payé ce qu'il lui devait, c'est l'acquittement d'une dette naturelle excluant la

---

(1) L. XXXI, § 2, *de Donat.*
(2) Inst. Just., l. III, t. XIX, § 6.
(3) L. XVI, Dig., *de Furt.*
(4) L. XXXVIII, § 1, Dig., *de Cond. indeb.*
(5) L. IX, § 2, Dig., *de Pecul.*

répétition. Si, dans le courant de l'année, un tiers eût agi *de peculio*, on aurait compté dans le pécule le montant de la dette du père ; car, *etsi precario res filio data sit*, pourtant, *de peculio pater obligatur* (1). Le père est obligé même envers son *filius*, *quia naturale debitum adgnovit*. Mais, dira t-on, c'est une erreur de droit ; cette dette, il n'eût pas voulu la reconnaître ; il s'est cru forcé de payer, pensant qu'on avait quelque action pour l'y contraindre. Ne ferez-vous pas droit à sa réclamation ? Non, dit Tryphoninus ; même en ce dernier cas, l'erreur n'empêche pas la dette, et la dette exclut la répétition : *Debiti vel non debiti ratio in condictione naturaliter intelligenda est* (2). Pas de répétition, même pour l'héritier payant la dette du père au fils exhérédé, mais cependant non dépouillé de son pécule (3).

Quid de ce payement forcé qu'on appelle la compensation ? Nous en admettrons la validité, sauf les cas de dol ou de fraude. Nous admettrons de même la validité des garanties qui résultent d'un constitut, d'une hypothèque, d'une expromission ou d'une fidéjussion. Toutefois, pour la fidéjussion, Paul distingue et nous distinguons avec lui. Le père est stipulant et le fils promettant : *Fidejussor acceptus tenetur. Contra*, lorsque les rôles sont intervertis, c'est-à-dire quand la stipulation vient du fils, la promesse venant du père, *ex diverso, non tenetur fidejussor* (4). Si, dans ce cas, la fidéjussion est exclue, c'est que sans doute il ne paraissait pas possible qu'à l'occasion d'un débiteur qui ne devait rester tel qu'autant qu'il le voulait, existât un fidéjusseur — *pro eodem et eidem obligatus ;* — c'est que, tant que dure la *patria potestas*, l'obligation du père, purement potestative, ne saurait constituer, en faveur de son fils, une véritable créance, et qu'en réalité le fils n'est créancier qu'une fois émancipé, s'il retient son pécule, de l'aveu du père (5).

(1) L. V, § 1, Dig., *de Pecul.*
(2) L. LXIV, Dig., *de Cond. indeb.*
(3) L. XXXVIII, § 2, Dig., eod. tit.
(4) L. LVI, § 1, Dig., *de Fidej.*
(5) M. Machelard, *Oblig. nat.*

Ce que je viens de dire des rapports de droit entre le fils et son *parens naturalis*, s'applique à l'adrogeant, ce *fictivus parens* auquel la *patria potestas* est acquise. En conséquence, ses relations juridiques avec l'adrogé sont aussi régies par notre règle capitale et générale que Gaius formule ainsi : *Lis nulla nobis esse potest cum eo, quem in potestate habemus* (1). Le fils n'a point d'action contre son père (2). Le père n'en a point non plus contre son fils, car *natura rei impedimento est* (3). Que la paternité soit réelle ou fictive, mêmes entraves et même impossibilité. *Si a me fuerit adrogatus qui mecum erat litem contestatus, vel cum quo ego, solvi judicium Marcellus scribit : Quoniam nec ab initio inter nos potuit consistere* (4). Le droit d'action de l'adrogeant ne peut renaître, même après l'émancipation de l'adrogé. Entre eux, point de dettes civiles ; rien que des obligations naturelles, comme entre un fils et son *parens naturalis*, et, par suite, Ulpien a raison de dire : *Ei qui debitorem suum adrogavit, non restituitur actio in eum, postquam sui juris fiat* (5).

2° Pécule adventice. — Empruntons encore à Vinnius sa définition du pécule adventice : *Adventitium peculium est, quod aliunde (quam ex re patris) filio obvenit, sive id laboribus suis acquisivit, extra causam armatæ aut togatæ militiæ, sive prospera fortuna ei accessit, puta ex maternis maternive generis hereditatibus, lucris nuptialibus, legatis et hereditatibus amicorum.* Tout cela, dans le droit ancien, appartenait si bien au père de famille, que rien ne l'empêchait d'en dépouiller l'enfant, — *per quem hoc acquisitum est,* — au profit de tel ou tel autre, même au profit d'un étranger (6); *quod inhumanum visum est,* même avant Justinien, car déjà Constantin avait, quant aux biens provenant de la succession maternelle, soit *ab intestat*, soit testamen-

---

(1) L. IV, Dig., *de Judic.*
(2) L. VII, Dig., *de Oblig. et act.*
(3) L XVI, Dig., *de Furt.*
(4) L II, *de Judic.*
(5) L. II, § 4, *de Cap. minut.*
(6) Inst. Just., l. II, t. IX, § 1.

taire, restreint les effets de la *patria potestas* qui désormais ne devait donner au *parens* qu'un droit de jouissance viagère, la propriété restant aux enfants (1).

Entrant plus avant dans la même voie, Arcadius et Honorius avaient établi que tout bien, venant de la ligne maternelle, d'un grand-père ou d'un bisaïeul, d'une grand'mère ou d'une bisaïeule, et transmis au petit-fils, à la petite-fille ou aux arrière-petits-enfants par testament, par fidéicommis, par legs, donation, par tout autre mode de libéralité, ou même encore par succession *ab intestat*, devrait être gardé *dans son intégrité* par le père aux dits héritiers ou donataires, avec défense expresse au père usufruitier de disposer du bien d'une façon quelconque, *ita ut quemadmodum ipse super his rebus licentiam totius potestatis amittit, defuncto eo, filio filiæve præcipua computentur, nec ab illis qui ex parte sunt coheredes, vindicentur* (2).

A la suite de cette constitution de l'an 395, il faut mentionner une autre constitution de l'an 426, également restrictive des pouvoirs du père. Théodose et Valentinien avaient insisté dans cette dernière pour que désormais on ne reconnût au père aucun droit de propriété sur les dons ou legs dont son enfant en puissance aurait été l'objet de la part d'un conjoint (3), et, quelque temps après, ils avaient ajouté une addition importante pour qu'en cas de mort *in patria potestate*, de l'époux donataire ou légataire, ces biens fussent alors transmis aux descendants par droit d'hérédité, non aux ascendants par droit de pécule ; spécifiant de plus qu'en cas de mort sans enfants d'un fils qui laisserait son père et son aïeul, *avum paternum*, chef de la famille, les biens provenant de la ligne maternelle iraient au père et non pas à l'aïeul qui n'aurait que l'usufruit par droit de puissance (4).

A leur tour, les empereurs Léon et Anthémius avaient réglé

<hr>

(1) L. I, Code, *de Bon. matern*.
(2) L. II, Code, eod. tit.
(3) L. I, Code, *de Bon. quæ. liber*.
(4) L. III, Code, eod. tit.

la dévolution de tous les biens, — *omnium rerum quæ ad filium,
vel filiam, nepotes sive pronepotes utriusque sexus in potestate
constitutos, ex priore, vel secundo, aut tertio, seu numerosiore conjugio pervenerint, ex dote, vel quacumque donatione, seu hereditate, vel legato, vel fideicommisso,* — comme il suit : tout d'abord
aux enfants du défunt ; à défaut d'enfants, à ses frères et sœurs ; à
défaut de frères et sœurs, à ses ascendants, sans préjudice du
droit d'usufruit légal réservé à l'ascendant *paterfamilias, potestatis jure, non hereditatis* (1).

Enfin, Justinien avait couronné l'œuvre par ses constitutions
de l'an 529. La première, y relative, datée du 15 kal. octob.
(17 sept.), s'applique à tous biens maternels. Rappelant tout
d'abord comment sont dévolus les biens acquis par convention
de mariage, aux enfants et petits-enfants, puis aux frères et
sœurs même de lits différents, à défaut de frères et sœurs du
même lit, enfin, à défaut de ces deux catégories, au père même
du défunt, Justinien étend cet ordre successoral à tout ce qui
vient de la ligne maternelle : *Ita et de his quæ materna linea per
quamcumque occasionem, vel inter vivos, vel per ultimas dispositio-
nes, vel ab intestato descendunt, similis ordo servetur* (2).... Constitution suivie de l'*Authentique Itaque*, qui consacre le privilége
du double lien, quand les héritiers sont des frères, le fils étant
mort *intestat* et sans enfants (3).

La seconde, en date du 3 kal. novemb. (30 oct.), généralise
encore et s'applique à tous biens acquis par le fils en puissance,
— *non ex ejus substantia cujus in potestate sit, sed ab aliis qui-
buscumque causis,* — dons de fortune, ou produit du travail dont
la propriété reste aux fils de famille (*dominium filiisfamilias inhæ-
rens, ad exemplum tam maternarum quam ex nuptialibus causis
filiisfamilias adquisitarum rerum* (4), le père n'ayant plus, comme

____

(1) L. IV, Code, *de Bon. quæ liber*.

(2) L. II, Code, *Comm. de success*.

(3) Nov. LXXXIV, ch. I, § 1.

(4) L. VI, Pr., Code, *de Bon. quæ liber*.

par le passé, droit au tiers des biens adventices, lorsqu'il émancipe
son fils (1). La perte de tout *dominium* est compensée dans ce dernier
cas par le droit qu'on donne au père de retenir la moitié de cet usufruit qui, tant que dure la *patria potestas*, s'étend sur tous biens
adventices.

La jouissance du père comprend l'usufruit légué à son fils en
puissance; or, en principe, en matière de legs, la personne du père
n'est considérée que pour savoir s'il y a *testamenti factio* : pour
tout le reste, c'est le fils qu'on envisage (*cujus ex persona constitit legatum* (2). En conséquence, il semblerait que l'usufruit
devrait s'éteindre par toute diminution de tête (3), et surtout par
la mort du fils. Cependant Justinien tranche en faveur du père
cette question qui avait divisé les esprits (4). Il veut que l'usufruit
survive à ces divers événements. Il survivra même, en faveur du
fils, aux diminutions de tête et à la mort du père, *cum plerumque
verisimile sit testatorem contemplatione magis filii quam patris
usumfructum ei reliquisse (5).*

L'usufruit paternel a cette conséquence que le fils en puissance
ne peut disposer des biens dont cependant il est propriétaire. On
évite ainsi le gaspillage des biens, — *tristem exitum* (6), — déplorable
effet des entraînements de la jeunesse ; mais, *cum oportet simi-
lem providentiam tam patribus quam liberis deferri* (7), la Constitution de Justinien a en vue, outre l'intérêt des fils de famille,
l'intérêt non moins grand des pères, forcés de venir au secours
de leurs enfants tombés ainsi dans la misère, le devoir d'aliments
étant réciproque. On permet donc au père, intéressé lui-même à
la bonne gestion des affaires du fils et, par suite, investi de la
haute confiance du législateur, d'aliéner ou d'hypothéquer les

(1) L. VI, § 3, *de Bon. quæ liber.*
(2) L. LXXXII, § 2, Dig., *de Leg.*, 2º.
(3) *Gaii Inst*, C. 3, § 83.
(4) *Vatic. fragm.*, 75.
(5) L. XVII, Code, *de Usufr. et habit.*
(6) L. VIII, § 5, Code, *de Bonis quæ lib.*
(7) L. VI, Code, eod. tit.

biens de son fils en puissance, soit dans le cas d'urgence, de nécessité, — *propter inopiam*, — soit même encore au cas d'avantage évident, quand c'est la *paterna pietas* qui le pousse à vendre de ces biens pour acquitter des legs ou pour payer des dettes, *ut illico reddatur æs alienum et non usurarum onere prægravetur* (1). Ainsi le père, simple usufruitier, fait acte de propriétaire lorsqu'il agit conservatoirement, dans l'intérêt du fils ; car, en tout autre cas, il ne saurait passer les bornes de son droit : *Fructuarius causam proprietatis deteriorem facere non debet* (2), bien que la *paterna reverentia* l'exempte des comptes et des garanties (*cautionibus, hypothecis*, etc.) exigés de tous les autres usufruitiers.

Dans certains cas, d'ailleurs, cet usufruit lui-même échappait au *parens*. Sans parler ici du pécule militaire (nous y arriverons bientôt), disons que Justinien finit par y comprendre tous dons de l'empereur et de l'impératrice, de telle sorte que la personne en puissance, ainsi gratifiée, se trouvait indépendante à l'égard des objets donnés, la puissance paternelle, ici paralysée, n'octroyant aucun droit au père sur ces biens (3).

De plus, Justinien donne au fils la pleine propriété de la succession répudiée par le père. Si, dit cet empereur, sur le refus du père, le fils voulait faire adition d'hérédité, le père n'aurait rien alors à réclamer, mais, bien entendu, ne serait pas responsable des conséquences de l'acceptation (4) : *Qui in aliena est potestate, non potest invitum hereditati obligare eum in cujus est potestate* (5). Renversons l'hypothèse et supposons le père acceptant, prenant de sa propre autorité une succession que le fils répudie : point d'action contre ce dernier qui se décharge de toute responsabilité par une volonté contraire. C'est l'application de ce précepte d'Ulpien : *Neque filiusfamilias repudiando sine patre,*

____

(1) L. VIII, Code, *de Bonis quæ liber*.
(2) L. XIII, § 4, Dig., *de Usufr. et quemadmod.*
(3) L. VII, Code, *de Bonis quæ lib.*
(4) L. VIII, Pr., Code, eod. tit.
(5) L. VI, Pr., Dig., *de Adquir. vel omitt.*

neque pater sine filio, alteri nocet (1).... Sous ce rapport, indépendance réciproque.

Sont encore soustraits à l'usufruit légal les biens donnés ou légués par des ascendants, sous cette condition expresse que le père n'en aura pas la jouissance (2). Il est permis à la mère, à l'aïeule, — *aliisque parentibus*, — de disposer, en faveur de leurs descendants, de ce qui leur reste, — *postquam reliquerint filiis partem, quæ lege debetur*, — en déniant tout droit au *paterfamilias* (*in his rebus quodlibet penitus participium*). Et comme, abstraction faite de la légitime, on peut laisser ses biens même aux *extranei*, auquel cas le *pater* n'aurait rien à prétendre (*nulla utilitas ei nasceretur*), ce n'est pas seulement de la part des ascendants, mais encore de la part de toute autre personne que pareille réserve sera validée et génératrice d'effets légaux. Tous donateurs ou testateurs peuvent donc limiter leurs libéralités à la personne du fils en puissance ; le *paterfamilias* n'aura rien à y voir, même au cas où l'enfant est encore impubère, car alors le juge fait choix d'un curateur, si le disposant n'a pris soin d'avance de munir l'enfant d'un *dispensator* (3).

Item (excipitur) hereditas fratris, sororisve ad quam una cum patre admittitur (4). Quelqu'un meurt sans enfants : sa succession ira à ses ascendants les plus proches, en concours avec ses frères germains ou ses sœurs germaines, et se partagera par portions viriles (*secundum personarum numerum*) sans que le père puisse prétendre à l'usufruit des parts dévolues à ses fils ou à ses filles, son droit d'hérédité compensant amplement la perte du droit de jouissance (5).

D'un autre côté, même avant Justinien, le *parens* pouvait être, par mesure spéciale, en certains cas, privé de tout droit sur les

(1) L. XIII, § 3, Dig., *de Adquir. vel omitt.*

(2) Auth., *Excipitur*, Code, VI, *de Bonis quæ lib.*

(3) Nov CXVII, ch. I.

(4) Authent., *Item*, l. VI, Code, *de Bon. quæ lib.*

(5) Nov. CXVIII, ch. II.

biens. Papinien nous cite en exemple un cas de fraude : *Impera-
tor Hadrianus, cum Vivius Cerealis filio suo Vivio Simonidi, si in
potestate sua esse desisset, hereditatem restituere rogatus esset,
ac multa in fraudem fideicommissi fieri probaretur : restitui hereditatem filio jussit, ita ne quid in ea pecunia quamdiu filius ejus
vive-et, juris haberet* (1). C'est ainsi qu'Adrien punit le dol du
père.

Autre cas d'exception et de punition : *In his quæ ex lege
deferuntur liberis, parentibus præsumentibus solvere matrimonium sine causis lege definitis* (2). Ici, la déchéance se présente à
nous comme la *pœna injusti repudii*. Contre ceux qui ont divorcé
sans juste cause, Justinien prononce ce sévère arrêt : « Ils seront
enfermés à vie dans des monastères qui se feront donner le tiers
de leur avoir. Le reste de leurs biens passera aux enfants,
sans que le père soit en droit de réclamer la jouissance à lui
refusée (3). »

Cependant, malgré toutes ces dérogations, l'usufruit légal
existe encore en principe. Justinien le maintient d'ailleurs formellement, lorsqu'il nous dit en des termes non équivoques : *In
illis casibus legem quæ usum parentibus præbet, volumus custodiri,
quibus non inest specialiter hujus modi conditio* (4). Pour distinguer les cas où l'on est dans la règle et ceux où, au contraire,
on est dans l'exception, les commentateurs ont cru devoir diviser
les pécules adventices en pécules *ordinaires* (ceux dont le *parens*
a conservé la jouissance, conformément à l'usage établi) et
pécules *extraordinaires* (ceux dont le *parens* a perdu la jouissance, dans le dernier état du droit).

---

(1) L. L. Dig., *ad Sen. cons. Trebell.*
(2) Authent., *idem est*, l. VI, Code, *de Bon. quæ lib.*
(3) Nov. CXXXIV. ch. XI.
(4) Nov. CXVII, ch. 1, in fine.

II. — PECULIUM MILITARE.

1° Pécule *castrens*. — On ne saurait, dans l'état actuel de la science, asseoir, sur les vagues données que nous avons, un jugement certain quant à l'époque où fut introduit le pécule *castrens*. Sans vouloir préciser cette époque indécise, contentons-nous de dire que vraisemblablement ce pécule est contemporain du privilége *de testamento militis*. Nés l'un et l'autre au commencement de l'empire, ces deux priviléges durent grandir ensemble, se développer simultanément, puisque au fond ils ont même but : encourager, flatter par des faveurs insignes une soldatesque dévouée, et de plus stimuler et ranimer son zèle, lorsque ce dévouement s'alanguit et s'émousse. Il est aisé de saisir cette cause unique, la seule vraie, à n'en pas douter, sous le motif apparent et tout autre, que donne le rescrit impérial pour justifier l'exemption des formes légales accordée aux soldats qui font leur testament : *Secutus animi mei integritudinem, erga optimos fidelissimosque commilitones, simplicitati eorum consulendum existimavi : ut quoquo modo testati fuissent, rata esset eorum voluntas* (1). Ainsi, ce ne serait que la *simplicité* de ses très-fidèles compagnons d'armes qui pousserait l'empereur, en son âme et conscience, à faire quelque chose pour eux, à prendre en pitié leur faiblesse intellectuelle. Ainsi, ce serait une prime à l'ignorance, au lieu d'être une prime à la fidélité. Rejetons cette supposition trop naïve, et concluons que comme, sous la République, la simplicité, la *levitas animi* des femmes n'est qu'un vain prétexte imaginé dans l'intérêt de leurs tuteurs, de même, sous l'empire, la simplicité qu'on octroie libéralement aux militaires, sans préjudice d'autres libéralités sinon plus méritées, du moins plus méritoires, n'est en réalité

(1) L. 1, Pr., Dig., *de Testam. milit.*

qu'un mensonge officiel de ces nouveaux tuteurs qui gouvernent le monde. Afin de mériter la faveur des soldats, faveur précieuse et gage de stabilité dans la nouvelle monarchie, les empereurs en font une classe à part, affranchie des règles communes et des rigueurs du droit civil. C'est plaisir d'entrer dans les rangs de cette armée où, gardant pour soi tout ce que l'on gagne, on a le droit d'en disposer à sa façon, même par volontés dernières, puisqu'on peut tester quand on veut et comme on veut. Les fils de famille en particulier.devaient être souvent alléchés et gagnés par l'attrayante perspective de l'espèce d'émancipation que leur offrait cette vie militaire dont les gains, librement gérés, administrés, leur constituaient un véritable patrimoine, gage de leur future indépendance, première brèche à la *patria potestas*, auparavant intacte, à présent ébranlée, puisque les fils sont de vrais pères de famille, en ce qui concerne ces biens (*vice patrumfamiliarum funguntur*) (1). L'unité de personne a cessé d'exister. Désormais il y a, dans chaque *familia*, autant de *patresfamilias* qu'il y a de têtes sur lesquelles repose une propriété distincte : ce peut être le cas pour chacun des enfants, s'il n'y a que des fils qui sont tous militaires, chaque propriétaire d'un pécule *castrens* gérant son avoir propre en dehors des biens du *parens*.

De quoi se composait le pécule *castrens?* L'empereur Alexandre va nous le dire : *Peculio castrensi cedunt res mobiles, quæ eunti in militiam a patre, vel a matre aliisve propinquis, vel amicis donatæ sunt : item quæ in castris per occasionem militiæ quæruntur : in quibus sunt etiam hereditates eorum qui non alias noti esse potuerunt, nisi per militiæ occasionem : etiam si res immobiles in his erunt* (2). Il faut, pour qu'un bien soit du pécule *castrens*, que la cause d'acquisition se rattache d'une façon quelconque à ce métier des armes qui permet au fils d'avoir en préciput (*præcipua habere*) ce qu'il n'aurait pas acquis, s'il n'avait été militaire ; car

---

(1) L. II, Dig., *de Sen. cons. Maced.*
(2) L. 1, Code, *de Castr. pecul. milit.*

ce qu'il aurait acquis, dit Macer (1), abstraction faite de sa position présente, ne sera pas compris dans le pécule *castrens* : en fait partie l'hérédité dont un esclave du pécule — *heres scriptus,* — fait adition *jussu militis* (2); mais n'en fait pas partie l'hérédité de la mère, déférée pendant les années de service (3), parce qu'on ne peut dire que, *nisi militaret, adquisiturus non fuisset.* Nous devons donc ici décider autrement si la mère, en mourant, laisse à son fils soldat de l'argent destiné à des acquisitions d'équipement militaire : l'emploi des fonds conforme à leur destination enrichit d'autant le pécule (4).

Il ne faut pas non plus comprendre dans le pécule les *prædia* donnés par un père à son fils, *licet eunti in castra,* dit Alexandre (l. IV, Code, *Famil. ercisc.*). L'enrôlement du fils ne peut être la cause d'une donation qui, par sa nature même, pourrait lui être plus à charge qu'à profit. Reste également en dehors de ce pécule la *dos data vel promissa* au fils de famille militaire. Ce n'est point à la *militia*, c'est au mariage que se rattache ici le don ou la promesse : *Dos matrimonio cohærens,* dit Papinien, *oneribus ejus, ac liberis communibus, qui sunt in avi familia, confertur* (5).

L'hérédité laissée par un compagnon d'armes échappe elle-même au pécule *castrens*, si ce compagnon d'armes était un agnat qui a testé *ante commilitium ;* mais *si postea, contra,* dit Tryphoninus (6). N'est pas non plus acquise au pécule *castrens* l'hérédité laissée à un *filius miles* par son cousin soldat dans une autre province, n'ayant jamais servi sous le même drapeau : *Sanguinis etenim ratio, non militiæ causa meritum hereditatis accipiendæ præbuerat* (7).

Enfin, dit Ulpien, *si forte uxor, vel cognatus, vel quis alius,*

<hr>

(1) L. II, Dig., *de Castr. pecul. ;* IV, Pr., eod. tit.
(2) L. XIX, § 1, Dig., eod. tit.
(3) L. I, Code, *de Castr. pecul.*
(4) L. III, Dig., eod. tit.
(5) L. XVI, Pr., Dig., *de Castr. pecul.*
(6) L. XIX, Pr. Dig., eod. tit.
(7) L. XVI, § 1, Dig., eod. tit.

non ex cas'ris notus, filiofamilias donaverit quid, vel legaverit, et expresserit nominatim ut in cast·ensi peculio habeat : an possit castrensi peculio adgregari? Et non puto. Veritatem enim spectamus, an vero castrensis notitia vel affectio fuit, non quod quis finxit (1). Y avait-il ou non *castrensis notitia, castrensis affectio ?* C'est l'unique question qu'il fallait se poser lorsqu'on voulait savoir quelles acquisitions rentraient dans le pécule. La réponse était l'infaillible *criterium* indispensable en ces graves matières ; je dis indispensable, car il importait de pouvoir reconnaître aisément et sûrement les biens faisant partie du pécule *castrens* parmi les biens acquis par le fils de famille. Le service militaire, ne l'oublions pas, n'exemptait pas de la puissance paternelle ; les soldats sont encore, vis-à-vis du père, un instrument d'acquisition ; on n'a pas abrogé pour eux le droit commun, mais néanmoins on y déroge à l'égard du pécule *castrens* qui leur est et leur reste propre : *Nec in eo ullum jus patris est* (2).

Libre propriétaire du pécule *castrens*, le fils de famille, en vrai *paterfamilias*, a toutes les actions qui s'y rattachent ; il n'a pas besoin de la permission du père pour les exercer quand il veut et comme il veut (3). Il n'a pas besoin de la permission du père pour se mettre en possession de l'hérédité à lui laissée par un compagnon d'armes, *vel ab eo quem per militiam cognovit* (4). Ce que nous disons des acquisitions, il faut le dire aussi des aliénations : *Filiusfamilias alienationem nullius rei sine voluntate patris habet* (voilà la règle) (5), *nisi castrense peculium habeat* (voilà l'exception). Le *filius* peut gérer, aliéner librement, parce que de ces biens il ne doit rien au père (6), qui ne peut jamais les lui retirer, pas plus en le faisant adopter par un autre qu'en le conservant dans

---

(1) L. VIII, Dig., *de Castr. pecul.*

(2) L. III, Code, *de Castr. pecul.*

(3) L. IV, § 1, Dig., eod. tit.

(4) L. V, Dig., *de Castr. pecul.*

(5) L. II, Code, eod. tit.

(6) L. X, Dig., eod. tit.

sa propre *familia* (1). C'est qu'il y a là deux propriétaires également indépendants sur deux propriétés également inviolables,
deux *personæ,* deux *sui juris* : *sui juris* quant à son pécule, le
filius peut stipuler même du *parens,* et le contrat vaudra, si la
stipulation se rattache au pécule (*si quidem ex causa peculii
castrensis*), tandis qu'elle serait nulle pour toute autre cause (*ex
qualibet alia causa*) (2) ; l'unité de personne serait un obstacle à
sa validité.

Renversons l'hypothèse et supposons un père stipulant de son
fils soldat. C'est toujours le même principe : *Inutilis est stipulatio,
si ab eo stipuleris qui tuo juri subjectus est...* et la même dérogation : *Nisi ex causa peculii castrensis* (3). Le principe, nous l'avons
vu, se justifie. Le *paterfamilias,* ne pouvant se poursuivre lui-
même sur ses propres biens, n'a pas d'action ; par suite, l'obligation, n'ayant pas sa sanction légale, ne saurait constituer une dette
civile entre les membres de la même *familia.* Mais la dérogation
est aussi justifiable : l'action, la vraie sanction de tout contrat
civil, redevient possible et rend les contrats possibles entre les
membres de la même *familia,* quand le fils de famille a son pécule
castrens, propriété complète, droit incommutable, semblable,
égal au droit d'un *paterfamilias.* Ainsi se concilient la règle et
l'exception : *Lis nulla nobis esse potest cum eo quem in potestate
habemus, nisi ex castrensi peculio* (4). Ulpien fait à un cas spécial
l'application de cette idée, lorsqu'il dit : *Inter patrem et filium
contrahi emplio non potest, sed de rebus castrensibus potest* (5).
Ce qui rend l'*emplio* possible, c'est évidemment la possibilité
d'une action, possibilité qui résulte ici du dualisme des patrimoines.

De ce dualisme même, en certains cas, peut naître un vrai
conflit d'attributions dont Tryphoninus nous donne un exemple :

(1) L. XII, Dig., *de Castr. pecul.*
(2) L. XV, § 1, *idem.*
(3) L. XV, § 2, *idem.*
(4) L. IV, Dig., *de Judic.*
(5) L. II, Dig., *de Contrat. empt.*

un père octroie la liberté par testament à un esclave compris dans le pécule *castrens* de son fils militaire; ce fils meurt *intestat*. Le père meurt à son tour. *Quæritur an libertas servo competat?* On conçoit un *dominium pro indiviso*, la copropriété d'une chose indivise, mais un *dominium apud duos pro solido* ne se conçoit pas. Or, d'après un rescrit de l'empereur Adrien, le fils avait le droit d'affranchir cet esclave et d'acquérir sur lui le *jus patronatus* à l'exclusion du père (1). Si donc l'esclave avait reçu la liberté tant par le testament du fils que par le testament du père, les deux testateurs morts, il serait évident que la liberté lui compéte *ex testamento filii*. Maître de son pécule, le fils en dispose comme il l'entend. Ici, grâce à son testament, le droit au pécule est un droit héréditaire. De cette hérédité, le fils a pu déduire l'esclave affranchi par ses dernières volontés (2).

Supposons à présent le fils mort *intestat*. Le père, par une espèce de *postliminium*, prend ses biens non plus à titre d'hérédité, mais *antiquo jure*, à titre de pécule : *retroque videtur habuisse rerum dominia* (3). Cet effet rétroactif ne suffit-il pas pour valider, dans notre espèce, l'affranchissement donné par le père à une époque où son droit n'était pas certain, subordonné à la condition négative : *nisi filius utatur jure concesso? Quid*, d'un autre côté, si le fils a testé et si pourtant personne n'a fait adition ? Il n'est pas, en ce cas, si facile de dire que le père est, relativement au pécule, continuateur de la personne de son fils : ce serait, en effet, ne tenir aucun compte du *medium tempus*, de ce temps intermédiaire qu'on accorde aux institués pour délibérer. Donc, en droit rigoureux, pas de bonnes raisons pour considérer comme dûment affranchi l'esclave affranchi par le père à une époque où il n'avait pas droit de disposer de lui, et cependant, ajoute le jurisconsulte, nous ne repoussons, ni dans un cas ni dans l'autre, une solution moins sévère, par faveur pour la liberté (4).

---

(1) L. VIII, P., Dig., *de Jure patron*, et L. XIII, Dig., *de Castr. pecul.*
(2) L. II, Dig., *de Castr. pecul.*
(3) L. XIX, Dig., eod. tit.
(4) L. XIX, Dig., *de Castr. pecul.*

Quoi qu'il en soit, pareille question ne peut naître qu'après la mort du fils : tant qu'il vit, le *parens* n'a point de droits actuels à l'égard du pécule Les esclaves acquis par le fils militaire ne sont pas comptés parmi les biens du *parens* qui, dit Modestin, ne peut pas les affranchir (1). Aussi les deux espèces de Tryphoninus supposent-elles le fils mort avant le père. L'affranchissement qu'aurait fait le père, — *ut heres*, — du vivant du fils, serait impuissant pour rendre l'esclave libre, même après le décès du fils mort *intestat* (2). Ce n'est pas *ut heres*, mais *pristino jure*, que le père a un droit éventuel au pécule pour le cas où son fils mourrait sans testament. Ce droit éventuel lui permet de conférer des droits aussi conditionnels sur les biens du pécule *castrens*, par exemple de léguer conditionnellement l'esclave de son fils *miles* ou *veteranus*. Si le fils est mort du vivant du père et si le pécule est resté à ce dernier, le legs devient valable, *cum enim filius jure suo non utitur, retro creditur pater dominium in servo peculiari habuisse* (3). Le fils n'ayant pas disposé de son pécule, le père est censé l'avoir toujours eu : *Cum nihil de peculio decrevit filius, non nunc obvenisse patri, sed non esse ab eo profectum creditur* (4).

Un fils *miles* est mort après s'être choisi un héritier externe. Pendant que l'héritier institué délibère, le père meurt aussi ; puis *l'heres extraneus* répudie l'hérédité qui lui est offerte. A quel patrimoine faudra-t-il alors rattacher le pécule *castrens ?* En principe, le pécule du *miles* mort *testat*, devenant une hérédité tout comme une autre, est transmis à l'*heres*, s'il veut faire adition; mais s'il la répudie, au lieu d'hérédité, nous n'avons qu'un pécule se rattachant au patrimoine paternel, s'y attachant si bien qu'il est même censé n'en avoir jamais été séparé, l'effet rétroactif effaçant toute trace de l'ancienne séparation.

2° Pécule *quasi castrens.* — A l'instar du pécule *castrens*, et

(1) L. XVII, Dig., *de Manumiss.*
(2) L. XIX, § 4, Dig., *de Castr. pecul.*
(3) L. XLIV, Dig., *de Leg. et fideic.*
(4) L. IX, Dig., *de Castr. pecul.*

pour favoriser diverses professions autres que le métier des armes, fut introduit, comme un privilége analogue, le pécule *quasi castrens*. Quand eut lieu son introduction ? C'est ce que nous ne saurions dire. On en est réduit à des conjectures beaucoup plus vagues encore que pour le premier. S'il est à peu près avéré que le pécule *castrens* naquit sous Auguste, nulle date plausible quant à la naissance du pécule *quasi castrens*. Tout ce que je puis dire, c'est qu'il était sans doute connu du temps de Papinien, qui me paraît y faire allusion lorsqu'il range, parmi les *bona præcipua*, exempts de *collatio*, la solde militaire *cæteraque salaria* (1). Je sais qu'on a cru voir une interpolation dans les deux derniers mots du texte. Assez souvent les compilateurs des Pandectes ont ainsi rajeuni des textes surannés, pour que cette assertion ne soit pas téméraire. Pourtant, je ne crois pas ce texte interpolé, pas plus que la loi I, *de Collatione*, où, reprenant l'idée qu'émettait Papinien dans la loi LII, du titre *pro Socio*, Ulpien nous dit expressément : *Nec castrense, nec quasi castrense peculium fratribus confertur : hoc enim præcipuum esse oportere, multis constitutionibus continetur* (2). Le pronom *hoc* représentant les deux espèces de pécules, il en faudrait conclure que, du temps d'Ulpien, il y avait eu déjà, pour l'un comme pour l'autre, mainte et mainte constitution. Et cependant, à notre connaissance, il n'existe pas, sur le point qui nous occupe, de constitution antérieure à Constantin. N'en pourrait-on conclure que, jusqu'à cette époque, la matière n'avait pas été réglementée par un texte législatif d'une application générale, mais que cependant l'usage, introduit dès les premiers temps de l'empire, s'était corroboré par toutes les faveurs dont le prince aimait à combler ses fonctionnaires, et n'attendait plus que sa consécration comme institution parallèle à celle du pécule *castrens* ? Le premier qui nous paraît avoir pris à cœur de régulariser les choses, c'est Constantin, par sa constitution qui donne aux fils de famille, officiers de sa maison, droit de

____

(1) L. LII, § 8, *Pro socio.*
(2) L. I, § 15, *de Collat.*

pleine propriété sur leur pécule composé du produit de leur propre travail, joint à celui des libéralités du prince : *Omnes palatinos... rem si quam, dum in palatio nostro morantur, vel parcimonia propria quæsierint, vel donis nostris fuerint consecuti, ut castrense peculium habere præcipimus* (1).

Ce privilége (*jus castrensis peculii*) est étendu, par Théodose et Valentinien, aux divers employés (archivistes, greffiers, etc.) du préfet du prétoire (2).

Une constitution d'Honorius et Théodose l'accorde aux avocats de toutes les juridictions, assesseurs des magistrats qui devaient eux-mêmes en avoir été de très-bonne heure investis, leur *imperium*, leur *jus gladii* rendant leur position tout à fait militante et très-assimilable à celle du *miles*. *Quidquid ex hujusmodi professione vel ipsius occasione quæsierit* (3), voilà ce qui, même après le décès du père, constituera toujours le patrimoine à part du fils de famille avocat : *veluti peculium castrense*, dit le texte. L'avocat n'est-il pas, lui aussi, un *miles ?* Écoutez ce qu'en pensent, ou du moins ce qu'en disent Léon et Anthémius : « Ces orateurs, qui tranchent les difficultés des causes les plus embrouillées et qui souvent, par l'énergie de leur défense, appliquée aux affaires publiques ou privées, relèvent ce qui était tombé, réparent ce qui était ébranlé, ne sont pas moins utiles à l'humanité que s'ils cherchaient, dans les combats et les blessures, à la fois le salut des auteurs de leurs jours et le salut de la patrie. Non, nous n'avons pas pour soutiens que des boucliers, des glaives et des cuirasses, car nous comptons parmi les forces de l'empire les avocats, ces champions du droit, qui luttent, sans autre arme que leur éloquence, pour sauver la vie, l'espérance et les enfants de l'opprimé (4). »

Enfin, revenant sur les faveurs accordées aux avocats par les

(1) L. un. Code, *de Castr. omn. palat.*

(2) L. VI, Code, *de Castr. pecul.*

(3) L. IV, Code, *de Advoc. divers. judicior.*

(4) L. XIV, Dig., *idem.*

précédents empereurs, l'an 486, Zénon confirme tous ces priviléges : *Cuncta privilegia*, nous dit-il, *sancimus per hanc in æter-
num valituram legem* (1) !

L'empereur Léon avait aussi accordé un pécule *quasi castrens*
aux évêques, aux prêtres et aux diacres (2). Justinien étend à tous
les hommes d'église, sous-diacres, chantres et lecteurs, ce privilége de clergie : *Omnes clericos*, dit la Novelle CXXIII, *res quolibet
modo ad dominium eorum venientes, habere in sua potestate præcipimus, ad similitudinem castrensium peculiorum, et donare cui
volunt secundum leges et in his testari, licet sub parentum potestate sint* (3). Déjà la *lex Leonina* reconnaissait aux fils de famille
ecclésiastiques ce droit de tester relativement au pécule ; mais on
se demandait si ce testament privilégié était susceptible d'être
attaqué pour cause d'inofficiosité. Justinien résout d'abord la
question négativement : *Sancimus itaque*, dit-il, *viris reverendis-
simis episcopis et presbyteriis et diaconis, qui tale peculium quasi
castrense possident, super his tantummodo rebus quæ quasi
castrensis peculii sunt, non solum ultima condere sec. leges elogia
licere (quod ex Leonina constitutione descendit), sed etiam eorum
ultimas voluntates super his tantummodo habitas, de inofficioso
querelæ minime subjacere* (4). Au contraire, il la résout affir-
mativement, quelque temps après, dans une Novelle abrogeant la
précédente constitution : *Ut horum filii, aut his non extantibus
parentes eorum legitimam ferant partem* (5). Donc, sauf les cas
où il y a juste cause d'exhérédation (cas énumérés pour les *liberi*,
au ch. III ; pour les ascendants, au ch. IV de la Novelle CXV), si
les enfants, si les ascendants n'ont reçu, à titre d'héritiers, leur
portion légitime (fraction de ce qu'ils auraient eu *ab intestat*,
déterminée au ch. I de la Novelle XVIII), ils seront libres d'in-

(1) L. XVII, § 1, Code, *de Advoc. advers. judicior.*
(2) L. L, Code, *de Episcop.*
(3) Nov. CXXIII, ch. XIX.
(4) L. L, Cod., *de Episcop.*
(5) Auth. presbyteros post. leg XXXIV, Code, *de Episc.*, et Nov. CXXIII
ch. XIX.

tenter la *querela* dans les cinq ans du jour de l'adition (1), pourvu qu'il n'y ait eu, dans cet intervalle, ni désistement, ni transaction, ni approbation ouverte ou tacite, et la *querela*, régulièrement intentée, pourra faire tomber l'institution d'héritier, mais non les autres dispositions accessoires, du moins dans le droit des Novelles : *Si contigerit quibusdam in talibus testamentis quædam legata vel fideicommissa, aut libertates relinqui... ea omnia jubemus adimpleri, et dari illis quibus fuerint derelicta, et tanquam in hoc non rescissum obtineat testamentum* (2).

Le droit commun s'applique au *filiusfamilias*, testant *de peculio*, vrai *paterfamilias* quant à ce patrimoine ; si bien que c'est sa *persona*, non plus la *persona* du père, qu'on prend en considération pour déterminer si et quand seront ouverts les droits y relatifs conférés par le fils dans ses dispositions entre vifs ou testamentaires. Exemple : *Si filiusfamilias qui castrense peculium habet, vel quasi castrense, uxori donet, filii personam et mortem spectabimus*) (3). On n'envisage que la personne du fils, le vrai propriétaire et le vrai donateur. En principe, excepté pour ces donations qui n'enrichissent pas le donataire au détriment du donateur (4), l'époux donateur a droit de révocation (*fas est eum qui donavit, pœnitere*) (5) ; mais s'il meurt sans avoir rien dit à cet égard, son silence au décès vaut confirmation depuis Caracalla, puisque avant, dit Ulpien, la coutume annulait les donations entre époux (6). A la condition d'être révocable *ad nutum*, désormais ces donations seront valables pour tout époux, père ou fils de famille, *sui* ou *alieni juris*, ayant un patrimoine à part. Tout propriétaire a le *jus abutendi* ; par suite, *qui habent castrense peculium, vel quasi castrense, in ea conditione sunt ut donare et mortis*

---

(1) L. XVI, Code, *de Inoff. Testam*.

(2) Nov. CXV, ch. III.

(3) L. XXXII, § XVII, Dig., *de Donat. inter vir. et uxor.*

(4) L. V, § 8, Dig., cod. tit.

(5) L. XXXII, § 2, Dig., cod. tit.

(6) L. 1, Pr., cod. tit.

causa, et non mortis causa possint, cum testamenti factionem habeant (1).

Comment la faction de testament fut graduellement accordée d'abord pour le pécule *castrens* par Auguste, Nerva et Trajan (*sed tantum militantibus*) aux militaires seulement; puis, par Adrien, même aux vétérans (*dimissis a militia*), et, d'un autre côté, pour le *quasi castrens*, par divers empereurs, finalement par lui-même à diverses catégories de citoyens, c'est ce que Justinien longuement nous explique dans le livre II de ses Institutes (2). Grâce à la *testamenti factio* qu'on lui donne, le fils de famille, militaire ou fonctionnaire, peut, pour les biens qui lui sont restés propres, choisir son héritier; mais s'il meurt *intestat*, ces biens iront au père, non comme hérédité, mais *quasi peculium* (3). C'est une règle ancienne que j'ai signalée à propos du pécule *castrens*, et qu'on trouve ainsi modifiée dans le texte des Institutes : *Si vero intestati decesserint nullis liberis vel fratribus superstitibus, ad parentes eorum jure communi pertinebit* (4). Dans ce système, on préfère au *parens* les enfants, les frères et sœurs, qui viennent en vertu d'un droit successif, d'un *jus hereditatis ab intestato*, dont Justinien les gratifie. Le *parens* ne viendra qu'ensuite *jure communi* : c'est le terme des Institutes, expression fâcheuse, ambiguë, laissant place aux doutes sérieux sur son sens et sur sa portée. Quel est, en effet, ce *jus commune?* Serait-ce le droit commun des successions réglées par des constitutions dont j'ai parlé plus haut, pour les biens venant de la ligne maternelle? Au premier abord, on pourrait le croire : les deux premiers degrés de dévolution se ressemblent, sont identiques. Pourquoi donc repousser l'assimilation quand nous arrivons au troisième, à la classe des ascendants? Parce que, répond-on, cette assimilation n'a pas en droit sa raison d'être. Nous n'avons point ici d'*attente*

---

(1) L. VII, § 6, Dig., *de Donat.*
(2) Inst. Just., l. II, t. XII, Pr.
(3) L. II, Dig., *de Castr. pecul.*
(4) Inst. Just., l. II, t. XII, Pr.

légitime à prendre en considération. Nous voyons bien qu'on accorde aux fils et aux frères un droit de succession; mais c'est une faveur qui nous est présentée comme une vraie dérogation au droit commun, et le droit commun paraît être ce *jus antiquum, jus peculii* qui prenait sa source dans la *patria potestas*. Telle était vraisemblablement la nature du droit du père. Théophile nous confirme dans cette opinion, lorsqu'il dit dans sa paraphrase : *Jure communi, id est, tanquam peculium paganum.* D'où cette conclusion que nous croyons fondée, à savoir, que, même après les réformes de Justinien, lorsqu'un fils de famille mourait *intestat*, sans enfants, sans frères ni sœurs, il n'avait pas d'héritiers quant à son pécule, soit *castrens*, soit *quasi castrens*, dont les biens, dans ce cas, faisaient retour au chef, au *paterfamilias, jure potestatis*, comme les biens de ces pécules primitifs octroyés par le chef de famille aux enfants en possession précaire. En conséquence, il faudra dire qu'à défaut d'enfants, de frères et de sœurs, s'il existe à la fois et l'aïeul et le père, *in patria potestate*, l'aïeul *paterfamilias* prendra le pécule, le père les biens maternels : le premier par droit de puissance, l'autre par droit de succession.

SECTION II.

Effets quant aux biens à l'égard des tiers.

1° Quelle que soit l'étendue des pouvoirs du père, il ne peut obliger son fils envers les tiers par des contrats auxquels ce fils n'a point pris part ; car autrement l'enfant, devenant *sui juris*, n'obtiendrait qu'une fallacieuse indépendance, encore garrotté dans tous ces liens de droit où le père l'aurait enchaîné malgré lui. La *potestas* du père ne serait éteinte qu'en apparence seulement, en réalité vivace, écrasante. Voilà ce qu'on a voulu éviter et ce qui a fait l'objet de plusieurs rescrits. Nous lisons dans

Ulpien : *Parens quamvis ali a filio ratione naturali debeat, tamen æs alienum ejus non esse cogendum exsolvere filium rescriptum est* (1). Le *filius* doit des aliments à son *parens*, c'est la *ratio naturalis* qui l'y oblige, mais aucune *ratio civilis* ne l'oblige à payer les dettes, puisqu'alors l'unité juridique a cessé, puisqu'il y a maintenant deux personnes distinctes, deux patrimoines différents. Aussi, voyons-nous les constitutions consacrer ce droit équitable. C'est d'abord un rescrit de Valérien et Gallien qui vous dit que si votre père se trouve forcé, — *propter onera civilia,* — de faire une cession de biens, la liquidation doit se borner à son avoir, et, si par hasard on voulait toucher au vôtre, vous pourriez réclamer auprès du président (2). C'est, quelque temps après, cette déclaration, absolue dans ses termes, émanée de Dioclétien et de Maximien : *Patris nomine superstitis filium, nec munerum civilium, nec debiti causa, personali posse conveniri actione constat* (3), application à notre cas particulier de cette formule plus large donnée aussi par les deux derniers empereurs : *Certissimum est ex alterius contractu neminem obligari* (4). Or, en droit, c'est un tiers par rapport au *parens,* ce fils émancipé, l'*alter ego* du père, alors qu'il était en puissance ; et cet effet, produit par l'émancipation, doit se reproduire en partie pour l'émancipation partielle résultant de la concession de certains pécules, par exemple d'un pécule *castrens.* Il est évident que le père ne peut obliger le fils sur ces biens à l'égard desquels le fils est un *sui juris* sur qui la *patria potestas* n'a pas prise.

Toutes les fois que la *patria potestas* se trouve impuissante ou anéantie, on rentre dans le droit commun, suivant lequel, — *de se quemque promittere oportet* (5), — on ne peut obliger autrui. Cela n'empêche pas, il est vrai, qu'on peut joindre à sa personne celle

(1) L. V, § 16, Dig., *de Agnosc. et alend.*
(2) L. III, Code, *Qui bonis cedere.*
(3) L. IV, Code, *Ne filius pro patre.*
(4) L. III, in fine, Code, *Ne uxor pro marito.*
(5) L. LXXXIII, Pr., Dig., *de Verb. oblig.*

de son héritier (1); mais les deux n'en faisant qu'une en réalité, notre règle n'est pas détruite. Le fils, émancipé par la mort du *parens*, doit sans doute répondre aux actions intentées par les créanciers du défunt. C'est justice ; il est détenteur d'un patrimoine qui formait leur gage ; il est de plus continuateur d'une personne dont ils avaient suivi la foi. Lui-même, il avait été, du vivant du père, *codominii particeps* ; et cependant, cette espèce de sociétaire peut s'affranchir de toute solidarité, de toute responsabilité, s'il veut user du bénéfice d'abstention accordé à l'héritier sien et nécessaire.

2° Si le père ne peut obliger le fils envers d'autres personnes, il ne peut non plus, en droit strict et rigoureux, obliger d'autres personnes envers son fils. Tandis que, je l'ai dit tantôt, *suæ personæ adjungere heredis personam potest* ; tandis que, par exemple, *si quis uti frui licere sibi, heredique suo stipulatus sit, heres ex stipulatu agere potest* (2); inutile est, dit Gaius, la stipulation, *si quis ita dari stipuletur : post mortem meam dari spondes... nam inelegans esse visum est ex heredis persona incipere obligationem* (3). En pareil cas, on usait d'un détour ; on arrivait au but par l'adstipulation qui, du temps de Gaius, à ce qu'il nous apprend, ne sert plus guère qu'à cet usage : *Adstipulatorem*, dit-il, *fere tunc solum adhibemus, quum ita stipulamur, ut aliquid post mortem nostram detur, quod stipulando nihil agimus ; adhibetur autem adstipulator ut is post mortem nostram agat : quis si quid fuerit consecutus, de restituendo eo, mandati judicio, heredi nostro tenetur* (4). Si l'*adstipulator* fait périr la créance par une frauduleuse acceptilation, c'est un mandataire infidèle à qui s'applique le second chef de la loi Aquilia, *de Damno injuria dato* (5). *Dupli actio constituitur adversus inficiantem* (6).

(1) L. XXXVIII, § 14, *de Verb. oblig.*
(2) L. XXXVIII, § 12, *idem*.
(3) *Gaii. C.*, III, § 100.
(4) *Gaii C.*, III, § 117.
(5) *Gaii C.*, III, § 215.
(6) Inst. Just., l. IV, t. XVI, § 1.

Comme ici la restriction des pouvoirs du père pouvait être souvent préjudiciable au fils, on abandonna ce droit strict et formaliste. On était entré dans une nouvelle voie, lorsque Ulpien écrivit ces lignes : *Si ita quis stipulatus sit, post mortem meam filiæ meæ dari, utiliter erit stipulatus... filiæ utilis actio competit, licet heres ei non existat* (1). L'équité prétorienne accordant à l'enfant, à défaut d'action civile, une action utile, désormais le *parens* peut acquérir des droits pour ceux qu'il a sous sa puissance, principe favorable, approuvé, consacré législativement par des constitutions, *scrupulosam veterum inquisitionem utrum post mortem, an cum moreretur stipulatus sit aliquis, penitus amputantes....* Réprouvant, au nom de l'intérêt général, cette règle — *qua vetustas utebatur, contemplatione stipulationum, cæterarumque causarum post mortem conceptarum,* — Justinien ne veut plus qu'il en reste trace, et l'abroge formellement, *ut liceat et ab heredibus et contra heredes incipere actiones et obligationes, ne propter nimiam subtilitatem verborum, latitudo voluntatis contrahentium impediatur* (2).

3° Le fils peut obliger les tiers envers son père. — *Adquiritur vobis,* disent les Institutes, *non solum per vosmetipsos, sed etiam per eos quos in potestate habetis* (3).... Si donc ceux qui sont en votre puissance ont fait des stipulations, c'est à vous alors qu'en revient le bénéfice (4) ; et vous en profitez en dépit de vous-même : *Servus, vetante domino, si pecuniam ab alio stipulatus sit, nihilominus obligat domino promissorem* (5) ; la règle étant la même à l'égard du *filius,* dans l'un et l'autre cas, on déroge au principe : *Invito beneficium non datur* (6) ; mais la dérogation est assez justifiée par ce dogme auquel il faut toujours revenir pour bien comprendre ici la doctrine romaine, je veux parler du rigoureux

(1) L. XLV, § 2, Dig., *de Verb. oblig.*
(2) L. un. Code, *Ut actiones.*
(3) Inst. Just, l. II, t. IX, Pr.
(4) Ulp., *Reg. jur.,* XIX, § 18.
(5) L. LXII, Dig., *de Verb. oblig.*
(6) L. LXIX, Dig., *de Reg. jur.*

unitarisme grâce auquel, pendant fort longtemps, il n'y eut pas deux volontés dans la famille, et la *vox filii* ne fut que *vox patris*.

Le fils a parlé ; il a stipulé ; la stipulation est acquise au père dont il est le vivant organe. Mais si loin qu'on aille dans cette voie d'absorption, d'assimilation, on ne peut cependant aller jusqu'à confondre les intentions du fils avec celles du père, et l'on doit distinguer les cas où la volonté du *parens* est nécessaire. Cette nécessité se présente à nous pour l'acquisition de la possession. Là, en effet, deux éléments indispensables : le fait matériel de la détention, et l'intention d'avoir la chose pour soi-même. Or, en principe, l'*animus possidendi* ne saurait exister chez le fils en puissance ; il faut donc que nous le trouvions chez le *parens* dont la *scientia necessaria* est exigée pour chaque possession qu'il s'agit d'acquérir, excepté cependant au cas où le *parens* a permis au fils d'avoir un pécule ; car, alors, le fils est censé autorisé à posséder les choses qui y sont comprises, qu'il détient *peculiariter*, et la possession en est acquise au *parens*, même à son insu, *sicut Sabino, Cassio et Juliano placuit* (1). Par ce moyen d'ailleurs, on dispense le père d'avoir à chaque instant les yeux sur le pécule (2) ; enfin, par contre-coup, le fils est exempté d'une surveillance importune.

Ce que j'ai dit ici de l'enfant en puissance s'entend de l'adrogé tout comme de celui qui est issu des justes noces. La *potestas*, à l'égard des deux, est la même et produit les mêmes effets. Ainsi, à l'exception des droits intransmissibles qui périssent par la *capitis deminutio* (3), toutes les créances de l'adrogé passent à l'adrogeant, que le fils adoptif ait voulu, oui ou non, en faire profiter son *parens adoptivus*.

4° Le fils oblige bien les tiers envers son père, mais il n'oblige pas son père envers les tiers. La première partie vient d'être

---

(1) L. I, § 5, Dig., de *Adquir. vel omitt.*
(2) L. XLIV, § 1 Dig., eod. tit.
(3) *Gaii C.*, III, § 83.

démontrée ; à présent, nous allons passer au second point. Ici, le fils n'est plus l'écho du père ; leurs voix ne se confondent plus ; ici, notre idée d'unité est visiblement délaissée. Pourquoi cette exception, cette dérogation ? La cause en est bien simple et bien facile à dire ; on ne veut pas que la *patria protestas*, cet ensemble de priviléges que le droit civil accorde au *parens*, tourne en certains cas contre le *parens* lui-même et vienne le punir de sa paternité par l'exagération d'un principe unitaire qui le rendrait toujours responsable de tout ; on ne veut pas enfin que, par le fait du fils, la condition du père se trouve empirée (1) ; le fils n'a pas mission d'endetter le *parens*. Nous verrons tout à l'heure les dérogations ; en attendant, pénétrons-nous bien de la règle.

Un père est créancier : le fils se fait donner des garanties pour la créance paternelle. Rien de mieux : *Meliorem causam patris sui facere potest....* Supposons à présent qu'il cherche à nuire au père, ou du moins à favoriser le débiteur en amoindrissant ou annihilant une obligation valable : il n'y parviendra pas. *In deterius reformare novo pacto non potest obligationem recte constitutam* (2). Cette constitution de Sévère et Antonin concorde bien avec ce que nous dit Gaius touchant les effets d'un pacte *de non petendo in rem* (*ne ea pecunia peteretur*) émané d'un fils de famille. Pour que ce pacte soit ratifié contre le père (*ratum sit adversus patrem*), il faut qu'il soit relatif aux biens d'un pécule dont le fils aurait la libre administration ; mais cela ne suffit pas encore : il faut, en outre, que le fils ait reçu un équivalent de l'intérêt qu'il sacrifie, car *filiusfamilias donare nos potest, neque si liberam peculii administrationem habet : non enim ad hoc ei conceditur libera peculii administratio ut perdat* (3) ; d'où il suit que si le pacte *de non petendo* est fait dans un esprit de libéralité, *donandi causa*, la convention ne doit pas être ratifiée (4).

Citons un deuxième et dernier exemple à l'appui des principes

(1) L. CXXXIII, Dig., *de Reg jur.*
(2) L. III, Code, *de Pactis.*
(3) L. VII, Pr., Dig., *de Donat.*
(4) L. XXVIII, § 2, Dig., *de Pact.*

ci-dessus posés : *Servus rem peculiarem pignori dedit ; tuendum est*, dit le jurisconsulte Paul, *si liberam peculii administrationem habuit : nam et alienare eas res potest* (1) ; et Marcien ajoute : *Eadem et de filiofamilias dicta intelligemus* (2). Comme au cas précédent, nous devons supposer le fils intéressé à donner un gage. Si c'était, en effet, non dans son intérêt, mais bien dans l'intérêt d'une tierce personne, que le fils généreux, *animo donandi*, eût constitué sa chose en gage, son contrat serait sans valeur, ne tiendrait pas. Marcien le dit aussi dans un autre passage : *Si filiusfamilias pro alio rem peculiarem obligaverit, vel servus, dicendum est, eum non teneri, licet liberam peculii sui administrationem habeant : sicut nec donare eis conceditur* (3).

Encore sur ce point, aucune différence entre un *parens naturalis* et l'adrogeant. Ni l'un ni l'autre, en principe, ne doit souffrir des actes du fils en puissance. Il en souffrira cependant en bien des cas ; les dérogations sont nombreuses. Pour les étudier méthodiquement, nous les diviserons en deux catégories : celles dont la source est dans le droit prétorien, et celles qui sont nées du droit civil lui-même. Les premières, relatives aux contrats, autorisent à agir contre le *parens* lorsque, directement ou indirectement, par un ordre ou par une autorisation soit spéciale, soit générale, il a pris part, en quelque sorte, à l'opération du fils ; et aussi lorsque, sans y prendre part, il en a tiré un profit quelconque. Les secondes, relatives aux délits et reconnues dès les premiers temps par le droit civil, avant d'être amplifiées par l'édit du préteur (4), rendent le *parens* responsable du dommage et l'obligent à payer tous les frais du procès, à moins d'abandonner le *corpus qui nocuit*.

L'obligation du père donne lieu contre lui, dans notre premier cas, aux actions *quod jussu*, institoires, exercitoires, tributoires,

---

(1) L. XVIII, § 4, Dig., *de Pignerat. act.*
(2) L. XIX, eod. tit.
(3) L. I, § 1, Dig., *Quæ res pignor.*
(4) Inst. Just., l. IV, t. VIII, § 4.

de peculio, et enfin *de in rem verso ;* dans le second cas, aux actions noxales.—*Actiones adjectitiæ qualitatis* (pour me servir du nom que les commentateurs ont créé pour mettre en relief l'épithète accolée à chacune d'entre elles), ces actions ne sont que les actions ordinaires du droit prétorien et du droit civil, différemment qualifiées pour les cas spéciaux dont en ce moment je m'occupe. Voyons donc quand ces actions s'appliquent au père, et d'abord quelques mots de l'action *Quod jussu.*

Merito, dit Ulpien, *ex jussu domini in solidum adversus eum judicium datur : nam quodammodò cum eo contrahitur, qui jubet* (1). Ne nous arrêtons pas à ce mot *dominus*, et faisons observer avec les Instituts (Pr. du titre *Quod cum eo, qui in aliena potestate est, negotium gestum esse dicetur*) (2), qu'il y a lieu d'assimiler, à cet égard, le fils de famille à l'esclave. *Jubere domini vel patris est, juberi servi vel filii*, dit une scolie des *Basiliques.*

Ce *jussus* peut être ou spécial ou général ; il est essentiellement révocable. Le mandat équipolle à ordre ; la ratification équipolle à mandat (3). Sur votre mandat, sur votre ordre, votre fils en puissance s'oblige envers un tiers. A vous d'acquitter la dette, intérêts et principal. *Intelligis et sorti et usuris te parere oportere* (4)….

Si le *pater* s'était porté fidéjusseur, Marcellus estime qu'il ne serait pas tenu par l'action *quod jussu : quia aliud est jubere, aliud est fidejubere.* Ici, *quasi extraneus intervenit* (5). Supposant une fidéjussion *pro servo*, ce texte la dit inutile. C'est que la fidéjussion ne peut accéder qu'à une obligation civile ou naturelle, et que l'esclave ne s'oblige pas par contrat. — *Contra*, Dioclétien et Maximien, supposant une fidéjussion *pro filio*, la déclarent à bon droit parfaitement valable (6). Celui qui traite avec le fils, muni

(1) L. I, Pr., Dig., *Quod jussu.*
(2) Inst. Just., l. IV, t. VII, Pr.
(3) L. I, §§ 1, 2, 3, 6, Dig., *Quod jussu.*
(4) L. VIII. Code, *Quod cum eo.*
(5) L. I, § 5, Dig., *Quod jussu.*
(6) L. VIII, Code, *Quod cum eo.*

des ordres de son père, *magis patris quam filii fidem sequitur*, dit Gaius. Lors donc que, par obéissance, conformément aux instructions qu'elle a reçues, une fille a fait un emprunt, l'action *quod jussu* est donnée contre le père dont l'enfant n'est ici que le représentant. Voilà sur quoi se fonde l'action *quod jussu*.

Eadem ratione, disent les Institutes, *prætor duas alias in solidum actiones pollicetur, quarum altera exercitoria, altera institoria appellatur*. Pour séparer ces deux cas du cas précédent, il ne suffirait pas de dire que, dans le premier, l'ordre était tout spécial, et qu'il est devenu général dans les autres. Nous avons vu tantôt que l'action *quod jussu* peut résulter aussi d'un ordre général. Il faut donc chercher ailleurs une différence. Nous la trouvons dans cette considération que les présomptions ne sont plus du tout les mêmes. S'agit-il, en effet, de l'action *quod jussu*, la présomption est que le tiers qui a traité connaissait bien le maître ; au contraire, lorsqu'il s'agit des actions exercitoires et institoires, la présomption est que le tiers qui traite avec le préposé ne connaît pas le maître, et ne peut pas savoir si le préposant est digne de sa confiance.

Propter utilitatem navigantium, le préteur avait jugé bon et équitable de leur accorder l'action dite *exercitoire* contre l'*exercitor*, pour les contrats qu'ils sont parfois forcés de faire avec le *magister navis*, ou même avec le suppléant du *magister*, quand le *magister* se fait remplacer avec ou sans permission de l'*exercitor* (1).

Exercitorem autem dicimus, ad quem obventiones et reditus omnes (quotidianus quæstus, disent les Institutes) *perveniunt, sive is dominus navis sit, sive a domino navem per aversionem conduxit, vel ad tempus, vel in perpetuum* (2). Peu importe, ajoute Ulpien, que l'*exercitor* soit un homme ou une femme, un *paterfamilias*, un *alieni juris*. Seulement, si c'est un fils de famille qui se fait armateur sur l'ordre du *parens*, l'action sera

(1) L. I, § V, Dig., *de Exerc. act.*

(2) L. I, § 15, eod. tit.

donnée, pour les contrats passés avec le *magister*, contre celui qui tient l'armateur en puissance (1). C'est l'application de notre principe en vertu duquel le fils oblige le père, lorsqu'il agit *jussu patris*.

Ulpien vient de nous définir l'*exercitor*. Demandons-lui ce qu'est le *magister navis*, et ce qu'on doit comprendre sous le mot *navis*, terme générique un peu vague ; il nous répondra : *Magistrum navis accipere debemus, cui totius navis cura mandata est* (2). *Navem accipere debemus sive marinam, sive fluviatilem, sive in aliquo stagno naviget, sive schedia sit* (3).

L'armateur *paterfamilias* est responsable de tous contrats passés avec le capitaine ou avec celui que le capitaine aurait mis en son lieu et place, lors même que l'armateur aurait protesté contre cette substitution, en répudiant *nominatim* le remplaçant ainsi choisi contre son gré. Même en ce dernier cas, on le rend responsable, parce que les contrats, sources de cette action, sont en général des affaires trop urgentes pour qu'on puisse, avant de traiter, prendre des informations que souvent on chercherait vainement à bord. D'où l'*honoraria obligatio* du fréteur : *Omnia facta magistri debet præstare, qui eum imposuit ; alioquin contrahentes decipientur* (4). Mais remarquons qu'il faut que ces *omnia facta* se rapportent à l'objet de la préposition : *Non ex omni causa prætor dat in exercitorem actionem, sed ejus rei nomine cujus ibi præpositus fuerit* (5). A cet égard, *præpositio certam legem dat contrahentibus* (6). Examiner toujours le but de la mission, les intentions probables de l'*exercitor*. Ainsi, vous opérez un chargement de marbre sur un bateau confié pour transport de légumes ; on vous confie une embarcation de rivière : avec cela, vous allez naviguer sur mer. Comment l'*exercitor* serait-il

(1) L. I, § 19, Dig., *de Exerc. act.*
(2) L. I, § 1, eod. tit.
(3) L. I, § 6, *idem*.
(4) L. I, § 5, *idem*.
(5) L. I, § 7, *idem*.
(6) L. I, § 12, *idem*.

responsable? Celui qui traite avec le *magister navis* n'est pas non plus exempt de toute diligence : *aliquam diligentiam præstare debet*, suivant l'expression d'Africain. Que penser de celui qui prête de l'argent pour acheter des voiles dans une île déserte où il est impossible de s'en procurer? Dans ce cas, on tient compte du lieu du contrat pour refuser l'action contre l'*exercitor*, et ce refus d'action devra se reproduire toutes les fois que l'utilité, l'opportunité du contrat ne se trouveront pas suffisamment démontrées pour justifier et légitimer le recours (1).

Ce que l'action exercitoire est aux entreprises nautiques, l'action institoire l'est à toutes les autres entreprises commerciales ; seulement, tandis que la première action tire son nom du préposant, la seconde tire du préposé sa dénomination propre : *Institor est*, dit Paul, *qui tabernæ, locove ad emendum, vendendumve præponitur, quique sine loco ad eumdem actum præponitur* (2). — *Institor*, ajoute Ulpien, *appellatus est, ex eo quod negotio gerendo instet* (3).

Le même Ulpien nous fait remonter à la source de cette action. En imposant au préposant la responsabilité de contrats dont il profite dans les cas de bénéfices réalisés, le préteur a cru faire un acte de justice (4). Ainsi, c'est encore l'équité prétorienne qui rend les engagements de l'*institor* reversibles sur la personne du *parens*, — *duntaxat ad id, ad quod præposuit* (5) ; — car il faut faire ici la même restriction que pour l'action exercitoire, et, pour établir les limites de la responsabilité du préposant, s'en référer à l'objet même de la préposition. Si j'ai préposé mon fils en puissance *ad mercium distractionem*, je suis tenu en son nom par l'*actio empti*; si je l'ai préposé pour des acquisitions, je suis alors tenu par l'*actio venditi*; mais si, dans le premier cas, il achète,

(1) L. VII, § 1 Dig., *de Exerc. act.*
(2) L. XVIII, Dig , eod. tit.
(3) L. III, *idem.*
(4) L. I, Pr., *idem.*
(5) L. V, § 11, *idem.*

et s'il vend dans le second cas, je ne suis pas lié par ses actes (1).

L'action institoire est donnée contre le père, sans qu'on ait égard à l'âge ou au sexe, ou au *status* de l'*institor* (2). Mais n'y aurait-il pas un moyen pour le père de se soustraire à ce recours? Le fils tient boutique, et le père ne veut pas se porter garant. Que fera-t-il? Ulpien nous apprend qu'il peut, en ce cas, se tirer d'affaire au moyen d'une *proscriptio ne cum eo contrahatur*, affichée, placardée très-ostensiblement, en très-gros caractères, aux lieux où le *filius* exerce son commerce, et ce désaveu permanent devra suffire pour dégager la responsabilité du *parens*, l'*institor* n'étant plus dès lors regardé comme un préposé (3).

A l'époque de Papinien, pour que cette action fût donnée, il fallait nécessairement qu'il s'agît de l'exploitation d'un fonds de commerce quelconque. S'il s'agissait d'une opération isolée, si, par exemple, un fils était chargé de faire des recouvrements, c'était une action quasi-institoire (*ad exemplum institoriæ*) qui se présentait dans l'espèce. *In eum qui mutuis accipiendis pecuniis procuratorem præposuit, utilis ad exemplum institoriæ dabitur actio* (4). Cette action quasi-institoire, nous la retrouvons expressément indiquée dans une constitution de Dioclétien et Maximien (5); mais Justinien ne distingue plus, et applique l'action institoire *cuilibet negotiationi* (6).

L'action institoire diffère de l'action exercitoire sous un double rapport :

1° Nous avons vu que, quand le capitaine se fait remplacer, l'armateur est tenu même des faits et gestes de ce remplaçant. Au contraire, si l'*institor* s'est donné un substitué, cette extension de la responsabilité du maître sera admise plus diffici-

(1) L. V, § 12, Dig., *de Instit. act.*
(2) L. VII, § 1, *idem.*
(3) L. XI, §§ 3, 4, 6, *idem.*
(4) L. XIX, Pr., *idem.*
(5) L. V, Code, *de Instit. et exerc. act.*
(6) Inst. Just., l. IV, t. VII, § 2.

lement, *quippe res patitur, ut de conditione quis institoris dispiciat, et sic contrahat* (1).

2° Nous avons dit aussi que, lorsque l'armateur est *alieni juris* comme le capitaine, on fait remonter jusqu'au *paterfamilias* la responsabilité des obligations contractées par l'agence. Au contraire, si le préposant est un fils de famille qui prend pour *institor* un esclave de son pécule, il n'y aura de compromis que le pécule ; le *paterfamilias* ne sera pas tenu *in solidum*. La volonté de s'obliger pour le tout n'est plus présumée (2).

Sous d'autres rapports, nous trouvons entre ces deux actions complète ressemblance. Ainsi, l'une et l'autre sont perpétuelles : *Novissime sciendum est*, dit Ulpien, *has actiones perpetuo dari, et in heredem et heredibus* (3). L'une et l'autre ont dû s'appliquer, dans l'origine, uniquement au cas où des liens de puissance existaient entre préposants et préposés. On avait cependant fini par les étendre au cas où le préposé, étant *sui juris*, offrait au cocontractant toute garantie. Les tiers avaient le choix entre deux adversaires, mais, ce choix fait, on n'y pouvait plus revenir : *Si cum utro actum est, cum altero agi non potest*, dit Ulpien (4).

Introduxit et aliam actionem prætor, quæ tributoria vocatur (5). Le fils se sert de son pécule profectice pour faire un commerce au su du *parens;* il a contracté des dettes y relatives. Si le père, en ce cas, est créancier du fils, il doit partager avec ses cocréanciers le fonds de commerce et les bénéfices (6), et si l'un d'eux se croit lésé dans le partage, il a contre le *parens* l'action tributoire.

Insistons bien sur ces mots : *au su du parens*. Il n'est pas nécessaire que le père ait voulu; il suffit qu'il ait laissé faire : *non velle debet, sed non nolle ; si igitur scit, et non protestatur et contradicit,*

(1) L. I, Pr., *de Exerc. act.*
(2) L. I, § 20, *de Exerc. act.*
(3) L. IV, § 4, *de Exerc. act.*, et l. XV, *de Instit. act.*
(4) L. I, § 24, *de Exerc. act.*
(5) Inst. Just., IV, t. VII, § 3.
(6) L. V, § 11, Dig., *de Tribut. act.*

tenebitur actione tributoria (1). Cette *scientia* est la base de l'action tributoire, car, sans elle, le *parens*, se payant le premier, déduirait tout d'abord le montant de sa dette et ne laisserait que le reste du pécule aux autres créanciers. — Remarquons aussi qu'il faut qu'il s'agisse d'actes commerciaux, du moins si l'on adopte l'opinion d'Ulpien : *Mercis nomine merito adjicitur, ne omnis negotiatio cum eo facta tributoriam inducat* (2). — Pedius paraît d'ailleurs avoir été plus large dans l'appréciation des faits, puisqu'il enseigne *ad omnes negotiationes porrigendum edictum* (3). Si certains exigeaient que l'opération eût été commerciale de la part du créancier qui intente l'action, personne n'exigeait sans doute la commercialité de la part du *parens*. On suivait sur ce point l'avis de Labéon, admettant le concours du père, quelle que fût l'origine et quelle que fût la date de la créance qui le faisait concourir : *ex quacumque causa ei debeatur : sufficere enim quod privilegium deductionis perdidit* (4). Il faut toutefois excepter le cas où les autres créanciers du fils ont reçu la marchandise en gage ; Ulpien pense qu'on doit alors les faire passer avant le père, et cela *jure pignoris* (5).

Mais ce n'est pas le père qui est créancier, c'est un autre subordonné du même père, un frère du fils commerçant : *Utique erit tribuendum* (6).

Cette distribution de la fraction du pécule sur laquelle a porté le négoce du fils (7), se fait au marc le franc, — *pro rata ejus quod cuique debeatur : et ideo, si unus creditor veniat desiderans tribui integram portionem, consequitur : sed quoniam fieri potest, ut alius quoque vel alii existere possint mercis peculiaris creditores, cavere debet creditor iste, pro rata se refusurum si forte alii*

(1) L. I, § 3, Dig., *de Tribut act.*
(2) L. V, § 4, *de Tribut. act.*
(3) L. I, § 1, eod. tit.
(4) L. V, § 7, eod tit.
(5) L. V, § 8, *idem.*
(6) L. V, § 9, *idem.*
(7) L. V, § 11, *idem.*

emerserint creditores (1). — Ce n'est pas tout : le créancier payé doit aussi *cavere, si quid aliud domini debitum emerserit, refusurum se ei pro rata.* Si le *parens* a quelque créance ignorée, mais qu'il découvrira plus tard ; si, plus tard, une condition se réalise, obligeant le fils envers lui, la garantie donnée pourra lui être utile : on pourra revenir sur le premier partage, et donner au père — *æqualem conditionem,* — des droits égaux à ceux de ses copartageants (2).

Paul oppose cette égalité où la question de temps était sans influence, à l'inégalité résultant, au contraire, de l'action *de peculio, quæ occupantis meliorem causam facit* (3).— *Occupare autem videtur,* dit Gaius, *non qui prior litem contestatus est, sed qui prior ad sententiam judicis pervenit* (4). L'action *de peculio* plaçait ainsi le père avant tous autres créanciers. Toute action entre lui et ses subordonnés se trouvant impossible, on ne peut le punir de n'avoir pas agi. Par faveur, on suppose même qu'il aurait agi le premier (*prævenisse creditur*) (5). Quelquefois cependant ce droit de déduction s'exerçait à son préjudice : *Deducetur quod his personis debetur quæ sunt in tutela vel cura domini, vel patris; vel quorum negotia administrat* (6)…. Or, la date de ces créances est prise en considération pour la collocation sur les biens du pécule : si les créances du père sont postérieures et si le pécule est insuffisant pour désintéresser tous les intéressés, le père peut n'être pas intégralement soldé, ou même perdre le montant de sa créance.

Cette action *de peculio* se présente à nous sous une double face dans les Institutes, où je lis : *Introducta est actio de peculio deque eo quod in rem domini versum erit.* Justinien ne voit là qu'une seule action et deux modalités dans la condamnation, le juge

---

(1) L. V, § 19, *de Trib. act.*
(2) L. VII, Pr., Dig., *de Trib. act.*
(3) L. VI, Dig, *idem.*
(4) L. X, Dig., *de Pecul.*
(5) L. IX, § 2, Dig., *eod tit.*
(6) L. IX, § 4, *idem.*

devant tout d'abord *dispicere an in rem patris versum sit*, et ne passer à l'estimation du pécule, déduction faite de ce qui est dû au père et à ceux qui sont sous sa *potestas, quam si aut nihil in rem parentis versum esse intelligatur, aut non totum* (1).— Mais le fils n'a pas eu ou n'a plus de pécule; il est mort ou émancipé depuis plus d'une année utile. On ne peut plus dès lors agir *de peculio*, mais on peut toujours agir *de in rem verso*. Donc, les deux formules, ici confondues, peuvent se présenter à part; et nous allons en conséquence les étudier séparément.

1° L'action *de peculio* est une action donnée contre le père qui a défalqué de son propre patrimoine certains biens destinés à être administrés par son fils en puissance (2). Cette destination du père de famille est indispensable pour qu'un bien quelconque soit compris dans le pécule; ainsi, par exemple, un objet volé n'en ferait certainement pas partie (3).

Tout ce qui est dans le commerce peut devenir *res peculiaris* (4), et le devient dès que le père en a fait la tradition réelle ou feinte : la simple manifestation de volonté du père, qui, de l'avis de Paul, ne suffirait pas pour octroyer un pécule, suffirait, au contraire, pour le retirer (5). Cette *ademptio peculii* une fois opérée, les créanciers n'ont d'action que contre le fils (6). *Contra*, tant que le fils conserve son pécule, celui qui a contracté avec lui a deux débiteurs : *filium in solidum* et *patrem duntaxat de peculio* (7). Sabinus et Cassius pensaient avec raison que le père était toujours obligé dans les limites du pécule (8). Que le fils cautionne une obligation, qu'il fasse un compromis, qu'il reçoive quelque chose en dépôt ou en précaire, l'action *de peculio* sera donnée contre le père,

---

(1) Inst. Just., l. IV, t VII, § 4.
(2) L. IV, Pr.. Dig., *de Pecul.*
(3) L. IV, § 2, *idem*.
(4) L. VII, § 4, *idem*.
(5) L. VIII, *idem*.
(6) L. XLV, *idem*.
(7) L. XLIV, *idem*.
(8) L. III, *idem*.

en vertu des contrats du fils. Elle sera donnée de même en vertu du quasi-contrat judiciaire résultant d'un jugement de condamnation. Une constitution de Sévère et Antonin déclare que, quand un fils de famille aura été tuteur ou curateur, le *judicium tutelæ vel negotiorum gestorum* réfléchira *de peculio* contre le père (1). Supposons maintenant qu'au lieu d'avoir été tuteur ou curateur, le *filius* ait été un de ces magistrats chargés de recevoir les satisdations de ceux qui gèrent la tutelle ou la curatelle, et qu'il ait négligé d'exiger la *cautio, pupillo rem salvam fore;* ou bien encore qu'il se soit contenté d'une caution insuffisante ; même en ce dernier cas, Julien et Papinien sont d'accord pour donner l'action *de peculio*, sans qu'on ait à s'occuper du point de savoir si l'obtention, par le fils, de fonctions publiques émane ou non de la volonté paternelle (2).

Bon gré mal gré, le père doit répondre à l'action lorsqu'elle est intentée contre lui : *Si pater recuset de peculio actionem,* dit Ulpien, *non est audiendus, sed cogendus est, quasi aliam quamvis personalem actionem suscipere.* Proculus et Pegasus pensent qu'il n'est pas moins tenu d'y répondre, s'il n'y a rien dans le pécule au jour où s'intente l'action, pourvu qu'il y ait quelque chose au jour de la condamnation (3).

Le créancier du fils a fait son testament : le *paterfamilias,* tenu *de peculio,* est précisément l'héritier qu'il institue. A quel moment devons-nous prendre le pécule pour le calcul de la Falcidie ? La plupart pensaient qu'il fallait avoir égard à l'état du pécule au moment de l'adition d'hérédité. Tel était l'avis de Julien, qui répondait sans la moindre hésitation : *Peculii quantitas, quod aditæ hereditatis tempore fuisset, in quadrantem tibi imputabitur* (4). Mais, d'un autre côté, Marcellus nous fait voir qu'il sent le côté faible de cette réponse, lorsqu'il dit : *Ego dubito,*

(1) L. I, Code, *Quod cum eo.*

(2) L. III, § 13, Dig , *de Pecul.*; l. I, § 17, Code, *de Magistr. conven.*

(3) Pr., XXX, Dig., cod tit.

(4) L. LXXXIII, Dig., *Ad leg. Falcid.*

quoniam mortis tempus in ratione legis Falcidiæ ineunda placuit observari (1).… Enfin, Papinien émet la même opinion non plus sous la forme d'un doute, mais sous celle d'une affirmation : *Quia mortis tempus in Falcidiæ ratione spectatur, illius temporis peculium considerabitur* (2).

Supposons maintenant que le père ait vendu cette hérédité à lui déférée, la confusion cessant, il sera de rechef tenu *de peculio* (3).

On se demande encore si, dans les contrats de bonne foi, le contrat dotal, par exemple, l'obligation du père est restreinte au pécule. Répondons avec Ulpien qu'elle est susceptible de s'étendre au delà, si le père est coupable de fraude ou de dol. Or, s'il a sous la main la dot à restituer et s'obstine à ne pas la rendre, il commet un dol et mérite d'être condamné à en payer la valeur (4).

Admettrons-nous enfin l'action *de peculio* au cas où la *patria potestas* est fondée sur une adrogation? Nul doute à l'égard des contrats passés après cette *capitis deminutio*; mais doute sérieux, au contraire, à l'égard des contrats passés auparavant. Les Sabiniens étaient d'avis que, *ex ante gesto*, l'action *de peculio* ne devait pas être accordée. Cujas et Pothier ont sans doute eu tort de voir la contre-partie de cette doctrine dans la loi XLV, *de Adoptione*, ainsi conçue : *Onera ejus, qui in adoptionem datus est, ad patrem adoptivum transferuntur*. Paul ici paraît n'avoir eu en vue que les *onera matrimonii*, non les *onera æris alienis* (5).

Quelle qu'ait été, du reste, l'opinion de Paul, celle d'Ulpien (6) semble bien être que l'adrogeant se trouve, en tous les cas, passible de l'action *de peculio*; et Ulpien n'était pas le seul de son avis, ainsi qu'il nous l'apprend lui-même. La loi VII, Dig., *de Pecul. leg.*, prouve que Pomponius adopta ce système. Sans

(1) L. LVI, Pr., *Ad leg. Falcid.*
(2) L. L, § 1, Dig., *de Pecul.*
(3) L. XXXVII, Pr., Dig., cod. tit.
(4) L. XXXVI, Dig., *de Pecul.*; l. VIII, § 7, *Depos.*
(5) M. Pellat, *Textes sur la dot*; M. Machelard, *Oblig. naturelles*, p. 332.
(6) L. XLII, Dig., *de Pecul.*

doute, comme le fait remarquer M. Machelard, « pour fonder
l'action *de peculio* contre l'adrogeant à raison des contrats passés
par l'adrogé quand il était *paterfamilias*, il faut recourir à une
fiction rétroactive, quant à l'existence de la puissance paternelle,
et traiter comme un pécule le patrimoine ancien de l'adrogé, patrimoine qui, par l'effet de l'adrogation, est venu se fondre dans la
fortune de l'adrogeant. » Néanmoins, cette doctrine avait prévalu,
parce que c'était le moyen d'éviter le préalable d'une rescision
de la *capitis minutio* dans bien des cas, mais non toujours, les
résultats n'étant pas toujours identiques. Comme, en l'action *de
peculio*, les créanciers de l'adrogé se trouvaient primés par l'*adrogator*, si le fils avait envers lui des obligations naturelles, il pouvait être avantageux aux créanciers de faire rescinder la *capitis minutio*, pour se faire ensuite envoyer en possession de tous les
biens, sans déduction, composant l'ancien patrimoine de leurs
débiteurs. Notons d'ailleurs que cette rescision, purement relative,
ne libérait pas le fils adoptif de la *patria potestas* de l'adrogeant.

Supposons enfin que l'adrogé meure *in adoptiva familia* ; l'adrogeant prend les biens *jure peculii*, non *jure hereditario*, ce
qui n'empêche pas de donner contre lui aux créanciers l'action
fondée sur la rescision de l'adrogation, action utile qui, nous dit
Ulpien, se donne tant aux héritiers que contre les héritiers (1).
Les créanciers ont le choix entre cette action et l'action *de peculio* possible encore après la mort de l'adrogé, pendant un an,
contre l'*adrogator*. Perpétuelle tant que le fils est en puissance,
l'action *de peculio* survivra donc encore à la *patria potestas*,
mais alors en qualité d'action temporaire, comme cela ressort des
termes de l'édit : *Prætor ait : « Post mortem ejus qui in alterius
potestate fuerit, posteave quamvis emancipatus... fuerit, duntaxat
de peculio, et si quid dolo malo ejus, in cujus potestate est, factum
est, quominus peculii esset, in anno, quo primum de ea re expe-
riundi potestas erit, judicium dabo* (2). » Les derniers mots de

<hr>

(1) L. II, § 5, Dig., *de Cap. min.*
(2) L. I, Pr., Dig., *Quando de Pecul.*

l'édit montrent bien qu'il s'agit d'une année utile. Ainsi, en cas d'obligation conditionnelle, cette année aurait son point de départ non à la mort ou à l'émancipation, mais à l'événement de la condition. Et je dois ajouter que la règle est la même dans tous les cas d'extinction de la *potestas*. Par exemple, le père est mort ou déporté : l'héritier du père ou le fisc sera tenu — *intra annum*, — dans les limites du pécule (1).

Remarquons enfin que, dans la répartition des fonds, il faudra tenir compte des créances privilégiées, *habenda erit ratio privilegiorum* (2). Ceux qui sont créanciers, soit à cause d'une dot que le fils aura touchée, soit à cause d'une tutelle qu'il aura gérée, passeront avant tous autres; sans doute on payera les premiers qui se présentent; mais ils devront donner caution de restituer, le cas échéant, à ceux qui leur sont préférables.

2° Je l'ai dit, il se peut que ceux qui sont *in patria potestate* n'aient point de pécule, ou encore n'aient qu'un pécule insuffisant pour donner satisfaction à leurs créanciers. Les recouvrements sont facilités par l'action *de in rem verso* : *Teneantur qui eos habent in potestate, si in rem eorum, quod acceptum est, conversum sit : quasi cum ipsis potius contractum videatur* (3). Le *parens* s'enrichirait aux dépens d'autrui s'il n'était pas au moins tenu dans les limites de son enrichissement, qui s'appréciera par tous avantages à lui procurés soit directement, soit d'une manière indirecte (4). Exemple : Un fils a fait des frais de toilette ou de nourriture, mais sans dépasser, pour cette dépense, *modum quem parens præstare consueverat* (5). Le père est tenu *de in rem verso*; il s'est enrichi, par le fait du fils, *quantum propriæ pecuniæ pepercit*. Lois XX et XXI, Dig., *De in rem verso*, Scævola nous donne d'autres exemples où nous voyons l'action utile résulter ainsi d'avantages indirects.

---

(1) L. I. §§ 2 et 4, *Quando de pecul*.
(2) L. LII, § 1, Dig., *de Pecul*.
(3) L. I, Pr., *De in rem verso*, Dig.
(4) L. X, Pr., et §§ 1, 2, 3, Dig., cod. tit.
(5) L. III, § 3, Dig., eod. tit.

Pour qu'il y ait lieu à l'action *de in rem verso*, il importe peu que le père ait ordonné ou ratifié l'opération ; il suffit qu'elle lui ait été profitable (1). Le fils achète un immeuble pour son *parens* : l'action *de in rem verso* ne saurait s'étendre au delà du prix d'acquisition, lors même que ce prix serait inférieur à la valeur réelle de l'immeuble. La valeur intrinsèque limite, au contraire, la portée de l'action *de in rem verso*, quand le bien a été payé plus qu'il ne vaut. Peut-on dire, pour l'excédant, qu'en payant trop cher le fils a géré utilement les affaires du père (2)?

L'action perpétuelle *de in rem verso* est la dernière ressource des créanciers, à l'expiration de cette année utile qui leur est donnée pour agir *de peculio*. Mais, *intra annum* et avant la fin de la *patria potestas*, ils ont presque toujours le choix entre notre action *de in rem verso* et les actions *de peculio*, tributoires, exercitoires, institoires et *quod jussu*. S'ils préfèrent agir *de in rem verso*, désormais les autres voies leur seront fermées. Justinien s'étend assez complaisamment sur les causes de préférence entre ces diverses actions, pour que je me dispense d'une paraphrase qui n'ajouterait rien à des explications d'une lucidité parfaite (3).

Un doute toutefois peut surgir dans l'esprit sur la nécessité de ces actions prétoriennes, lorsque nous voyons (l. IV, t. VII, p. 8) les Institutes autoriser une action *civile* contre le père, *tanquam si principaliter cum ipso negotium gestum esset*. Qu'on se rassure, leur utilité subsiste encore après l'extension donnée à l'application de la *condictio* qui, sans doute applicable aux contrats de droit strict, aux obligations unilatérales, ne l'est pourtant pas aux contrats de bonne foi, aux obligations réciproques. Lorsque Labéon (4) vient nous dire : *Quoties jussu alicujus cum filio ejus societas coitur, directo cum illius persona agi posse, cujus persona in contrahenda societate spectata sit*, nous pensons que l'action

---

(1) L. V, § 2, Dig., *De in rem vers.*
(2) L. XII, Dig., eod. tit.
(3) Inst. Just., IV ; VII, § 5.
(4) L. LXXXIV, Dig., *Pro socio.*

directe dont il parle n'est que notre action *quod jussu*. Changeons l'hypothèse : au lieu d'un contrat donnant naissance à des actions de bonne foi, supposons un contrat à effets de droit strict, un *mutuum*, par exemple (1), un payement erroné (2), un échange avorté faute d'exécution par l'une des parties (3), et supposons, de plus, tous ces contrats passés avec un fils qui traite comme *magister* ou comme *institor* préposé par son *parens*; c'est contre le *parens* lui-même que se donne, au premier cas, la *condictio certi*; au second cas, la *condictio indebiti*, et enfin, au troisième, la *condictio causa data causa non secuta*. Voilà le sens restreint que nous devons donner au passage des Institutes ; et quand nous y lisons que la *condictio* se donnera contre le père, nous devons sous-entendre : cela n'aura lieu qu'aux cas seulement où la *condictio* s'applique, conformément aux principes du droit commun, aux cas où, si le père avait contracté lui-même, il serait passible de la *condictio*. — Remarquons d'ailleurs que la *condictio* s'applique, indépendamment de tout contrat, dans tous les cas où il y a eu *in rem versum*. Pour la rendre applicable, il suffit que quelqu'un se soit enrichi aux dépens d'un autre (4). Ainsi, nonseulement en matière de contrats, mais même en matière de délits, l'action purement indemnitaire sera donnée *de peculio* jusqu'à concurrence du profit retiré par le *paterfamilias*. Mais, à défaut de profit pour le père, en l'absence de *in rem versum*, l'action *de peculio* ne serait pas donnée dans les cas où il y aurait *maleficium*. Ressource dans l'action noxale dont je dois à présent dire aussi quelques mots.

Les actions dites *noxales* sont les actions civiles nées de tout délit, mais modifiées ici par cette circonstance qu'elles sont intentées non contre le coupable, mais contre celui qui, l'ayant sous sa puissance, répond de ses méfaits jusqu'à un certain

(1) L. IX, § 2, Dig., *de Reb. credit.*
(2) L. LVII, § 1, Dig., *de Cond. indeb.*
(3) L. XVI, Dig., *de Cond. causa data.*
(4) L. XXIII, Dig., *de Reb. credit.*

point (1). L'action noxale fixe les limites dans lesquelles le père
est tenu. Qu'il paye le montant de la condamnation ou qu'il
abandonne son fils en noxe, voilà l'alternative que lui laisse l'ancien droit.

En étudiant plus haut les droits sur la personne, nous avons
insisté sur l'abandon noxal, sur ses inconvénients pour les fils et
les filles : honte et déshonneur tant pour les enfants que pour le
parens, qui perd sur eux sa puissance. Nous avons vu comment
cette triste habitude *ab usu communi penitus recessit* (2). Nous
n'y reviendrons pas, mais nous dirons un mot des conséquences
de sa désuétude.

En principe, par ses délits, le fils n'oblige plus le père : *Noxalijudi-
cio invitus nemo cogitur alium defendere* (3); *et quotiens nemo filiumfamilias ex causa delicti defendit, in eum judicium datur* (4).
Pour ne citer ici qu'un cas particulier, *ex furtiva causa*, dit Paul,
*filiofamilias condici potest : nunquam enim ex condictione alius,
quam qui fecit, tenetur aut heres ejus* (5). La personnalité du fils est
seule en jeu; le père n'est pas responsable, et la preuve, Ulpien
nous la donne lorsqu'il dit : « Si le père, attaqué par l'action
noxale, offre de payer la *litis æstimatio*, en payant il acquerra,
contre le pécule, une créance égale à ses déboursés (6). »

D'un appartement loué par un fils de famille quelque chose
est répandu sur la voie publique, c'est un quasi-délit; l'action *de
peculio* ne sera pas donnée contre le père; ni contrat, ni quasi-
contrat, dans notre espèce, pour légitimer le recours; c'est le fils
lui-même qui sera poursuivi (7).

Paul nous apprend que, dans l'opinion de Proculus, l'action
rerum amotarum ne doit, à la mort de la fille, être donnée contre

<hr>

(1) L. I, Dig., de *Noxal. act.*
(2) Inst. Just., l. IV, t. VIII.
(3) L. XXXIII, Dig., de *Noxal. act.*
(4) L. XXXIV, Dig., eod. tit.
(5) L. V, Dig., de *Condict. furtiva.*
(6) L. XI, Pr., Dig., de *Pecul.*
(7) L. I, § 7, Dig., de *His qui effud.*

le père que s'il a profité de ces détournements, dans les limites de son enrichissement (1) ; mais il nous apprend aussi que Julien donnait contre le père, *ex pe sona filiæ, quæ res amovit, condictionem in peculium* (2). Il y avait très-probablement, sur ce point, divergence entre les jurisconsultes ; mais, malgré la loi LVII, *de Judic.*, où Ulpien a l'air de confondre et les contrats et les délits, pour baser l'action *de peculio*, nous estimons qu'Ulpien professait la doctrine généralement adoptée, à savoir, qu'en cas de délits ou quasi-délits, il n'y a d'action contre le père que jusqu'à concurrence de son enrichissement.

Pour tout le reste, c'est le fils qui doit répondre, le fils qui sera condamné, et contraint, même par corps, d'acquitter sa dette. Indirectement, de cette façon, la *patria potestas* se trouvait lésée ; mais, enfin, Justinien adoucit ces rigueurs en permettant aux fils de famille, débiteurs, une cession de biens, même sans biens présents, valable *in futurum*, — *ne patiantur injuriam*, — pour leur éviter la sanglante injure des exécutions contre la personne (3).

5° Après avoir étudié les rapports de droit qui, par le fait du fils, peuvent prendre naissance entre le *parens* et les tiers, il nous reste à parler des rapports juridiques. nés, en certains cas, entre les tiers et le fils, sans que le *parens* fût en cause : tel est d'abord le cas de l'adstipulation.

L'adstipulation donne un droit personnel et rigoureusement intransmissible, puisqu'il ne se transmet pas même à l'héritier (4), droit strict qui, d'ailleurs, a sa raison d'être, car l'adstipulateur est l'homme de confiance du stipulant principal, et la confiance est une chose individuelle. Si donc celui qui est en puissance de père peut utilement se porter adstipulateur (contrairement à ce qui a lieu pour les esclaves), pourtant, dit Gaius,

---

(1) L. III, § 4, Dig., *de Act. rer. amot.*
(2) L. XIX, Dig., *de Cond. furt.*
(3) L VII, Code, *Qui bonis cedere.*
(4) *Gaii C.*, III, § 114.

parenti non adquirit, quamvis ex omnibus cœteris causis stipulando ei adquirat. Le fils oblige ainsi les tiers envers lui-même. On refuse au père la transmission par dérogation aux principes, puis on revient au droit commun lorsqu'on refuse au fils l'exercice de son action tant qu'il restera en puissance ; Gaius ajoute en effet : *Ne ipsi quidem aliter actio competit, quam si sine capitis diminutione exierit de potestate parentis, veluti morte ejus aut quod ipse flamen dialis inauguratus est,* la *capitis deminutio* métamorphosant la personne juridique et la dépouillant de ses anciens droits civils.

J'ai dit que ce refus provisoire d'action n'était que l'application du droit commun. Paul confirme mon dire, lorsqu'il pose en principe : *Filius suo nomine nullam actionem habet* (1) ; *nisi...* ajoute-t-il. Dès ce mot, on pressent quelques restrictions à la règle. Voyons en quoi consistent ces dérogations.

Les fils de famille peuvent exercer par eux-mêmes les actions *in factum* (2). Ils ont l'action d'injure, excepté, bien entendu, à l'égard du père : *Existimationis filiifamilias apud patrem ratio nulla est,* dit Doneau, *nisi quantum pater hic concedit. Impune enim offenditur a patre et convitiis et pulsatione, vel quod nulla hic injuria est patris : vel quod, si qua est, nulla ex delicto inter patrem et filium qui in ejus potestate est, actio nascitur* (3).... Mais lorsque l'injure émane d'un tiers, rien alors, dit Nératius, n'empêche le père de poursuivre la réparation du grief, tant en son nom qu'au nom de son fils de famille (4). *Quid,* pourtant, si le *parens* se trouvait absent, sans fondé de pouvoirs pour exercer ses droits? L'édit du préteur avait prévu l'hypothèse ; il s'exprime en ces termes : *Ipsi qui injuriam accepisse dicetur judicium dabo* (5).

Le fils de famille a l'action *quod vi.* Un ouvrage a été fait

(1) L. IX, Dig., *de Oblig. et act.*

(2) L. XIII, Dig., cod. tit.

(3) Hug. Donelli, *Comm. jur. civ*

(4) L. XLI, Dig., *de Injur.*

(5) L. XVII, § 10, Dig., eod. tit.

malgré sa défense. Bien que, dit Labéon, le père ait l'interdit, comme si c'était de lui qu'était émanée la prohibition, le fils n'en aura pas moins la même ressource (1). A cet égard, les écoles rivales étaient complétement d'accord : Sabinus dit aussi que l'interdit compéte au *filiusfamilias* (2).

Le fils a l'action de dépôt. C'est du moins, nous apprend Ulpien, l'opinion que Julien et Marcellus enseignent (3).

Enfin, dans le cas de commodat fait au fils, l'action *de peculio* qu'on a contre le père n'empêche pas d'avoir une action directe contre le fils commodataire (4).

Cette énumération étant limitative, dans tous les autres cas, le fils n'a pas l'action. C'est la propriété du *paterfamilias* qui l'intente quand bon lui semble, pourvu toutefois qu'il y soit intéressé. Ainsi, comme en matière d'adstipulation, cet intérêt, base de toute action, lui manque, il ne peut agir, et le fils lui-même ne possède qu'un droit latent, éventuel, puisque ce cas ne rentre pas dans les exceptions précitées.

Parmi ces exceptions, j'ai omis à dessein une dérogation toute particulière au principe de la puissance paternelle qui transmet au *parens* tous les droits et actions acquis par ceux qui vivent sous sa dépendance. Ce principe, en vertu duquel c'est au père qu'appartient l'action *rei uxoriæ* pour restitution de dot à sa fille en puissance, est ici respecté en ce sens que le père a toujours le droit d'action; mais on y porte atteinte en ce sens que le père n'a l'exercice de son droit qu'en adjoignant à sa personne la personne de sa fille *alieni juris*. Cette obligation, imposée au père, est la même dans tous les cas, que la dot soit adventice ou profectice : « Le père de famille, qui peut toujours retirer à son fils ou à sa fille le pécule dont il lui a donné l'administration, ne peut pas priver sa fille de la dot qu'il lui a une fois

(1) L. XIII, § 1, *Quod vi aut clam.*
(2) L. XIX, Dig., eod. tit.
(3) L. XIX, Dig., *Depositi.*
(4) L. III, § 4, *Commodat.*

constituée (1). » *Reipublicæ interest mulieres salvas dotes habere.*
Les intérêts de la puissance paternelle sont sacrifiés aux intérêts
matrimoriaux.

Enfin, le fils peut s'obliger envers les tiers. Il le peut dès qu'il
est pubère : *Pubes, qui in potestate est, perinde ac si paterfamilias
obligari solet.* — L'impubère en puissance ne peut s'obliger ; *licet
ex quo fari cœperit recte stipulari potest, ne auctore quidem patre
obligatur,* dit Gaius (2), indiquant par là que, s'il y a une *auctoritas tutoris* pour compléter la personne de l'impubère *sui juris,*
il n'y a pourtant pas d'*auctoritas patris* à l'égard du fils en bas
âge et en puissance. Et cela se conçoit : un *complément* suppose
la préexistence d'un objet ou d'un sujet auquel il s'applique ;
or, ici, cet objet, ce sujet fait défaut. Grâce au vieux principe unitaire, le fils, soumis à la *patria potestas,* n'a point, en droit, de
personnalité distincte, point de *persona* qui se puisse compléter.
Nec obstat la constitution de Théodore et Valentinien, qui nous
dit qu'un enfant de sept ans révolus peut faire lui-même adition
d'hérédité ou demander la *bonorum possessio, consentiente parente,
si sub ejus potestate sit, vel cum tutoris auctoritate, si sui juris
sit* (3). Le *consensus* n'est pas ici l'*auctoritas.* « Le père con-
sent, parce que, rigoureusement et selon le strict droit civil, c'est
lui qui est héritier par l'intermédiaire de son fils, quoique l'introduction du pécule adventice ait modifié cette rigueur de principes quant à l'acquisition (4). »

Remarquons que cette constitution distingue entre le mineur
et le majeur de sept ans : *Si infanti (id est, minori septem annis)
in potestate patris, vel avi, vel proavi constituto vel constitutæ,
hereditas sit derelicta... licebit parentibus ejus sub quorum potestate est, adire ejus nomine hereditatem* (5). A côté de ce système
où la question d'âge est prise en considération, un autre système

(1) M. Pellat, *Textes sur la dot,* p. 11.
(2) L. CXLI, § 2, Dig., *de Verb. oblig.*
(3) L. XVIII, § 4, Code, *de Jure delib.*
(4) M. Ortolan, *Instit. expl.,* t. III, p. 211, *Note.*
(5) L. XVIII, Dig., *de Jure delib.*

tient compte seulement de l'état de l'intelligence. C'est cet état, et non l'âge de l'impubère, qui le rend apte à contracter ou le laisse encore inhabile. « Il se peut qu'à sept ou huit ans, dit Théophile, la portée des mots qu'on profère vous échappe. Si donc vous ne comprenez pas ce que vous faites, vous ne pouvez pas stipuler valablement. » Cette doctrine est diamétralement opposée à celle de Gaius, qui dit expressément : *Etiam si ejus ætatis erit, ut non intelligat quid agat : tamen propter utilitatem receptum est recte eum stipulari agere* (1). Que devons-nous conclure du rapprochement ? Devons-nous supposer que ce droit primitif a été révisé et spiritualisé dans le sens qui est indiqué par Théophile, ou bien faut-il admettre, avec certains critiques, une grave erreur de la part du premier commentateur de nos Institutes? J'incline, pour ma part, vers la première idée. Quoi qu'il en soit, dans le droit antéjustinien, la doctrine en vigueur est celle de Gaius, qui, assimilant au fou l'enfant à l'âge où l'on ne sait pas ce qu'on fait, les distingue pourtant en ce sens que si l'un, le *furiosus*, ne peut faire de contrats valables, l'autre jouit à cet égard de plus de faveur, *nam qui loqui potest, creditur et stipulari et promittere recte posse* (2). Qu'il stipule avec ou sans autorisation, le *filius*, dès qu'il peut parler, *recte agit*. Il peut aussi faire une promesse efficace, s'il est *sui juris*, et si un tuteur donne l'*auctoritas* qui manque à l'incapable ; mais si notre impubère est *in potestate*, je l'ai dit et je le repète, *ne patre quidem auctore obligatur*. Le père ne peut le rendre apte à s'obliger.

Supposons maintenant un fils de famille ayant atteint l'âge de puberté : *Ex omnibus causis tanquam paterfamilias obligatur, et ob id agi cum eo tanquam cum patrefamilias potest* (3). Insistons sur ces mots : *ex omnibus causis. Servus ex contractibus non obligatur* (4). Il en est autrement du fils : *Tam ex contractibus,*

---

(1) L. VI, Dig., *Rem pupill.*
(2) L. I, § 13, Dig., *de Oblig. et act.*
(3) L. XXXIX, Dig., *de Oblig.*
(4) L. XLIII, Dig., *de Oblig. et act.*

quam ex delictis in filiumfamilias competit actio (1). Signalons toutefois une différence entre l'effet des obligations *ex contractu* et celui des obligations *ex delicto* : pour la réparation des délits seulement, le droit du créancier l'emporte sur celui du père de famille. Sans doute, *ex causa delicti,* le père n'est pas forcé de défendre l'enfant qu'il a sous sa puissance ; mais alors, si l'action directement donnée contre le fils entraîne une condamnation, le fils condamné devra s'y soumettre (2). Souvent l'exécution de la condamnation sera préjudiciable au père et fera brèche à sa *patria potestas.* — Au contraire, *ex contractibus,* sa *potestas* est respectée. Le principe qui domine est que, *facto filiorum pejor conditio parentum fieri non potest* (3). Le *judicatum facere debet,* applicable au fils en matière de délits, est inapplicable en matière de contrats, tant que l'enfant reste en puissance. On attendra qu'il soit devenu *sui juris* pour exécuter la sentence. Une exécution trop hâtive, une contrainte par corps immédiate romprait avant le temps l'intime société de travail, d'industrie, qui lie au père les membres de la *familia ;* la puissance paternelle se trouverait lésée. Voilà ce qu'on veut éviter par la suspension provisoire.

Ce n'est pas seulement le père qu'on protége ; on aura égard à la position du fils qui peut se trouver *sui juris* sans patrimoine, s'il est ou émancipé ou exhérédé. Sans doute alors la responsabilité de ses fautes pèse sur lui de tout son poids (*ex delictis in solidum convenietur*) (4) ; mais on est moins sévère quant à ses contrats. On n'exige pas l'impossible : l'*actio judicati* n'est donnée contre lui que dans les limites de ce qu'il peut faire (*in id quod facere potest*) (5). Aux termes de l'édit rapporté par Ulpien, le préteur, dans tous les cas d'émancipation, d'exhérédation ou

---

(1) L. LVII, Dig., *de Judic.*

(2) L. XXXIV, XXXV, Dig., *de Noxal. act.*

(3) Paul, *Sent.*, l XI, t. XXI, § 9.

(4) L. IV, § 2, Dig., *Quod cum eo.*

(5) L. V, *idem.*

encore d'abstention, s'est réservé le droit de venir au secours du *filius* sans ressources, par le bénéfice de compétence octroyé *cognita causa* (1).

Mais, à part ces lenteurs dans l'intérêt du père et ces tempéraments dans l'intérêt du fils, il n'en est pas moins vrai que le fils de famille s'oblige envers les tiers et très-valablement. En dirons-nous autant des filles de famille? Deux opinions à cet égard. Dans un premier système enseigné par Cujas, la personne qui, étant *sui juris*, aurait besoin, pour s'obliger, de l'autorisation d'un tuteur, ne peut, si elle est *alieni juris*, s'obliger civilement, même avec l'autorisation de celui sous la puissance duquel elle se trouve, puisqu'il n'y a point de *patria auctoritas* qui puisse s'ajouter à rien pour compléter le néant. La décision relative à la *dotis dictio* ne serait que l'application de ce principe, tant *propter sexus infirmitatem* que dans l'intérêt des agnats : *Paulus respondit filiamfamilias ex dotis dictione obligari non potuisse* (2). Dans un second système, que nous adoptons, la décision relative à la *dictio dotis* n'est qu'une règle particulière tenant à la nature toute spéciale de cette institution, si limitée quant aux personnes qui peuvent la faire valablement (3).

A cette exception, dois-je en ajouter une autre relative à l'*intercessio? Primo, temporibus divi Augusti, mox deinde Claudii, edictis eorum erat interdictum, ne feminæ pro viris suis intercederent.* — *Postea, factum est senatusconsultum quo plenissime feminis omnibus subventum est* (4). C'est le sénatus-consulte velléien qui, réprouvant les obligations des femmes qui s'engageraient pour autrui, procède à cet égard par le refus d'action ou l'insertion d'une exception dans la formule, remède prétorien quelquefois refusé, par exemple, en cas de dol de la femme (*nam deceptis, non decipientibus opitulatur*) (5), ou si l'opération n'a pu nuire

----

(1) L. 11, Pr. Dig., *Quod cum eo.*
(2) *Vat. fragm.*, § 99.
(3) M. Pellat, *Textes sur la dot.*
(4) L. 11, Pr. et § 1, Dig., *Ad sen. cons. Velleian.*
(5) L. XVIII, Code, *Ad sen. cons. Velleian.*; l. 11, XI, XXX, Dig., cod. tit.

à la femme (*quia non fit pauperior*) (1) ; si la femme s'est engagée pour un mineur de vingt-cinq ans, *cujus prior debitor solvendo non sit* (2) ; si la femme se substitue à celui pour lequel elle a intercédé, à la charge de donner caution, *exceptione se non usuram et sic ad judicium ire* (3) ; si la femme s'est obligée *pro tutoribus filiorum suorum* (4) ; ou si la femme s'est obligée *pro servo* (*si quis ut servo suo manumissionem imponat, mulierem acceperit obnoxiam sese pro certa quantitate facientem* (5) ; ou si, majeure de vingt-cinq ans, la femme a promis *pro dote, omni auctoritate Velleiani senatusconsulti in hac causa cessante* (6).

Du reste, au cas même où le Velléien s'applique, ce qui prouve bien que l'obligation n'est que paralysée et non anéantie, c'est la décision de Justinien, par laquelle, quand une femme, qui s'est obligée pour autrui, renouvelle en majorité, et après un intervalle de deux années, un premier engagement, elle se trouve définitivement liée (7). Donc, l'engagement n'était qu'annulable, ce qui n'est pas, ne saurait être confirmé, et le texte porte : *Ultro firmavit*. Au fond, on le voit, si le sénatus-consulte vient en aide à toutes les femmes, *sui juris, alieni juris*, sans distinction, *feminis omnibus* (ce sont ses propres termes cités par Ulpien), en tout cas cependant l'obligation subsiste ; elle est susceptible de ratification, qu'elle émane d'une matrone ou d'une *filiafamilias* ; et, sauf l'exception pour la *dotis dictio*, la fille de famille est apte à s'obliger.

Pour l'assimiler au fils, je m'appuie d'abord sur la loi CXLI, § 2, *de Verb. oblig.* : *Pupillus licet ex quo fari cœperit, recte stipulari potest, tamen, si in parentis potestate est, ne auctore qui-*

---

(1) L. XXI, Pr., § 22, Dig., *idem* ; l. XXIII, Code, *idem*, Nov. CXXXIV, ch. VIII.

(2) L. XII, Dig., *de Minor.* 25 *annis*.

(3) L. XXXII, § 4, Dig., *Ad sen. cons. Maced.*

(4) Paul, *Sent.*, t. XI, § 2.

(5) L. XXIV, Code, *Ad sen. cons. Velleian.*

(6) L. XXV, *idem*.

(7) L. XXII, *idem*.

dem patre obligatur... quod autem in pupillo dicimus, idem et in filiafamilias impubere dicendum est. Il est vrai qu'on a contesté l'exactitude de cette version. Ne comprenant pas que Gaius ait employé une double phrase pour dire ce qu'il pouvait dire en deux mots (*pupillus, pupillave, licet,* etc.), on a voulu voir dans ce texte une antithèse, et cru qu'il fallait lire *pubere* au lieu de *impubere.* Quoi qu'il en soit, nous avons en notre faveur un autre texte peu suspect d'interpolation, texte fort clair, qui prouve péremptoirement que si la distinction a jamais existé, elle était effacée à l'époque d'Ulpien : c'est la loi IX, §2, Dig., 1. XIV, t. VI, où Ulpien dit du sénatus-consulte macédonien : *Hoc senatusconsultum ad filias quoque familiarum pertinet.*

Comme le Velléien, ce sénatus-consulte ne retire pas aux fils et aux filles la capacité de s'obliger (*naturalis obligatio manet*) (1) ; mais, en haine des prêteurs d'argent, ces corrupteurs de la jeunesse, il refuse, aux bailleurs de fonds ou de denrées équipollentes, toute action contre l'emprunteur ou l'emprunteuse, qu'il protége encore au moyen d'une exception, quand la contravention n'est pas assez flagrante pour légitimer un refus d'action. Le *mutuum* seul entraîne de pareils effets : *Is solus senatusconsultum offendit, qui mutuam pecuniam filiofamilias dedit : non qui alias contraxit... nam pecuniæ datio perniciosa parentibus visa est* (2).

Longtemps auparavant, au vi^e siècle de Rome, la loi *plætoria* (*lex quinavicennaria,* suivant l'expression de Plaute) (3) paraît avoir sévi contre les créanciers qui auraient spéculé sur l'inexpérience de tous mineurs de vingt-cinq ans ; la *circumscriptio adolescentium* (4) faisait l'objet d'un *judicium publicum ;* la condamnation entraînait des déchéances ; le créancier pouvait même expier son dol par la perte de tous ses droits, grâce à la *restitutio in inte-*

---

(1) L. X, Dig., *de Sen. cons. Maced.*

(2) L. III, § 3, *idem.*

(3) Plaute, *Pseud.,* act. 1, 3.

(4) Cicéron, *de Offic.,* 1. III, 15.

grum introduite en cette matière à peu près vers le même temps. Mais de ce que le dol était ainsi puni, je ne conclus pas, avec le docteur Thibaut (1) et autres jurisconsultes, qu'en principe le prêt d'argent à l'égard des fils de famille était prohibé par la loi Plætoria. Cette prohibition, nous l'attribuons à Claude qui, nous dit Tacite, — *lege lata, sævitiam creditorum coercuit, ne in mortem parentum pecunias filiisfamiliarum fœnori darent* (2).— *In mortem parentum :* d'où j'induis que le prêt n'était interdit par la loi claudienne que lorsque l'emprunt devait être remboursable à la mort du père, un danger sérieux menaçant le *parens* en cette circonstance : *Sæpe onerati ære alieno creditarum pecuniarum quas in luxuriam consumebant, vitæ parentum insidiabantur* (3). La dépravation des mœurs rendit nécessaire la loi claudienne et le sénatus-consulte macédonien qui, quelque temps après, vint généraliser cette prohibition restreinte et l'appliquer sans avoir égard désormais à la date de l'échéance. Quand je dis *quelque temps après*, je montre assez qu'à mes yeux le sénatus-consulte et la loi claudienne ne doivent pas être confondus. Cependant cette confusion a été faite. Un savant professeur de l'École d'Heidelberg, que j'ai eu tout à l'heure l'occasion de citer, le docteur Thibaut, me paraît commettre une erreur lorsqu'il avance que le sénatus-consulte macédonien aurait été rendu sous Claude, sur la proposition de Vespasien qui l'aurait présenté en qualité de consul. «Ce n'était pas, dit-il, l'usage des Romains de revenir si vite et comme coup sur coup sur des décisions prises (4). » Cet argument nous touche peu, puisqu'à nos yeux le sénatus-consulte macédonien n'est ni la répétition, ni l'abrogation de la loi claudienne, mais son extension reconnue indispensable. Il n'y a pas là double emploi.

Un point qui n'a pas moins divisé les esprits, c'est celui de

(1) Thibaut, *Rechtsgeschichte und Inst.*, III, § 160.
(2) Tacite, *Annales*, XI, 13.
(3) Inst. Just., l. IV, t. VII, § 7.
(4) Thibaut, *Rechtsgeschichte*, etc., III, § 160.

savoir qui *Macedo* désigne; si ce nom est celui d'un usurier
fameux ou celui d'un fils de famille.

Macedo, ce serait le nom d'un usurier, si l'on en croit Doneau,
qui fonde son avis sur ces mots qu'on lit dans le sénatus-consulte :
Qui pecuniam incertis nominibus crederet (1). — *Hæc verba,* dit-il,
non possunt convenire nisi creditori (2). Un ancien interprète,
Azon, exprimait en ces termes la même opinion : *Est dictum
a Macedone, pessimo illo fœneratore, qui inter cæteras scelerum
artes quas sibi natura, id est consuetudo administrabat, etiam
æs alienum adhibuit : et sæpe peccandi, vel occidendi parentes
occasionem vel materiam præstitit* (3). Joints au mot *natura,* dans
la Somme d'Azon, les mots *id est consuetudo* ont une portée
évidemment restrictive; et nous croyons qu'ici l'auteur n'avait
pas tort d'employer *natura* dans un sens relatif, au lieu de l'employer dans son sens absolu, incompatible, en pareil cas, avec les
idées stoïciennes de presque tous les jurisconsultes romains.
Des stoïciens, en effet, se seraient gardés d'imputer des crimes
à la nature : *Naturam non scelerum auctorem, sed optimam bene
ac beate vivendi ducem ac magistram appellabant,* dit Hotoman
qui, professant la même doctrine que les deux auteurs précités,
n'hésite pas à déclarer que Macedo fut le corrupteur, non le
corrompu, comme l'a maladroitement rapporté Théophile. Cette
maladresse est encore à démontrer; rien n'est moins certain
que cette inexactitude, et, jusqu'à nouvel ordre, nous n'y
croyons pas.

Écoutons d'abord le récit de Théophile : Un fils de famille,
du nom de Macedo, avait emprunté des sommes considérables
qu'il pensait rembourser facilement un jour à la mort de son père.
Pressé par un créancier fatigué d'attendre un décès qui n'arrivait
pas, Macedo, n'ayant pas les fonds qu'il lui fallait pour se dérober
à ses persécutions, résolut d'en finir et ne recula pas devant un

<hr>

(1) L. I, Pr., Dig., *de Sen cons. Maced.*
(2) Hug. Donelli, *Comm. ad sen. cons. Maced.*
(3) *Azonis Summa, ad Sen. cons. Maced.*

parricide dont, bien entendu, le sénat, devant qui l'affaire fut
portée, lui appliqua la peine ; mais ce fut de plus l'occasion de
ce sénatus-consulte qui porte le nom de *macédonien* (1), pour
rappeler expressément son origine, mieux que par le nom d'un
consul. Évoquant à lui seul un souvenir néfaste, ce nom devait
éterniser la flétrissure et la honte de Macedo, par suite aussi
frapper l'imagination des fils dénaturés que leurs mauvais instincts pousseraient dans la voie du crime. Quoi qu'il en soit, je
ne vois nulle invraisemblance dans l'interprétation des faits qui
vient de m'être présentée. Bien plus, Glück (2) nous enseigne que,
depuis longtemps, Maranus, Heineccius, Leyser, Mencken,
Hugo, ont montré que les termes du sénatus-consulte, fidèlement
expliqués, justifiaient Théophile en prouvant l'exactitude de sa
version. — *Æs alienum* s'emploie toujours dans le sens de *quod
nos aliis debemus*, jamais pour *pecunia aliis credita*. Lors donc
qu'on veut l'appliquer au *fœnerator*, on fait un contre-sens
qu'au contraire on évite dans le système qui, pour traduire ce
texte, admet que Macedo est le fils de famille. C'est ce dernier
système que nous adoptons.

1° Toutes les fois que la contravention n'est pas douteuse, on
procède par refus d'action : *Placere*, dit le texte donné par Ulpien,
*ne cui qui filiofamilias mutuam pecuniam dedisset, etiam post
mortem parentis ejus, cujus in potestate fuisset, actio petitioque
daretur.* Donc, tant que les enfants sont *alieni juris*, point d'action
contre eux, point d'action contre leur père : on ne peut agir
contre lui *de peculio*. Supposons les enfants devenus *sui juris* :
point d'action ni contre eux ni contre le *parens*. — *Nota*, dit une
scolie des *Basiliques, quod is qui contra sen. consultum Macedonianum credidit, nequidem si nummi extent, et in peculio filiifamilias sint, actionem habere potest.* On refuse l'action non-
seulement au prêteur, mais aussi à ses successeurs (3) ; et parmi

(1) Théoph , *Inst.*, l. IV, t. VII, § 7.
(2) Glück, *Geschichte und Inhalt des Sen. cons. Maced.*, t. XIV, § 898.
(3) L. VII, § 6, Dig., *de Sen. cons. Maced.*

les *successores*, nous rangerons le stipulant qui, n'étant pas partie dans le *mutuum*, se fait promettre la somme prêtée, en vertu de la délégation du préteur. Nous repoussons donc l'opinion contraire enseignée par Paul, l. XIX, *de Novat.* ; il serait ainsi trop facile d'éluder la prohibition.

Ce n'est pas seulement au fils de famille, à son père, et même à son héritier (*si filius paterfamilias decesserit*) que le sénatus-consulte vient en aide : *Fidejussori quoque et mandatori ejus succurritur, qui et ipsi mandati habent regressum, nisi forte donandi animo intercesserunt* (1).... Bien qu'un *regressus* ne soit pas à craindre en vertu d'un mandat illicite en son but, le sénatus-consulte peut être invoqué par le fidéjusseur qui, complice du fils, serait l'objet des attaques du créancier ; c'est une faveur qui s'explique par la défaveur qu'inspire le *creditor*. Du reste, l'obligation n'étant pas absolument nulle, si le fidéjusseur, négligeant d'invoquer l'exception perpétuelle, a cru devoir payer, il ne peut répéter, *quia hi demum solutum non repetunt, qui ob pœnam creditorum actione liberantur* (2). Même droit quant aux hypothèques : *In eo, qui pro filiofamilias rem suam obligavit, eadem dicenda erunt, quæ tractantur et in fidejussore ejus* (3).

J'ai un fils et un petits-fils : ce dernier contracte un emprunt *jussu patris*. Cet emprunt n'en tombe pas moins sous le coup du sénatus-consulte, puisque le père lui-même ne peut valablement emprunter sans mon ordre (4).

Le refus d'action peut n'être que provisoire (*interim actio deneganda est*) (5), lorsque le père étant *apud hostes*, le droit des enfants se trouve comme en suspens : *Jus liberorum pendet, propter jus postliminii* (6). Si le père meurt *apud hostes*,— *exinde ex quo captus est pater, filius sui juris fuisse videtur*,— l'emprunt,

---

(1) L. VII, § 10 ; IX, § 3, *de Sen. cons. Maced.*
(2) L. IX, § 4, eod. tit.
(3) L. II, Dig., *Quæ res pignor.*
(4) L. XIV, Dig., *de Sen. cons. Maced.*
(5) L. I, § 1, *idem.*
(6) Inst. Just., l. I, t. XII, § 5.

censé fait par un *sui juris* depuis la prise du *parens*, est validé.
Supposons maintenant le retour du *parens* : *Reversus liberos habebit in potestate, quia postliminium fingit eum qui captus est, semper in civitate fuisse.* Il y a lieu d'appliquer le sénatus-consulte.

2° Quand les faits sont douteux, quand la contravention peut être contestée, on accorde l'action moyennant l'insertion d'une exception dans la formule, exception qui s'oppose même sur l'exercice de l'*actio judicati*, comme celle du sénatus-consulte velléien (1). Sans cela, qu'arriverait-il ? Le fils de famille pourrait aisément, en se prêtant à une condamnation, faire obtenir au créancier un droit d'action que le sénatus-consulte lui refuse dans l'intérêt de la sécurité du *parens* (2). On évite ainsi cette fraude ; mais comment expliquer que même privilége appartienne aux fidéjusseurs ? Disons simplement qu'ils profitent de l'aversion qu'inspirent les prêteurs d'argent.

Ajoutons, d'ailleurs, que cette aversion ne doit pas, bien entendu, frapper l'innocent. La loi ne doit pas avoir de haines aveugles, fruits de la passion et non de la réflexion. D'où plusieurs restrictions qu'il faut que je signale. Le bailleur de fonds avait cru traiter avec un *paterfamilias*, car l'emprunteur passait pour tel aux yeux de tous : *Sic agebat, sic contrahebat, sic muneribus fungebatur* (3). Si, *cognita causa*, le préteur reconnaît que l'erreur était excusable, on n'appliquera pas le sénatus-consulte. *Item si duos filios accepero reos, sed alterum putavi patremfamilias, intererit ad quem pecunia pervenit* (4), afin que, si c'est à celui que je croyais père de famille, l'exception ne puisse m'être opposée ; car, dit Pomponius d'après Julien, le sénatus-consulte n'est à redouter que pour ceux qui, prêtant à des fils de famille, ont su ou pu savoir à qui ils avaient affaire (5).

(1) L. II, Dig., *de Sen. cons. Maced.*
(2) M. Machelard, *Oblig. nat.*
(3) L. III, Pr., Dig., *de Sen. cons. Maced.*
(4) L. VII, § 8, Dig., *de Sen. cons. Maced.*
(5) L. XIX, *idem.*

Le sénatus-consulte ne s'applique pas aux créanciers mineurs de vingt-cinq ans, car *in minore, cognita causa, et a prætore succurrendum est;* règle ainsi formulée dans le *Promptuarium* d'Harménopule (1) : *Plane si minor annis filiofamilias majori mutuum dederit, præter sen. consulti præscriptum restituitur.* Il ne s'applique pas à l'enfant en tutelle, *quod mutua pecunia non fit, quam sine tutoris auctoritate pupillus dat.* Il ne s'applique pas à l'enfant en puissance, *quod si filiusfamilias crediderit, mutua pecunia non fit, quamvis liberam peculii administrationem habuit : non enim perdere ei peculium pater concedit, cum peculii administrationem permittit : et ideo vindicationem nummorum patri superesse, ait Julianus* (2).

L'emprunteur est un étudiant que l'intérêt de ses études tient loin du foyer paternel : écarter l'exception du sénatus-consulte, si ses emprunts n'ont vraiment rien d'exagéré, s'ils n'excèdent pas la mesure des allocations habituelles du *parens* (3). Le sénatus-consulte est encore écarté par un commencement de remboursement opéré par le père; dans cet à-compte sur le montant du *mutuum*, on voit de sa part une ratification. *Quid,* si c'est l'emprunteur lui-même qui, devenu *sui juris*, fait un payement partiel? La dette tout entière est-elle ratifiée? Nous ne le pensons pas, bien qu'Ulpien dise encore: *Cessat senatusconsultum.* Ces deux mots, croyons-nous, veulent simplement dire que l'emprunteur n'a pas le droit de répéter; le créancier a donc un droit de rétention, mais point d'action s'il n'a l'action hypothécaire, parce que le fils, — *paterfamilias factus,* — aurait donné la garantie d'une hypothèque (4). Enfin, quand l'emprunteur a un pécule *castrens,* — *senatusconsultum cessat usque ad quantitatem peculii,* — puisque, dans ces limites, le fils remplit le rôle d'un père de famille. Dans les divers cas où le sénatus-consulte annihile ou paralyse

---

(1) *Prompt.* d'Harmén., l. I, t. XIII, § 59.

(2) L. III, § 2, Dig., *de Sen. cons. Maced.*

(3) L. VII, *idem.*

(4) L. IX, Pr., *idem.*

le droit d'action, reste toujours une obligation naturelle (1), susceptible d'être convertie en obligation exigible par l'emprunteur devenu *sui juris*, s'il attend ce moment pour faire novation (2), et si, de plus, sa novation n'est pas la suite d'une erreur de fait ; autrement, *in factum excipiendum erit* (3). Le droit n'est plus le même à l'égard du payement maintenu même quand il est fait par erreur. Aussi, après avoir posé la règle : Celui qui a une exception perpétuelle peut répéter ce qu'il a payé par erreur, Marcien a-t-il soin d'ajouter : « Mais cependant il n'en est pas toujours ainsi. » Sans doute, si l'exception est donnée par faveur pour le défendeur, la répétition est possible (c'est ce qui arrive au cas du sénatus-consulte relatif aux intercessions); mais, quand l'exception est donnée en haine du créancier, les remboursements opérés à tort sont désormais inattaquables : point de répétition pour le chef de famille qui rembourse l'argent qu'il avait emprunté, par contravention au sénatus-consulte, à l'époque où il était *filiusfamilias* (4), et la répétition est de la sorte exclue non-seulement au cas où l'emprunteur est *paterfamilias* au moment où il paye, mais même lorsqu'il a payé, se trouvant encore en puissance. En ce dernier cas, si, devenu *sui juris,* il veut revendiquer la somme, sa demande est écartée par l'exception de dol (5), tandis que le père aurait pu revendiquer (*patri nummos vindicanti nulla exceptio objicietur*) (6). Mais *quid*, si les écus ont été consommés? Hors le cas où de l'argent est donné au fils, *ut creditori solvat*, auquel cas la somme est censée passer, — *recta via*, — du donateur au créancier, et *nummi fiunt accipientis*, Julien semble admettre en principe que le fils n'avait pas droit de disposer des fonds : *Alienationem filium non habuisse, et ideo, si solverit, condictionem*

---

(1) L. X, Dig., *de Sen. cons. Maced.*
(2) L. II, Code, *idem.*
(3) L. XX, Dig., *idem.*
(4) L. XL, Pr., *de Cond. indeb.*
(5) L. XXVI, § 9, Dig., *idem.*
(6) L. XIV, Dig., *de Reb. credit.*

patri ex omni eventu competere (1). Au contraire, Marcellus nous dit qu'il n'y a pas de *condictio* possible (*ait cessare condictionem*) (2). Cujas suppose un désaccord entre les deux jurisconsultes. Glück restreint la décision de Marcellus à la *condictio ex mutuo*, mais accorde au *parens* une *condictio sine causa*. On peut invoquer en faveur de ce système une scolie des *Basiliques*, sous la loi XIV, *de Rebus cred.*, n° 7, où Stéphane, après avoir fait l'application des termes de la loi XL, *de Condict. indeb.*, et dit en conséquence : *Non repetitur per condictionem indebiti solutum contra Macedonianum creditum, quamvis per errorem a filiofamilias solutum sit*, a soin d'ajouter : *Serva quod dixi non repeti per condictionem indebiti : pater enim per certam condictionem generalem quod ita solutum est, repetit.*

Mais, dans le sens inverse, on pourrait invoquer, sans aller prendre ailleurs des arguments contraires, la scolie n° 3, sous la même loi, scolie fort claire, ainsi conçue : *Creditor consumpserit : bona fide scilicet. Pone enim creditorem existimasse eum ex voluntate patris solvere, aut sui juris factum.* Le scoliaste est ici tout à fait favorable à un troisième système, celui de Doneau, qui, pour concilier Marcellus et Julien, admet que Marcellus suppose la bonne foi et Julien la mauvaise foi chez le prêteur : d'où la différence des solutions données. Cette distinction est d'autant plus plausible que le prêteur, qui avait reçu et consommé ce qu'il savait appartenir au père, ayant cessé de posséder par dol, devait être tenu comme s'il possédait encore : *Dolus pro possessione est.*

Parfois enfin, bien qu'il y ait lieu d'appliquer le sénatus-consulte, — *tamen in alium datur actio* (3), — cette action, c'est tantôt l'action exercitoire et tantôt l'action institoire ; ou bien encore c'est l'action *de in rem verso* (4), ou l'action *quod jussu* (5). Nous ne reviendrons pas sur les différents cas où le fils oblige le père : ils ont été l'objet d'un examen spécial.

(1) L. IX, § 1, Dig., *de Sen. cons. Maced.*
(2) L. XIV, Dig., *de Reb. credit.*
(3) L. VII, §§ 11 et 12, *de Sen. cons. Maced.*
(4) L. XVII, *idem.*
(5) L. XII, *idem.*

CHAPITRE V.

COMMENT FINIT LA PUISSANCE PATERNELLE.

Je veux faire ici, pour les modes d'extinction, ce que j'ai fait pour les modes d'acquisition : une simple revue d'ensemble. L'étude approfondie de ces divers moyens élargirait outre mesure le cadre du présent travail.

La folie du père n'est point un cas d'extinction de la puissance paternelle ; *quare non solum eos liberos in potestate habebit, quos ante furorem genuit, verum et si qui ante furorem concepti in furore editi sunt ; sed et si in furore agente eo, uxor concipiat....* Dans tous ces cas, *matrimonium retinetur*, et par suite aussi la *patria potestas ;* mais c'est une *potestas* nécessairement restreinte à l'acquisition des biens : *Hanc dominii rerum acquisitionem retinet etiam pater furiosus*, dit Hotoman (1), *licet priore parte potestatis personam filii concernente amissa.* Donc, en ce cas, la *potestas* se décompose. Elle subsiste, au contraire, en son intégrité en faveur de celui dont la femme était folle au moment de la conception, le mariage civil n'étant point ébranlé par cette triste circonstance. — Supposons enfin qu'à ce moment même les époux soient fous tous les deux : *partus in potestate patris nascetur, quasi voluntatis reliquiis in furiosis manentibus : nam cum consistat matrimonium altero furente, consistet utroque* (2).

(1) Hotoman *in Epit.*, Dig., de *His qui sui*, n° 5.
(2) L. VIII, Dig., *de His qui sui.*

Cependant ces *reliquiæ voluntatis*, ces restes de volonté, jugés suffisants pour le maintien du mariage et de la puissance, n'empêchent pas le *furiosus* d'être incapable de donner un bon et valable consentement pour lequel il est absolument nécessaire d'être sain d'esprit. *Quid*, au cas où ce consentement est requis, par exemple pour le mariage des enfants de ce malheureux *parens ?* On admet de bonne heure, sans hésitation, qu'il n'était pas indispensable pour la fille ; *sufficere putaverunt, si pater non contradicat*, mais on hésita pour le fils. Une constitution de l'empereur Marcien vint autoriser les enfants (garçons et filles) à se marier, même sans permission du prince, quand le père est *mente captus*. L'expression *furiosus* n'étant pas dans le texte, autre discussion sur le point de savoir si ces deux appellations doivent se confondre. C'est Justinien qui tranche ces difficultés, et, comblant les lacunes d'une constitution un peu trop elliptique, établit, en termes on ne peut plus clairs, *ut non solum dementis, sed etiam furiosi liberi cujuscumque sexus possint legitimas contrahere nuptias, tam dote quam ante nuptias donatione a curatore eorum præstanda*, le taux de cette dot étant fixé sans frais par le préfet ou les présidents des provinces (1), *ex facultatibus et dignitate mulieris maritique, quousque ratio patitur* (2).

En principe, ni l'âge, ni les dignités ne libéraient le fils de la puissance paternelle. Sans doute, *in publicis causis filius loco patrisfamilias habetur, veluti si magistratum gerat, vel tutor detur* (3). C'est ainsi qu'un fils de famille magistrat peut forcer son père à faire adition et restitution d'une hérédité réputée mauvaise ; car, dit Hermogénien, *quod ad jus publicum attinet, non sequitur jus potestatis* (4). — Donc, *etiam adversus patrem magistratus et judex esse poterit.* Hors de là, dès qu'il n'agit plus en sa qualité de fonctionnaire, le fils de famille n'en est pas moins

---

(1) L. XXV, Code, *de Nupt.*
(2) L. LX, Dig., *de Jure dot.*
(3) L. IX, Dig., *de His qui sui.*
(4) L. XIII, §§ 5 et 14, Pr , Dig., *Ad sen. cons. Trebell.*

en puissance, soumis comme un autre au *parens*, dans toutes les relations de la vie privée. Le *parens* même, dont les droits sont respectés dans les limites du possible, n'est tenu *in solidum*, par suite de la tutelle déférée à son fils, que si *tutelam agnovit*, c'est-à-dire *sive gessit, sive gerenti filio consensit, sive omnino attigit tutelam.* Autrement, il n'est tenu que de *peculio* (1). Signalons encore un effet de la tutelle, lorsque c'est une fille qui y est soumise : le père *ne peut* épouser ladite pupille ; et peut-être aussi devons-nous en dire autant du frère du tuteur qui, *filiusfamilias*, est soumis à la puissance du même père (2).

Au principe posé en tête de mon dernier alinéa, Gaius nous indique en ces termes une première exception : *Exeunt liberi virilis sexus de patris potestate, si flamines diales inaugurentur, et feminini sexus, si virgines vestales capiantur* (3). Les prêtres de Jupiter, les prêtresses de Vesta, sortaient ainsi de la puissance paternelle (4). Cette dérogation doit être fort ancienne ; Gaius dit des vestales : *Quas etiam veteres in honorem sacerdotii liberas esse voluerunt : itaque etiam lege XII Tabularum cautum est* (5).

Justinien étend la même exemption aux fils revêtus de la dignité de patrice : *Sancimus*, dit-il, *viros excelsos patricios, illico ab imperialibus codicillis præstitis patresfamilias effici, ac potestate liberari paterna, ne videantur, quia a nobis loco patris honorantur, alieno juri esse subjecti* (6). Point n'est besoin, pour en faire des *sui juris*, de procéder suivant le formalisme antique, avec accompagnement de soufflets (*cum injuriis et alapis*) (7), rite blessant et dérisoire qui messied à la gravité de leur position sociale. C'est une honte, une humiliation qu'on ne peut infliger à

(1) L. VII, Dig., *de Tutel.*
(2) L. LXVII, § 2, Dig., *de Ritu nuptiar.*
(3) *Gaii C.*, I, 130.
(4) Ulp., *Reg.*, X, 5.
(5) *Gaii C.*, I, 145, in fine.
(6) L. V, Code, *de Consul.*
(7) Nov. LXXXI, Præf.

de tels dignitaires. *Ipso jure*, la promotion entraîne la libération
de la *potestas*.

Par la Novelle LXXXI, Justinien attache les mêmes effets à la
collation de toute dignité qui libère de la curie : *Generaliter*,
dit-il, *sancimus ut omnis dignitas et omne cingulum a curia
liberare valens hoc etiam suæ potestatis præmium honoratis præ-
stet* (1). Rapprochant de notre Novelle LXXXI la loi LXVI au
Code, *de Decur. et filiis eorum*, relative aux cas d'exemption de la
curie, nous constatons qu'outre le titre de patrice, les titres qui
confèrent leur indépendance aux fils de famille sont ceux de
consuls, de préfets ou de chefs militaires (*in quolibet magisterio
militari*). C'est de tous ces hauts fonctionnaires que Justinien dit
expressément : *Hos repente suæ potestatis fieri* (2).

Aux dignités civiles, il a soin d'ajouter les dignités ecclésiastiques. Déjà la loi XXXIV, Code, *de Episcop.*, laissait aux membres
du clergé la libre disposition de tous les biens acquis dans l'exercice de leur ministère, *etiamsi in patris, avique aut proavi potestate constituti sint*. Par cela même qu'il en limitait les effets,
Justinien reconnaissait implicitement que la *patria potestas*
n'était pas morte : il lui porte, en ce dernier cas, le coup de
grâce par la Novelle LXXXI, ch. III, où il déclare que l'épiscopat
délivre le *filius* du joug du *parens*. L'ordination produit cet effet
destructeur de la puissance paternelle. Ce droit nouveau se
trouve encore confirmé au ch. IV de la Novelle CXXIII, car j'y
lis : *Si contigerit ordinatum episcopum sub proprii parentis potestate esse : ex ipsa ordinatione suæ potestatis sit.*

Notons d'ailleurs que quand l'émancipation est le résultat
direct de la collation d'un titre honorifique, elle ne saurait porter
préjudice à ceux que l'empereur voulait favoriser : ils ne perdent
pas leurs droits d'agnation, et, bien qu'affranchis des liens de
puissance, ils sont toujours censés de la *familia* toutes les fois
qu'il y va de leurs intérêts. C'est ainsi qu'ils auront, à la mort du

(1) Nov. LXXXI, ch. I, § 1.
(2) Authent., I, sous la loi XXXIV, Code, *de Episc.*

parens, sur leur postérité, ce *jus potestatis* qu'ils auraient hérité s'il n'étaient pas sortis, sa vie durant, de sa puissance (1).

Hors les cas spéciaux sus-énumérés, l'octroi d'un *munus publicum* n'affranchit pas de la puissance paternelle.

Avant de parcourir les moyens généraux d'extinction de cette puissance, insistons sur un cas où ladite puissance était *in suspenso*. Bien que nous n'ayons pas la prétention de faire la théorie complète du *postliminium*, il est bon pourtant d'en étudier les effets au point de vue qui nous occupe. La captivité du père ou du fils occasionnait une indécision juridique que nous ne saurions passer sous silence.

Supposons donc d'abord le père *apud hostes* (2). Jusqu'à sa mort ou jusqu'à son retour, *patria potestas in filio pendebit* (3). Les enfants qu'il avait sous cette *potestas*, — *in incerto sunt*, dit Tryphoninus, *utrum sui juris facti, an adhuc pro filiisfamiliarum computentur* (4) ; — *nam status hominum quorum patres in hostium potestate sunt, in pendenti est*, enseigne Julien (5). Et, conformément à cette doctrine, Ulpien suspend l'application du sénatus-consulte macédonien, application qui ne peut avoir lieu que si le *filiusfamilias* retombe en puissance (6).

Supposons maintenant que le père revienne, peu importe comment, car *nihil interest quo modo captivus reversus est : utrum dimissus, an vi, vel fallacia potestatem hostium evaserit ;* pourvu qu'il ait perdu tout esprit de retour sur la terre étrangère (7), *nec enim satis est corpore domum quem rediisse, si mente alienus est.* Jusqu'alors en suspens, mais non anéantis, tous ses droits reparaissent (*omnia pristina jura recipit*) (8). Comme il n'y a pas eu

(1) Nov. LXXXI, ch. II.
(2) L. XXIV, Dig., *de Capt. et postlim.*
(3) Ulp., *Reg.*, t. X, § 4.
(4) L. XII, § 1, Dig., *de Capt. et postlim.*
(5) L XXII, § 2, Dig., *de Capt et postlim.*
(6) L. I, § 1, Dig., *de Sen. cons. Maced.*
(7) L. XXVI, Dig., *de Capt. et postlim.*
(8) *Gaii C.*, I, § 129.

d'interruption civile, *retro creditur in civitate fuisse qui ab hosti-bus advenit ;* le *parens* de retour, ses enfants sont censés n'avoir jamais cessé d'être sous sa puissance (*nunquam non fuisse in potestate ejus*) (1). La conséquence est que ce qu'ils auront acquis durant l'absence du *parens* se trouvera avoir été acquis pour lui-même. Sur ce point, tous les textes sont d'accord. L. XI, Dig., *de Verb. oblig.*, Paul applique la règle aux stipulations que le fils a pu faire en l'absence du père. L. XV, *in fine*, Dig., *de Suis et legit.*, Papinien l'applique au cas où le fils de famille serait mort avant le retour du *parens : Si,* dit-il, *postliminio redierit pater, jam defuncto filio, quidquid medio tempore per eum quæsitum est, habebit : et non est mirum si peculium quoque defuncti pridem filii defertur patri, cum ex eo natus potestatis ipsius fiat per suspensi juris constitutionem.*

Le petit-fils (*reversi captivi nepos*) se trouve lui-même en puissance, lors même qu'il est né d'un mariage contracté sans le consentement du *parens*. Cela sans doute est contraire au pré-cepte : *Nemini invito suus heres adgnascatur* (2) ; mais, dit-on, si le père n'a pas approuvé, il n'a pas non plus désapprouvé le mariage (*quamvis nuptiis consentire non posset, utique non dissentire* (3). On tient compte des circonstances et de la *publica nuptiarum utilitas.* Si c'est à tous égards une union convenable que le père ratifierait certainement, Julien pense l'union régulièrement con-tractée malgré l'absence du *parens* (4). C'est un droit commun pour les filles et les fils ; mais, à l'égard des fils, Ulpien est plus sévère ; il leur prescrit d'attendre au moins pendant trois ans le retour incertain du père, et ce n'est qu'à l'expiration de ce délai qu'ils pourront contracter un mariage valable (5).

Passons à l'hypothèse inverse : mort du père en captivité :

---

(1) L. XII, § 1, l. XVI, *de Capt. et posttim.*
(2) Inst. Just., I, t. XI, § 7.
(3) L. XII, § 3, Dig., *de Capt.*
(4) L. XI, Dig., *de Ritu nupt.*
(5) L. IX, § 1, *idem.*

Erunt quidem liberi sui juris, sed utrum ex hoc tempore quo mortuus est apud hostes parens, an ex illo quo ab hostibus captus est, dubitari potest. (Gaius, C., I., § 129.) Dans le doute, on finit par prendre le parti le plus favorable aux fils de famille en reculant, autant que faire se pouvait, le point de départ de leur indépendance. C'est ainsi que Julien n'hésite pas à dire que leur état de *sui juris* a commencé en même temps que la captivité du père (1). Tryphoninus enseigne la même doctrine et conclut que, depuis la capture du père, ses enfants, devenus *patresfamiliarum,* ont acquis pour leur propre compte (2). Enfin, Ulpien se sert des termes les plus larges pour généraliser le droit à cet égard : *In omnibus partibus juris,* nous dit-il, *is qui reversus non est ab hostibus, quasi tunc decessisse videtur, cum captus est* (3). En foi de quoi, Justinien, dans ses Institutes, ne parle plus des doutes émis par Gaius (4).

J'ai dit que l'opinion qui avait triomphé était la plus favorable aux fils de famille. Pour montrer l'immense avantage de ce mode de procéder, une scolie du *Promptuarium* d'Harménopule (5) suppose qu'un individu fait prisonnier laisse deux fils et deux mille sesterces. L'un des fils, actif et industrieux, réalise par son travail un bénéfice de mille sous d'or. L'autre, indolent et mou, n'avait fait aucun gain, lorsqu'un jour on leur apprend que le père est mort captif (*apud hostes*). Il s'agit maintenant de partager les biens. Celui qui n'a rien fait, et partant rien gagné, prétend qu'il faudrait partager le patrimoine tel qu'il était le jour de la mort du *parens.* « Jusque là, dit-il à son frère, nous étions *alieni juris ;* donc nous acquérions pour le père, donc les mille sesterces, fruit de vos labeurs, doivent être compris dans l'avoir paternel, ce qui fait trois mille sesterces : quinze cents pour chacun de nous. »

(1) L. XXII, § 2, Dig., *de Capt. et postlim.*
(3) L. XII, § 1, Dig., eod. tit.
(2) L. XVIII, *idem.*
(4) Inst. Just, l. I, t. XII.
(5) *Prompt. Harmenop.,* l. I, t. XVII.

A quoi l'autre répond que leur indépendance doit remonter au jour de la captivité, et qu'étant depuis lors réputé *sui juris*, il a travaillé pour lui-même et n'a rien à communiquer des produits de son industrie. C'est sur deux mille, non sur trois, que devra porter le partage. *Et hanc magis sequimur sententiam*, dit en terminant le scoliaste. Ce système avait prévalu. C'était de beaucoup le plus équitable.

Supposons la mort du fils *in civitate*, antérieure à celle du père *apud hostes*. Par l'effet rétroactif de la mort du père, le fils est réputé mort *paterfamilias*; il est donc capable d'avoir un héritier (1) : *Quasi paterfamilias*, dit Tertyllianus, *legitimum habebit successorem, et retro habuisse creditur ejus successor ea quoque, quæ medio tempore filius iste quæsiit, nec heredi patris, sed ipsi filio quæsita videbuntur*. (2).

Réciproquement, si le fils est prisonnier chez les Barbares, *similiter propter jus postliminii patria potestas interim pendebit* (3) Si le fils revient, le *postlimimium* est en quelque sorte double : chacun, le fils comme le père, recouvre ses droits (4). Marcien cite un rescrit de Sévère et Antonin qui, statuant sur l'espèce où deux époux captifs auraient un enfant pendant leur absence, disent expressément : *Si reversi fuerint, justos esse et parentes et liberos et filium in potestate patris, quemadmodum jure postliminii reversus sit* (5). Mais si l'enfant ne revenait qu'avec sa mère, il serait réputé *spurius*.

Enfin, si le fils est mort prisonnier de guerre, le *parens* étant *in civitate*, la *patria potestas* est censée éteinte *ex quo captus est filius*. La *capitis deminutio* est la cause de cette extinction. Au point de vue du droit civil, le *capite minutus* n'était plus le même; il avait perdu sa place dans la famille, et c'est, je le crois fermement, à cette perte que *capitis deminutio* fait allusion. On

---

(1) L. **XV**, Dig., *de Suis et legit.*
(2) L. **IX**, in fine, Dig., *de Castr. pecul.*
(3) Ulp., *Reg.*, X, § 4.
(4) L. **IX**, 14, Pr., *de Capt. et postlim.*
(5) L. **XXV**, *idem.*

s'est ingénié pour trouver à ces mots des sens différents plus ou moins plausibles. Hotoman y voit une perte pour la *familia*, — *cujus caput eximitur*, — pour la *familia capite deminuta*, qualification transposée et appliquée dans un style peu rigoureux à l'enfant qui sort des liens de puissance. D'un autre côté, Niebuhr et M. de Savigny y voient la perte matérielle d'un chapitre au registre du cens supposant sans raison que tout fils de famille aurait eu son chapitre à part, et que sa position, devenant *deterior* par sa *status permutatio*, son rang aurait baissé tout naturellement sur le registre censitaire, quand il n'en était pas rayé. Mais qui peut prouver que ce changement d'état ait toujours eu pour effet une déchéance? Sans doute, il en subissait une véritable celui qui perdait liberté, droits de cité, par grande ou par moyenne diminution de tête; sans doute il en subissait une passagère l'enfant mancipé par le *parens* qui voulait l'affranchir de sa *potestas*; mais pas de vente, pas de *mancipium*, pas de *conditio servilis* à l'égard de l'adrogé, et l'adrogation, elle aussi, entraîne une *minima capitis deminutio*. Dira-t-on qu'ici c'est dans le passage de l'état de *sui juris* à celui d'*alieni juris* que l'amoindrissement a sa cause juridique? Faut-il ainsi varier les causes suivant la variété des cas? Je ne le pense pas, et je crois qu'il vaut mieux voir dans tous ces cas une cause unique, la perte des droits de famille, de la gentilité, des *sacra privata*; *status permutatio*, *capitis minutio*, sont d'ailleurs, à nos yeux, tout à fait synonymes.

Quoi qu'il en soit, la privation des droits civils entraînait celle de la *patria potestas*: celui qui cessait d'être citoyen devenait pérégrin, et qu'il fût *sui juris* ou *alieni juris* avant sa déchéance, c'en était fait de la puissance paternelle: *Neque enim peregrinus civem Romanum, neque civis peregrinum in potestate habere potest* (1). Sans doute, un vieux principe, longtemps en vigueur, donnant à la personne du *civis Romanus* un caractère en quelque sorte inviolable, ne permettait pas, même par condamnation, de le priver des droits sacrés de la cité; mais, dit Cicéron, *id ut esset*

____

(1) Ulp., *Reg*, X, § 3.

faciendum, non ademptione civitatis, sed tecti et aquæ et ignis interdictione faciebant.

On arrivait au but par ce mode indirect que remplaça, d'ailleurs, le procédé direct de la déportation, entraînant mêmes conséquences. Un fils est déporté; cette déportation rompt si bien les liens de puissance que, d'après une constitution de l'empereur Gordien, *si postea ex indulgentia principis reditus in patrium solum præcedensque dignitas restituta sit, potestas tamen patria repetita non videtur* (1). Dioclétien et Maximien professent la même doctrine, au cas où c'est le père qui est déporté. La simple remise de peine (*generalis indulgentia*) ne suffirait pas pour lui faire recouvrer sur ses enfants sa *potestas* perdue; il ne la recouvre que si *specialiter impetravit* (2). Quelle est la portée de ce mot *specialiter*? Jusqu'à quel point était-ce une faveur spéciale? L'empereur Constantin signale, à cet égard, une divergence entre les jurisconsultes: *Remotis Ulpiani atque Pauli notis, Papiniani placet valere sententiam, ut in patris sit filius potestate, cui dignitas ac bona restituta sunt* (3). Remarquons qu'ici le mot *bona* accompagne le mot *dignitas* employé seul dans la constitution de Gordien. Cela nous explique aisément la différence des deux solutions données. On conçoit que la *dignitatis restitutio* n'ait pas nécessairement des effets aussi larges qu'une *restitutio bonorum* comprenant tous les biens du père, et, entre autres biens, ses droits de puissance sur la personne et sur l'avoir de ses enfants. Il se peut qu'Ulpien, Paul, Dioclétien, Maximien, sur ce point beaucoup plus sévères, aient exigé qu'on mentionnât expressément, spécialement, dans l'acte de grâce, la résurrection de la *potestas*, vu la gravité de cette mesure qui remet *in potestate* des *sui juris*, et qui semble mettre à néant des droits acquis. Pourtant, Papinien et Constantin sont d'avis qu'il suffit d'une *restitutio in integrum* pour rétablir les droits de puissance paternelle.

(1) L. VI, Code, *de Sentent. pass.*
(2) L. IX, Code, *idem.*
(3) L. XIII, Pr., Code, *idem.*

Une espèce de déportation non infamante, opérée *jussu paren-tis*, paraît avoir aussi, dans le droit primitif, rompu tous les liens de puissance. L'émigration forcée des fils, que le *parens* faisait transporter dans les colonies latines, les faisait sortir de sa *potestas*, puisqu'ils cessaient d'être citoyens romains, *cum accipe-rentur alterius civitatis cives* (1). La perte de la *patria potestas* romaine se présente ici comme la conséquence de leur naturali-sation à l'étranger, si, comme on a lieu de le croire, il n'y a pas erreur sur un texte tronqué.

J'arrive à l'émancipation volontaire ou forcée.

Étudions d'abord l'abandon spontané de la *patria potestas*. Dans le droit primitif, une mancipation suffit pour affranchir les petits-fils et les filles ; trois mancipations sont requises pour les enfants mâles au premier degré. J'ai déjà parlé de ce formalisme antique, —*veteres circuitus*, — incommodes détours que le pro-grès des temps dut faire disparaître. En attendant, ce serait une erreur de croire que la pluralité des mancipations, cette plura-lité bizarre, originale, fût exclusivement pratiquée chez les Romains. Je lis dans le *Syntagma* de Pierre Grégoire : *Apud Moscovitas quoque seu Ruthenos id servatum in hæc verba : Si pater filium, ut mos est, vendit, et is quocumque modo liber fac-tus tandem aut manumissus fuerit, pater hunc rursus atque iterum jure patriæ potestatis vendere potest : post quartam autem vindicationem nihil juris amplius in filium habet* (2).

Mais revenons à Rome. L'émancipation était comprise dans les *legis actiones*, et, partant, ne pouvait se faire que *apud magistratus qui legis actionem habent*. Les mancipations, les manumissions, devaient se faire en leur présence. A la fin du IIIe siècle de notre ère, un *solemnis actus* est encore de rigueur (3); mais, au commencement du VIe, Anastase promulgue une constitution dans laquelle il permet de s'adresser au prince pour obtenir un

---

(1) *Gaii C.*, I, § 131.

(2) P. Gregor., *Syntagma juris univ.*, l. XI. ch. VI.

(3) L. III, Code, *de Emanc. lib.*

rescrit d'émancipation qu'il suffit, pour être parfaitement en règle, de faire insinuer par un juge compétent (1). *Ex imperiali rescripto*, la *patria potestas* est brisée, sans autres formalités. Le moyen est simple, et pourtant Justinien simplifie encore en permettant d'aller *recta via* chez le juge, où la simple déclaration du *Promptuarium* d'Harménopule : *Hunc sui juris esse patior, meaque manu mitto*, suffit pour briser d'un seul coup les liens de puissance entre le fils et le père. Enfin, dans sa constitution XXV, l'empereur Léon va plus loin encore, et spiritualise au point de se contenter d'une intention présumée, pour admettre une émancipation tacite, abstraction faite de tout acte extérieur ou de paroles proférées : *Quoniam*, dit-il, *præter alios modos hic quoque sui juris filium esse ostendebat, si qui ipsum in potestate habebat (sive is pater, sive avus esset) libertate ipsum suo ore donasset : nos hoc insuper annectimus, ut si pro suo saltem arbitratu vivere filius videatur (sive id ejus verbis cujus sub potestate degit, concessum fuerit, sive verbis quidem concessum non sit, sed consensus tacitus filio vitæ rationes separatim instituenti non adversatus sit, verum ipsum suo modo seorsum vivere permiserit), tametsi a conjugii commercio liber sit, jus tamen liberi arbitrii ratum illi et confirmatum sit* (2). La puissance paternelle se trouve ainsi l'objet d'une espèce de prescription libératoire.

Au temps où, pour arriver à ce résultat : faire un *sui juris* d'un fils de famille, on procédait par ventes et manumissions, à ces ventes et manumissions successives ou alternatives se joignait ordinairement ce qu'on appelait un contrat de fiducie, contrat par lequel l'acquéreur fictif s'engageait à remanciper le fils au père. Le père devait dire à son cocontractant: *Ego hunc filium meum tibi mancipo, ea conditione ut mihi remancipes, ut inter bonos bene agi oportet, ne propter te tuamque fidem frauder* (3). Pareille condition, apposée à la troisième mancipation, assurait au père

(1) L. V, Code, *de Emanc. lib.*

(2) Imp Leon. *Constit. XXV*, in fine.

(3) Sigonius, *de Judic.*, ch. XI.

les *jura patronatus*, les droits de tutelle et de succession dévolus à l'*extraneus manumissor* quand cet *extraneus* émancipait lui-même.

Ces formalités n'auraient pas permis de traiter l'affaire à distance. Anastase, en dispensant de les accomplir, facilite l'acte *inter absentes*; mais *inter præsentes*, on eût trouvé gênant d'avoir à s'adresser au prince, et l'on préférait suivre l'ancienne observance. Il paraît qu'on la suivit jusqu'à Justinien, ce prince constatant avec un vif dépit *vanam observationem custodiri et venditiones in liberas personas figuratas, et circumductiones inextricabiles et injuriosa rhapismata* (ces coups de bâton ridicules) *quorum nullus invenitur rationabilis exitus* (1). Justinien, réformant le droit à cet égard, abroge aussi le règlement de Constantin, qui permettait au père émancipant son fils de retenir la troisième partie des biens échappant à son acquisition d'après les règles ordinaires (*tertiam partem bonorum quæ acquiri non solent, quasi remunerationis gratia*). Pour concilier les deux intérêts en présence : ne pas priver le père de toute récompense et, d'un autre côté, ne pas priver le fils des choses qui lui appartiennent, il substitue à ce tiers en propriété une moitié en jouissance : *Exceptis et in hoc casu castrensibus et quasi castrensibus tantummodo peculiis, quibus nihil ex hac causa diminuitur* (2).

Ajoutons que l'ingratitude des enfants peut faire rescinder leur émancipation, et, par suite, aboutir au rétablissement de la puissance paternelle (3). La *potestas* n'est point *acquise* de la sorte, *nam qui nunquam fuit in potestate ob injurias quantascumque in eam non redigitur*; mais elle est rendue à l'ex-*paterfamilias* comme une conséquence de la rescision (4).

L'émancipé pouvait retomber en puissance par suite d'une adoption. Au premier abord, on croirait qu'ici la *potestas* est

<hr>

(1) L. VI, Code, *de Emanc. lib.*
(2) L. VI, § 3, Code, *de Bon. quæ lib.*
(3) L. un. Code, *de Ingrat. lib.*
(4) A. Fab., I, *Jurispr.*, VIII, Pr.

simplement transmise; mais, qu'on ne s'y trompe pas, puissance intransmissible, une et indivisible, elle devait s'éteindre pour le *parens naturalis*, extinction suivie de la création d'une *patria potestas* nouvelle pour le *parens adoptivus*. Justinien se sert donc d'une expression impropre, d'un langage peu rigoureux, lorsqu'il dit que cette puissance passe (*transit*) (1) au père adoptif. On ne transmet que ce qui dure.

Je suppose enfin que le père se donne lui-même en adrogation : *Is qui liberos in potestate habet, si se adrogandum dederit*, dit Gaius, *non solum ipse potestati adrogatoris subjicitur, sed etiam liberi ejus in ejusdem fiunt potestate tanquam nepotes* (2). L'adrogé, devenu *alieni juris*, entraînait sous la *potestas* de l'adrogeant ceux qui auparavant étaient sous sa puissance.

Arrivons aux cas d'émancipation forcée :

1° Une constitution de Théodose et Valentinien permet à la juridiction ecclésiastique de soustraire les filles à l'autorité abusive des pères, *si lenones patres filiabus peccandi necessitatem imposuerint* (3).

2° Trajan force un père à émanciper son fils, *quem male contra pietatem adficiebat* (4).

3° Nous avons vu, en étudiant l'exposition, que le *parens*, qui a exposé son enfant et l'a voué ainsi en quelque sorte à la mort, ne saurait réclamer ses droits sur sa personne, lorsque, par hasard, cet enfant a survécu, *nec enim suum quis dicere poterit, quem pereuntem contempsit*, disent Valentinien, Valens et Gratien (5).

4° D'après la Novelle XII, *de Incestis et nefariis nuptiis*, le *parens* qui, ayant des enfants légitimes nés d'un mariage antérieur, vit néanmoins dans un commerce criminel, est puni par la double perte de ses biens et de sa puissance paternelle : *Si vero contige-*

---

(1) Inst. Just., l. I, t. XII, § 8.
(2) *Gaii Inst.*, I, § 107.
(3) L. XII, Code, *de Episc. audient.*
(4) L. V, Dig., *Si a parente.*
(5) L. II, Code, *de Infant expos.*; Confirm. Nov. CLIII, ch. 1.

rit ex prioribus nuptiis inculpabilibus filios esse ei, aut nepotes forte, aut ulterius, paternam mox illi accipiant successionem, suæ quidem potestatis patris supplicio facti, pascentes autem eum et alia necessaria præbentes. Nam licet legum contemptor et impius sit, tamen pater est (1). Uniquement fondée sur les liens naturels, ne dépendant en rien du *jus potestatis*, la réserve des aliments n'empêche pas le complet anéantissement de la puissance.

5° Cet anéantissement se présente à nous, dans les divers cas qui précèdent, comme une déchéance, comme un châtiment infligé au *parens* coupable. Il pourrait être aussi la juste conséquence de l'acceptation d'un legs : *Si cui legatum fuerit relictum, isque rogatus sit liberos suos emancipare,* Ulpien se demande *an cogi debeat manumittere,* et finit par dire : *Arbitror extra ordinem debere constitui, eum qui adgnovit id quod sibi relictum est hac contemplatione, ut liberos suos emanciparet, cogendum emancipare : neque enim debet circumveniri testantium voluntas ; sic deinde hoc accipiendum, quemadmodum si sub conditione liberorum emancipandorum, ei fuisset legatum, vel ita relictum ut eos emanciparet* (2).

6° Enfin, dit Papinien, au cas d'adrogation d'un impubère, il faudra parfois, *cognita causa,* faire droit à la demande de cet adrogé, lorsque, parvenu à l'âge de puberté, il sollicitera son émancipation (3). Et ce sera justice, ajoute Marcien, s'il prouve que cette adoption lui est préjudiciable : *Si pubes factus non expedire sibi in potestatem ejus redigi probaverit, æquum esse emancipari eum a patre adoptivo : atque ita pristinum jus recuperare* (4).

Après tous ces modes d'extinction de la puissance, reste un mode suprême — *ineluctabilis,* — la mort du père ou de l'enfant : *Hi qui in potestate parentis sunt, mortuo eo sui juris fiunt ; sed hoc distinctionem recipit* (5).... Ce que nous savons de l'organisa-

(1) Nov. XII, ch. II.
(2) L. XCXII, Dig., *de Condit. et demonstr.*
(3) L. XXXII, Pr., *de Adopt.*
(4) L. XXXIII, Dig., eod. tit.
(5) Inst. Just., l. I, t. XII, Pr.

tion de la famille romaine fait comprendre à merveille la cause de cette distinction. Rappelons-nous que les pouvoirs du père s'étendaient non-seulement sur tous ses enfants, fils ou filles, mais encore *in infinitum*, sur tous les enfants de ses fils (je n'ajoute pas de ses filles, les enfants des filles étant dans la *familia* de leur père ou de l'aïeul auquel le père était soumis, si bien que l'enfant n'était jamais de la famille de sa mère). De cette extension des pouvoirs du *parens*, il faut conclure que la *patria potestas* ne dépendait jamais de l'âge de l'enfant, mais tenait à ces liens de subordination rattachant les descendants à leurs ascendants de telle manière que celui qui était *in potestate avi* ne devenait pas *sui juris* à la mort du *parens*, si *in potestatem patris recasurus erat*: ce qui avait lieu toutes les fois que le père survivait à l'aïeul et n'était pas sorti de sa *familia*. La mort du *paterfamilias* ne faisait finir la puissance paternelle qu'à l'égard de ceux qui étaient immédiatement sous sa puissance. Lorsque plusieurs générations étaient ainsi subordonnées, la cause d'extinction pour les uns était un mode d'acquisition pour les autres.

[illegible]
[illegible]
[illegible]
[illegible]
[illegible]
[illegible]
[illegible]
[illegible]
[illegible]
[illegible]
[illegible]
[illegible]

DEUXIÈME PARTIE.

DE LA PUISSANCE PATERNELLE EN DROIT FRANÇAIS.

CHAPITRE I.

PRÉLIMINAIRES HISTORIQUES.

Lorsqu'on rapproche de l'institution romaine l'institution germanique, on ne peut s'empêcher de remarquer entre elles un contraste frappant. A Rome, une forte et dure organisation, toute dans l'intérêt du *paterfamilias* qui n'est ni un père, si nous prenons ce mot dans sa haute acception morale, ni même un maître, si nous prenons l'expression dans son sens usuel et moderne. *Paterfamilias*, en droit ancien, n'a qu'un sens, c'est le sens de *propriétaire*, et la *familia* tout entière est écrasée, est unifiée dans ce droit de propriété, l'état passif des membres de la *familia* les assimilant à des choses.

La Germanie nous offre un tout autre spectacle : ici, ce n'est plus un intérêt dynastique, l'égoïste intérêt du chef de la famille, ce roitelet qui règne sur une *insula ;* c'est l'intérêt humanitaire des enfants qui sert de base à l'institution domestique. Rien, chez les Germains, qui ressemble à l'oligarchie des *patresfamiliarum.* Nous n'avons à la place qu'un pouvoir de garde, un pouvoir de protection de la force sur la faiblesse, pouvoir temporaire à l'égard des fils, perpétuel seulement à l'égard des filles qu'on croit avoir besoin d'un incessant appui; c'est ainsi que la femme ne sort du *mundium* de ses parents mâles que pour passer sous le *mundium* de son mari, au moyen d'un achat réel, puis symbolique (*per solidum et denarium*), que nous retrouvons chez les Francs. Devient-elle veuve, elle reste sous la garde des parents mâles du mari, pour retomber sous celle d'un autre mari, ou bien encore, à défaut de ces deux tutelles, sous le *mundium* de sa famille originaire. Si ce *mundium*, bien différent, comme on le voit, de la tutelle perpétuelle des femmes en droit romain, ne put s'enraciner dans nos institutions, il y a laissé cependant un rejeton, le droit de puissance maritale, droit que les Romains n'ont jamais connu, la *manus* créant seulement une puissance paternelle. « En France, dit Loyseau (1), les femmes sortent, par mariage, de la famille, du nom et de la puissance de leur père, en tant que la puissance paternelle y a lieu, et entrent en la famille, au nom et principalement en la puissance du mari. Puissance qui même était du temps des anciens Gaulois, ainsi que César rapporte, l. VI, *de Bello Gallico*. Toutefois, elle n'est pas maintenant de la vie et de la mort, comme César dit avoir été celle des Gaulois, pour ce que le christianisme sur lequel nous fondons aujourd'hui cette puissance, ayant justement aboli la servitude des esclaves, à plus forte raison a-t-il ôté celle des femmes : de sorte qu'en effet la puissance maritale demeure telle à peu près que la paternelle, et ainsi que la mère de famille de Rome était en semblable puissance du père de famille que le fils de famille. »

Dans le passage auquel Loyseau fait allusion, César constate effectivement que les hommes ont droit de vie et de mort sur leurs femmes aussi bien que sur leurs enfants : *Viri in uxores sicuti in liberos vitæ necisque habent potestatem* (2). Le caractère de

---

(1) Loyseau, *des Offices des seigneurs*, l. V.
(2) César, l. VI, *de Bello Gallico*.

la puissance domestique, en Gaule, nous paraît, en conséquence, se rapprocher plus de la *potestas* romaine que du *mundium* des Germains.

L'enfant gaulois reste sous le gouvernement de sa mère jusqu'à ce qu'il puisse porter les armes. Arrivé à cette majorité, que devient l'enfant? Un passage de l'épître de saint Paul aux Galates semble indiquer d'abord (ch. ɪv, vers. 1) que l'enfant en bas âge est le seul en puissance; mais cependant je crois que les versets suivants nous ramènent au système romain. Paul, en effet, y fait une comparaison qu'il faut que je résume pour l'intelligence du point controversé. De même que, par acte de libre volonté, le père émancipe son fils, quand bon lui semble, de même Dieu, par sacrifice volontaire, affranchit le monde du joug de la loi, etc. Dès les premiers mots, on voit, ce me semble, que l'enfant est et reste *in potestate* jusqu'au temps voulu par le père qui peut le laisser ainsi indéfiniment. Si c'est le sens qu'il faut donner à ce passage, si j'ai bien saisi l'enchaînement des idées, saint Paul est tout à fait d'accord avec Gaius qui, après avoir dit que ce droit de puissance est propre aux citoyens romains, que *fere nulli alii sunt homines qui talem in filios potestatem habent*, avantage signalé par l'empereur Adrien aux aspirations de ceux qui sollicitent l'octroi du *jus civitatis*, ajoute : *Nec me præterit Galatarum gentem credere in potestate parentum liberos esse* (1). Cette *patria potestas Galatarum* pendant laquelle l'héritier du patrimoine, le fils, nous dit saint Paul, n'est pas plus qu'un esclave et n'en diffère en rien, par rapport au chef de famille, n'est-ce pas la fidèle reproduction de la *patria potestas* romaine? Et maintenant, les Galates n'étant que des Gaulois transportés en Orient par le goût d'une vie errante et belliqueuse, devons-nous penser que le droit régnant chez eux fut aussi le droit de la Gaule? Sans contester une certaine analogie, très-grande, on peut le supposer, gardons-nous d'une complète assimilation qui ne serait pas vraisemblable; car la transplantation sur le sol étranger modifie trop souvent les

1) *Gaii C.*, I § 55.

idées, les usages, pour qu'il n'y ait pas lieu de croire à de notables changements.

Quel qu'ait été le caractère primitif de la puissance paternelle en Gaule, c'est un fait avéré qu'elle se romanisa sous la domination romaine pour se germaniser ensuite après l'invasion des Francs. « Toutefois, on sent bien qu'il n'eût pas été facile de faire perdre aux vaincus l'idée d'une législation qu'ils avaient toujours respectée. Aussi les rois de la première race prirent-ils le parti d'autoriser les Gaulois à suivre le droit romain, comme ils avaient fait avant la conquête ; et de là est nécessairement résultée, parmi ces peuples, la conservation de la puissance paternelle selon les principes établis par les derniers empereurs qui avaient régné sur eux (1). » Ce respect de la loi romaine par les Francs atteste à mes yeux leurs vues pacifiques, leurs idées de conciliation, et donne raison à l'abbé Du Bos contre les paradoxes de Boulainvilliers qui n'a voulu voir dans leur établissement que force brutale et violences, que des vainqueurs opprimant des vaincus. Tout prouve, au contraire, que la plus forte pression fut la pression morale des Gallo-Romains qui, par les attraits d'une civilisation plus brillante, plus raffinée, firent à leur tour la conquête des conquérants. C'est ainsi que nous voyons les idées romaines, les principes romains s'infiltrer dans le droit barbare. Ajoutons pourtant qu'il n'y eut pas confusion, et que les Francs gardèrent le droit germanique au moins en principe et sauf tous les changements nécessités par leur situation nouvelle, tout en respectant le droit des Gallo-Romains. D'où la distinction qui dura jusqu'au Code entre nos pays de coutumes et nos pays de droit écrit. Sans doute, le midi ne fut pas impénétrable aux institutions coutumières ; le nord ne le fut pas non plus au droit romain ; mais ce dernier droit qui gardait dans le midi toute l'autorité légale, n'avait dans le nord qu'une autorité morale, et quand son influence contre-balança les influences germaniques, ce fut *imperio rationis*, mais non, comme au sud, *ratione imperii*.

(1) Merlin, *Rép. Guyot.*

Pour pouvoir esquisser à grands traits le tableau de la puissance paternelle dans nos anciennes provinces, il est indispensable de les diviser ainsi en deux catégories :

Au sud de la ligne brisée qu'on a tracée, du Mâconnais à la Saintonge, pour marquer la limite des deux droits rivaux, la puissance paternelle s'était conservée à peu près telle qu'elle était à Rome dans le dernier état du droit. Dans sa politique unitaire, envahissante, Rome a fait de constants efforts pour absorber, s'assimiler tout peuple en contact avec elle. Des Gaulois se sont installés au nord de l'Italie : sans doute, Sigonius nous les peint tout d'abord *civitatis romanæ non participes* (1) ; mais cet état de choses ne saurait durer ; la communication du droit civil s'opère ; la fusion s'accomplit, et s'accomplit si bien que la Gaule cisalpine perd jusqu'à son nom. L'Italie s'étend du Rubicon jusqu'aux Alpes, et, dit le même auteur, *Gallia in posterum provincia appellari desita est* (2).

A leur tour, les Romains sont venus s'installer au midi de la Transalpine. Pouvaient-ils, avec leurs idées de propagande, ne pas en profiter pour répandre leur droit sur le sol de notre patrie? Dans leur vaste cercle d'action, nul n'échappe à leur influence ; nul ne se soustrait à leurs lois, après la Constitution de Caracalla, qui ne fut sans doute qu'un expédient financier dans les intentions de ce monstre, mais qui fut pourtant, nous devons le reconnaître, le couronnement d'une politique intelligente. Alciat, *de Verb. signif.*, tire les conséquences de la constitution antonine au point de vue particulier qui nous occupe. Après avoir dit que la *patria potestas* est en principe un droit appartenant en propre aux citoyens romains, il ajoute : *Sed cum ex constitutione Antonini, qui in orbe Romano sunt, cives Romani effecti sint, sequitur ad omnes Christianos hodie illud pertinere. Quapropter et Francis communicatum est, qui licet regibus Germanorum, quos imperatoris titulo Romani pontifices*

---

(1) Sigonius, l. 1, ch. xxvi, *de Jure prov. Galliæ cisalp.*
(2) *Idem, de Jure Italiæ*, ch. iii.

*insigniverunt, non subsint, Romani tamen imperii et ipsi pars sunt,
eodemque jure vivunt* (1).

Curieux de voir ce qu'était devenue notre *patria potestas*
romaine sous la triple influence du droit canonique, du germanisme et de la féodalité, j'ai pris d'abord le très-volumineux
travail de Philippus Paschalius, intitulé : *de Viribus patriæ potestatis tractatus amplissimus, cui accesserunt aureæ annotationes
Francisci Mariæ Prati, advocati Napolitani.* J'y ai retrouvé notre
vieux droit quiritaire, modernisé, rajeuni, mis en harmonie avec
les besoins nouveaux, fruits des rénovations religieuses et sociales,
mais toujours le même au fond, après tout, malgré ces apparences
de métamorphose. Nous ne sommes donc pas du tout dépaysés,
et, sans croire faire une digression, nous nous permettrons de
passer d'un pas rapide sur les terres de Paschalius.

Il a divisé son livre en quatre parties, et chacune de ces parties en dix chapitres. Nous ne le suivrons pas : s'il nous fallait
refaire ces quarante étapes, ce serait à n'en pas sortir. Contentons-nous donc d'effleurer son œuvre. Allons droit au but, sans nous
égarer en d'interminables méandres où l'auteur se perd et nous
perdrait avec lui.

La première partie traite *de effectibus patriæ potestatis erga
liberos.* Entre autres effets qu'il passe en revue, l'auteur signale tout
d'abord le droit de vente accordé sur la personne de ses enfants
au chef de famille qui se trouve *necessitate coactus,* sauf l'obligation du rachat, s'il revient par hasard à meilleure fortune; puis
le droit de légitime administration des biens du fils, biens que le
père aliène au besoin, *sine decreto :* ce qu'un tuteur ne pourrait
faire. L'aliénation ainsi faite est irrévocable de la part du père,
même de la part du fils du vivant de son père, *ob reverentiam
patri debitam,* excepté lorsque le fils est émancipé; *prævaluit
enim filium emancipatum statim revocare posse bona adventitia
a patre alienata.* Mais si, de son vivant, le père n'a pas émancipé
le fils, ce dernier devra respecter tous ses contrats, ratifier ses

(1) Alciat, *de Verb. signif.,* v° *Patria potestas.*

engagements, les aliénations par lui faites; la raison en est que *heres et defunctus pro una persona reputantur, et quem de evictione tenet actio, eumdem agentem repellit exceptio.* D'ailleurs, quatre limitations à cette règle : première exception : quand le père a vendu la chose non comme sienne, mais *sine causa, administratorio nomine,* l'héritier peut faire annuler l'aliénation; deuxième exception : quand l'aliénation est nulle *ipso jure,* parce qu'elle est relative à des biens soumis à un fidéicommis; troisième exception : quand il y a plusieurs héritiers, chacun n'est tenu des actes de son auteur que proportionnellement à sa part héréditaire; quatrième exception : lorsque le fils s'est porté héritier sous bénéfice d'inventaire, il ne doit rien en dehors de la succession : *Eatenus tenetur factum defuncti approbare, quatenus de bonis hereditariis ad eum pervenerit, et non ultra.*

L'unité de personne exclut toute obligation civile entre le père et son enfant : *Inter patrem et filium,* dit Maria Pratus dans ses Annotations, *nulla cadit civilis obligatio, quia uterque pro una persona reputantur et inter obligantem et obligatum debet esse distinctio personarum;* subnectimus *rationem deductam ex* l. LXXIX, Dig., de Acquir. vel omitt. : *Placet, quotiens adquiritur per aliquem hereditas vel quid aliud ei cujus quis in potestate est, confestim adquiri ei cujus est in potestate : neque momento aliquo subsistere in persona ejus, per quem adquiritur : et sic adquiri ei cui adquiritur....* Je n'insisterai pas sur la conservation des principes fondamentaux du droit de Rome. Je ne veux signaler que des altérations, des interprétations nouvelles, indiquées par nos deux auteurs.

Le dernier vestige du *jus occidendi* du *paterfamilias* se trouve dans le droit de tuer impunément une fille adultère. C'était là encore un droit odieux, peu en harmonie avec les idées chrétiennes. Que faire donc? On le respecte en théorie, mais dans la pratique on s'arrange de façon à en paralyser à peu près l'exercice, en accumulant condition sur condition. C'est ainsi qu'il faut que le délit soit flagrant, que la mise à mort soit immédiate, que tout cela se passe au logis paternel; que la fille soit en puissance, etc. Or comme, dans la Coutume de Naples, la femme devenait *sui juris* par l'effet de son mariage, il est bien impossible de trouver un cas où le père aurait pu, dans ce dernier système, avoir l'exercice du *jus occidendi*.

Grâce au sénatus-consulte macédonien, le *filiusfamilias* ne peut, en droit commun, s'obliger par *mutuum*, mais il parait qu'on s'était longtemps demandé s'il fallait appliquer le sénatus-consulte au cas où le fils s'était fait passer pour père de famille : *Hodie*, dit Pascal, *per regiam pragmaticam, omnes contractus filiifamilias sine præsentia et consensu patris sunt nulli, non obstante falsa assertione cum juramento* ; et comme on ne saurait ratifier le néant, *filiifamilias contractus factus sine præsentia et consensu patris convalidari non potest, per subsequentem ratificationem patris.*

Soit un fils poussant la condescendance jusqu'à se rendre coupable d'un crime ou d'un délit, pour obéir aux injonctions paternelles : en pareille hypothèse, la jurisprudence s'était prononcée non pas dans le sens d'une complète impunité, mais dans le sens d'un adoucissement de peine, quelle que fût la gravité de l'inculpation. — L'injure est faite au fils et non plus par le fils ; en ce dernier cas, elle est censée faite au père, et, par suite, *pater habet jus querelandi pro injuria facta filio, etiam proprio nomine, eamque remittere potest, etiam eo ignorante vel invito.* Exception pourtant quand l'*injuria* est *atrox ; quia eam solus pater remittere non potest, nisi etiam concurrat filius ;* autre exception, quand la partie lésée est un fils de famille honorable, honoré, une *persona honesta vel titulo decorata,* tandis qu'au contraire son père serait méprisable ou méprisé (*esset vilis et abjectæ conditionis*). L'absence ou la folie du père, l'indulgence du prince, la méprise du délinquant qui croyait avoir affaire à un *sui juris,* lorsqu'il avait affaire à un fils en puissance, et l'émancipation du patient du délit, autant de circonstances qui privent le père du droit d'action ou de pardon.

La seconde partie du livre de Pascal est mise sous cette rubrique : *de Naturali obligatione qua parentes erga liberos et e con-*

verso jure sanguinis obstringuntur. On y voit, entre autres décisions juridiques, que, dans les cas exceptionnels où un procès est
possible entre fils et père, la dette d'aliments subsiste pendant la
durée des débats. Il suffit d'être, dit le texte, *in quasi possessione
filiationis*, pour avoir le droit de les réclamer. Ce devoir d'aliments est d'ailleurs réciproque : père et fils doivent s'entr'aider et
s'assister dans tous les moments difficiles, dans les temps mauvais,
rebus in arduis. La morale et la loi l'exigent.

Le *jus sanguinis* est aussi ce qui explique l'absence de formalités pour le testament *inter liberos, quibus etiam de jure naturæ
debetur parentum hereditas, et consequenter in ipsis cessat omnis
suspicio falsitatis, cum etiam ab intestato paternam hereditatem
essent habituri.*

La réciprocité des droits et des devoirs fait que l'auteur insiste
sur les devoirs du père à l'égard des enfants, devoirs moraux
trop longtemps dépourvus de sanction dans le droit de Rome.
Le père n'est pas libre de s'en affranchir. Si, pour se dérober aux
charges d'entretien et d'éducation, il met l'enfant à l'hôpital,
comme il a désavoué le fils, le fils peut désavouer le père et le tuer
non sans crime, mais sans parricide : *Filius parricidii pœnam
non incurrit, si patrem occidit qui eum posuit in hospitali, ut
aleretur.* — Que, par abus de sa *patria potestas*, un père soit
forcé d'émanciper son fils, il ne peut recouvrer sa puissance perdue, lors même qu'il offre caution : la rupture est définitive.

La troisième partie traite *de effectibus qui ex reciproquo amore
inter patrem et filium oriuntur.* — Si la piété filiale oblige le *filius*
à respecter son père et à lui obéir en toutes choses licites et
honnêtes, la piété paternelle oblige le *parens* à user d'indulgence
à l'égard des enfants qui sont sous sa puissance. Si les premiers
législateurs laissent au père le pouvoir le plus large, le plus
absolu, c'est qu'ils sont bien pénétrés de cette maxime : *Nullus
amor vincit paternum.* Depuis lors, on a reconnu que cette confiance est parfois exagérée ; la possibilité des abus a conduit à
restreindre les droits du père. Il n'a plus maintenant qu'un droit
de correction dont il doit se servir avec grande réserve, tant ce

droit est partout circonscrit, limité, sans force même envers les membres du clergé; car celui qui se permet de frapper son fils engagé dans les ordres, encourt à la fois une peine temporelle et la peine spirituelle de l'excommunication.

Enfin, la quatrième et dernière partie a pour titre: *de Effectibus naturalis unionis inter patrem et filium ita ut pro una persona reputentur.* Pascal insiste ici sur l'idée d'unité, base de l'institution romaine. Patrimoine unique entre le père et le fils, *promiscua possessio,* c'est le principe ancien d'où l'on a tiré des conséquences nouvelles. C'est ainsi qu'on avait admis que la noblesse acquise au père passe à ses enfants qui sont ses continuateurs. L'unité de personne est aussi l'origine de ce droit de représentation qui, dans la succession des fiefs, en droit français, préférait aux puînés un enfant de celui qui, sans son prédécès, serait venu par droit de primogéniture.

Le *Tractatus illustrium in utraque tum pontifici, tum Cæsarei juris facultate jurisconsultorum,* publié à Venise en l'an 1634, nous offre encore, t. VIII, II° partie, deux travaux assez étendus sur la puissance paternelle.

Le premier est le *Tractatus de patria potestate Ascanii Clementini Amerini.* Suivant nous, la puissance paternelle a trois causes: l'intérêt des parents, l'intérêt des enfants et l'intérêt public. Omettant, je ne sais trop pourquoi, la troisième, notre auteur assigne aux deux autres l'introduction de la *patria potestas: Duabus de causis,* dit-il, *introducta est, in præmium videlicet parentum et utilitatem filiorum;* seulement, à ses yeux, la deuxième cause l'aurait emporté de beaucoup sur la première dans la formation du droit y relatif: *Quod patria potestas in utilitatem filiorum reperta fuerit, satis patet ex effectibus qui ex ipsa patria potestate proficiscuntur, quorum majorem partem in utilitatem commodumque filiorum redundare videmus.* Ce portrait flatté de la *potestas* romaine conviendrait admirablement à l'institution germanique; mais, ici, je crois que, pour peindre exactement ce vieux droit quiritaire qui, malgré les progrès des idées et des temps, en dépit des tempéraments qui l'adoucirent, n'a jamais pu se défaire en totalité de sa primitive rudesse, il fallait lui donner un aspect plus sévère, moins agréable à l'œil et moins plaisant au cœur. Et voilà la raison qui fait que je proteste contre l'opinion de Clementinus. Mon opinion contraire est justement basée sur les divers effets de ce *jus paternum* que, dans ma première partie, j'ai tâché d'indiquer en différents endroits, sans prétendre du reste les énumérer : cette énumération me paraît impossible, malgré les efforts des auteurs que j'étudie en ce moment.

Le formalisme exagéré d'une méthode scolastique qui prétend tout définir, tout délimiter, tout enfermer en d'étroites formules, pousse Clementinus à mettre bout à bout toutes les déductions du principe de la puissance paternelle qui forme son point de départ. Il arrive à compter dix-sept effets possibles. C'est peu. Monticulus, l'auteur du *Commentarius de patria potestate*, le second travail relatif à mon sujet dans la collection vénitienne, Monticulus, plus heureux, en trouve trente-trois ; c'est mieux, mais est-ce encore assez ? Est-il possible ici de préciser un nombre ? Le nombre même de Sébastien Monticulus n'est-il pas dénué de toute valeur scientifique, de l'aveu même de l'auteur ? Il trahit à la fin son arrière-pensée, l'idée superstitieuse qui lui fait choisir un tel nombre et non pas un autre, lorsque, naïvement satisfait de lui-même, heureux de tenir sous sa plume un nombre *qui porte bonheur*, il s'écrie : Indiquons un trente-troisième effet, *ut numerum œtatis salutaris impleamus.* Que de mal il se donne pour arriver là, à ce chiffre qu'il veut atteindre !

D'abord, il énumère différents effets reconnus sans conteste :

1° La faculté de vendre son enfant, *ob famis necessitatem ;*

2° La défense au fils d'appeler son père en justice, *sine venia ;*

3° L'impossibilité d'agir en justice contre son fils ;

4° La transmission des acquisitions du fils au père ;

5° L'impossibilité pour le fils d'ester en justice *sine licentia patris ;*

6° L'administration des biens adventices confiée au père *invito filio ;*

. 7° La réciprocité des prestations alimentaires;

8° Le droit de revendiquer son enfant en puissance;

, 9° La remise ou commutation de peine appliquée au fils délinquant (*Excusatur in levioribus, puta si jussu patris viduam duxerit intra annum luctus. Mitius punitur in atrocioribus*).

A ces neuf effets qu'on retrouve dans Clementinus et ailleurs, Monticulus en ajoute sept autres qu'il signale comme ajoutés par Arétin :

10° L'acquisition par le père de l'hérédité déférée au fils *infans*;

11° L'incapacité pour le fils de s'obliger *ex voto* et *ex mutuo*;

12° Son incapacité de faire un testament, *etiam consensu patris*;

13° Son incapacité de faire une donation à cause de mort, *nisi consensu patris*;

14° Le droit de correction pour le père, abstraction faite de l'antique *facultas necandi, atrociterque verberandi*;

15° La nécessité du consentement du père pour le mariage des enfants, *ne avo invito suus heres agnascatur*;

16° L'absence de tutelle, *nisi pater sit nequam, aut dissipator*.

Enfin, viennent dix-sept effets que l'auteur n'emprunte à personne, qu'il tire de son propre fonds, pour parfaire la somme voulue :

17° La distinction entre les pécules, propres aux *alieni juris* et la *substantia*, l'avoir propre aux *sui juris*;

18° L'immédiate acquisition par le fils qui naît en légitime mariage, de la noblesse, du nom et de la famille de son père;

19° L'invalidité du témoignage domestique entre père et fils;

20° La communauté d'intérêts d'où il résulte que : *patri per filium fit injuria*;

21° La participation du père et de la fille à l'action dotale;

22° La réserve des droits du père, quant à la dot profectice, malgré la déchéance de sa fille indigne, *propter adulterium, vel aliam culpam;*

23° L'obligation pour le père de doter encore la fille innocente de la perte de sa dot;

24° La *collatio* légale entre enfants *in potestate;*

25° La défense de faire une donation à son fils en puissance;

26° L'obligation alimentaire qui pèse sur le père à l'égard de ses enfants et de leurs conjoints, *cum et jure veteri uxor transiret in manum familiamque viri aut ejus in cujus potestate vir erat;*

27° L'obligation pour le père dissipateur, s'il y a péril en la demeure, d'assigner immédiatement à ses enfants une légitime, *aut saltem portiuncula bonorum*, bien qu'en principe, abstraction faite de la dot et des aliments, les enfants ne puissent rien exiger du père;

28° L'obligation, pour le fils né des justes noces, de respecter le droit de garde de son père, en restant près de lui, tant qu'il est en puissance;

29° La faculté de faire adition l'un sans l'autre, lorsque l'un ou l'autre, le père ou le fils, ne veut pas de l'hérédité;

30° L'espèce de solidarité admise dans le droit des fiefs, qui rend le fils victime des fautes du père;

31° La faculté de faire choix pour son enfant d'un tuteur dont l'élection sera confirmée, s'il n'est évidemment suspect.

32° La responsabilité du père étendue aux actes du fils en puissance qu'il a laissé nommer, sans contradiction, à des fonctions publiques.

33° Enfin, la qualité d'héritiers siens qu'ont les fils à la mort du père de famille.

Si j'ai cru bon d'insister sur ces *effectus*, nombrés par nos auteurs, mais en fait innombrables, d'une institution plus de vingt fois séculaire, c'est qu'on a prétendu qu'elle avait envahi insensiblement toute notre vieille Gaule, qu'elle avait vaincu les vainqueurs et s'était imposée même à la race franque. *Leges nostræ in Gallia*, dit Clementinus, *sunt de voluntate regum receptæ non ob auctoritatem seu potestatem, sed propter rationem.* Merlin se fait l'apôtre de cette doctrine, et, pour soutenir qu'à cet égard la Gaule s'était entièrement romanisée, il signale certains effets dont l'origine est évidemment dans le droit romain et non dans le droit germanique, par exemple, ce droit de vente *ob inopiam*, que, d'après le Glossaire du droit français, on pratiquait encore dans notre patrie sous la seconde race de nos rois ; la faculté de disposer de ses enfants d'une façon définitive, irrévocable, en les vouant, dès le ventre de leur mère, à la profession monastique, usage conservé jusqu'au xiiie siècle, d'après les notes de Baluse sur Salvien ; l'exclusion de la succession *ab intestat* résultant encore, du temps de Charles VI, d'une émancipation, d'après la décision 236 de Jean Des Marres, suivant les principes de l'ancien droit romain ; l'usufruit paternel sur les biens des enfants toujours admis, suivant cette autre décision du même Jean Des Marres qui porte que quand un parent fait une donation à *aucun étant en puissance*, le père du donataire n'y a ni propriété, ni usufruit, exception qui ne fait que confirmer la règle établie en ces termes au *Grand Coutumier :* « Un laiz ou don qui est fait à mon enfant étant en ma puissance vient à mon profit, au cas toutefois que le don ou laiz ne seroit causé, comme de dire pour apprendre à l'école, ou pour le marier, et encore, si la cause cessoit, le dit laiz ou don reviendroit à moi par la Coutume de la prévôté de Paris (1). »

Sans nier la force d'expansion du droit romain, je tiens pour certain que le *mundium* germanique eut, dès l'origine, assez de vitalité pour lutter avec avantage contre une *patria potestas* égoïste, et, par cet égoïsme même, antipathique aux instincts généreux et désintéressés de notre noble race. Je sais qu'à notre théorie on pourrait opposer des faits. Ainsi, pour prouver que, sous les premiers rois francs, le pouvoir du *parens* était discrétionnaire, allant jusqu'au droit de vie et de mort, on pourrait alléguer un exemple cité par Pierre Grégoire dans son *Syntagma* : *Ingrati-*

____

(1) *Grand Coutumier*, l. II.

ludinem et rebellionem vel contumaciam filii Grannii Clotharius I,
Clodovei filius, igne et ferro prosecutus est, et eum superatum
exercitu, scamno, cum uxore et eorum liberis, per lictorem alli-
gato, exuri jussit, ut ait Gaguinus.... Mais, au fond, qu'est-ce que
cela prouve? Pouvons-nous y voir, en conscience, le jeu régulier
d'une institution? N'est-ce pas plutôt l'application de la maxime
autocratique : Si veut le roi, si veut la loi?

Que si, du *jus occidendi* nous passons au *jus vendendi,* nous
voyons la vente interdite au cas où elle était encore tolérée suivant
les principes romains, je veux dire au cas d'indigence. J'ai trouvé
un capitulaire de Charles le Chauve (864) contre ceux qui vendent
leurs enfants, *propter inopiam.* La faute est punie par amende :
Emptor si quinque solidis emit, sex recipiat ; si decem, duodecim
solidos similiter recipiat : aut si amplius, secundum suprascrip-
tam rationem augmentum pretii consequatur.

On le voit donc, on s'écarte de plus en plus des doctrines du
droit de Rome. Grâce à ces tendances nouvelles, Accurse a pu
dire, à bon droit, que de son temps les enfants sont comme
affranchis de la puissance paternelle : *Aliæ vero gentes quædam,*
ut servos tenent filios, ut Sclavi, aliæ ut prorsus absolutos, ut
Francigenæ (1); et maître Michel qui, l'an 1292, translata en
français les Institutions de Justinien, a pu omettre de traduire le
titre *de Patria potestate* et le remplacer par cet autre : *Des*
enfants qui sont en bail et de ceux qui en peuvent être hors.
Grâce à ces progrès enfin, Loysel a pu dire : « Droit de puissance
paternelle n'a lieu. » Seulement, Laurière n'a pas bien saisi le
vrai sens de cette maxime. « Elle ne veut pas dire qu'en France
les pères n'ont aucune autorité sur la personne et les biens de
leurs enfants, mais seulement que la puissance paternelle, telle
que l'entendaient les Romains, la *patria potestas,* n'existait point
en France (2). » Certains sont effrayés de sa disparition. Victime
des idées nouvelles et du peu d'égards qu'on a pour le droit des

(1) Accurse, sous le titre des Instit. *de Patria potest.*

(2) M Laboulaye, *Condit. des femmes.*

pères contre lequel même les passions religieuses lui paraissent coalisées, Pierre Ayrault fait de la puissance paternelle à son époque le tableau suivant :

Paterna auctoritas, si quæ est hodie, sic ab ea descivit, quam sive Deus, sive natura ipsa, sive jus gentium, sive leges præscripsere ab initio : et propterea descivit, quia nescio quo pacto pietatem a religione sejungimus : ut inter Christianos nihil jam plane patrium sit, nisi appellatio sola atque denominatio patris.... Il suit la progression de cette décadence : *Initio*, dit-il, *licebat sine exceptione filium interficere; postea, non nisi consilio adhibito. Rursus, non inauditum, denique non judicio domestico, sed per magistratum. Imo vero tandem jus illud extremum evanuit prorsus....* Que reste-t-il donc au *parens* de ses antiques priviléges ? *Auctoritas domestica hodie vix in umbra et imagine consistit.... Jam diu abrogata est contrario usu summa vitæ ac necis potestas illa. Nec ultra est pignori aut venditioni locus, exheredationi ne vix quidem. Quicquid acquirit filius, sibi hodie acquirit : non patri. In jus vocat, accusat sine venia. Denique (ut aiunt) ea religio nunc est ea traditio Ecclesiæ : filium, quamlibet vitam instituat, nubat aut monasticam voveat, posse ista omnia spreto, invitoque patre.* Il s'exprime ainsi dans son livre où dans son plaidoyer *de Patrio jure ad filium pseudo-jesuitam*. Avec quel art, dans ces pages touchantes, il cherche à ramener à lui l'enfant qu'il a perdu, son *filium furtivum*, la part de son cœur qu'on lui a ravie ! Avec quelle énergie de pensée il exprime l'idée qu'il se fait de ces liens indissolubles que rien ne saurait rompre entre un père et son fils ! *Filius, os ex ossibus, caro ex carne est penitus. Una et eadem persona est cum patre : ejusdem substantiæ, ejusdem corporis et animi quasi delibatio quædam : quo fit ut nihil possit extrinsecus accidere, quin filius perpetuo sit filius : jus sanguinis nunquam immutatur....* Et cependant ce droit du sang est méconnu, est foulé aux pieds par les hommes. Ayrault en souffre et en gémit. Respectons la douleur du père ; nous la comprenons, mais nous ne comprenons pas son engouement pour un ancien état de choses

qui sans doute est la cause indirecte et lointaine des malheurs
présents dont son cœur est affligé, malheurs dus, je le crois, à
l'exagération du principe d'autorité, passée tout d'abord de la
famille à l'État, et puis de l'État à l'Église. C'est cette filiation
d'idées qu'Ayrault me paraît ici ne pas bien saisir. Sa pénétration
d'esprit habituelle me semble lui faire défaut. On dirait que les
pleurs qui lui troublent la vue l'empêchent de voir, près de la
famille romaine, la famille des temps anciens, pure conception
de l'intelligence, abstraction juridique trop souvent réduite aux
proportions d'un moyen gouvernemental, d'un rouage adminis-
tratif, d'un instrument d'absolutisme, grandir la famille des temps
modernes, la famille régénérée, la famille qui se souvient de son
institution divine, et dont les lois enfin, dictées par la conscience,
fondent l'honneur de la maison sur l'honneur et la dignité de
chaque membre, non, comme en droit romain, sur le respect d'un
seul. Sans doute, issue des fôrets de la Germanie, libre d'instincts, un peu sauvage, la famille nouvelle avait si grand besoin
de se civiliser, de se perfectionner, qu'au xvie siècle encore, on
pouvait ne pas croire que la dernière venue supplanterait un jour
sa puissante rivale, cette *familia* romaine entourée de si nom-
breux adorateurs. Pourtant on a brisé l'idole du passé, et si celle
du présent paraît moins vénérée, c'est qu'hélas ! le respect s'en va,
mais cela ne prouve pas qu'elle soit moins respectable et moins
digne d'admiration que son illustre devancière. Pour ma part, je
l'aime et l'admire, parce qu'elle répond, dans nos Codes, aux
plus légitimes aspirations, parce qu'elle répond aux besoins
d'équité, de justice distributive innés dans la conscience humaine.
Mais n'anticipons pas sur les événements et, avant de voir dans
les lois qui nous régissent son complet épanouissement, voyons
un peu sa formation dans les Coutumes.

Chargé de présenter au Corps législatif le vœu du Tribunat sur
la loi relative à la puissance paternelle, le tribun Albisson, après
s'être étendu sur les vices du droit de Rome, passe à l'examen
des pays dits coutumiers, et avec dépit y constate presque autant
de divagations que de coutumes différentes sur un point aussi

important. « Comment, dit-il, aurait-on obtenu à cet égard quelque
chose de cohérent et de coordonné, du bouleversement que firent
dans les droits des individus et dans la consistance des familles,
ces siècles de barbarie où la violence féodale, imposant silence
aux lois et à la raison, et méconnaissant tout autre droit que celui
du plus fort, asservit les corps et les esprits sous le despotisme
avilissant du caprice et des volontés arbitraires du moindre
châtelain qui pouvait compter quelques centaines d'hommes sur
son territoire usurpé, et les ranger sous sa bannière? Quelles
lumières attendre des débris d'un tel désordre?... » Albisson
épaissit, ce me semble, à plaisir les ténèbres du moyen âge. La
passion aidant, il voit tout en noir et, dans le chaos de ces temps,
il ne voit pas le lumignon qui fume encore, prêt à se rallumer, à
briller de nouveau au moindre souffle favorable. Ah ! combien je
préfère à cet aveuglement l'intuition rationnelle de M. Guizot
qui, n'oubliant pas que Justice et Vérité sont de leur essence
immortelles, les cherche et les retrouve parfois bien meurtries,
mais en tout cas vivantes sous les décombres du passé. J'extrais
d'une de ses leçons le jugement qu'il porte sur la même époque :
« L'importance des enfants, du fils aîné entre autres, fut plus
grande dans la maison féodale que partout ailleurs ... Le fils aîné
du seigneur était, aux yeux de son père et de tous les siens, un
prince, un héritier présomptif, le dépositaire de la gloire d'une
dynastie. En sorte que les faiblesses comme les bons sentiments,
l'orgueil domestique comme l'affection, se réunissaient pour donner
à l'esprit de famille beaucoup d'énergie et de puissance. Ajoutez
à cela l'empire des idées chrétiennes, et vous comprendrez comment
cette vie de château, cette situation solitaire, sombre, dure, a pourtant été favorable au développement de la vie domestique (1).... »

Infatigable laboureur, le progrès s'avance à pas comptés, mais
il marche, en tout temps, sans se rebuter ; il laisse sur sa trace
un lumineux sillon qui, souvent recouvert par les éboulements
d'une glèbe noirâtre, recèle dans son sein les germes précieux de

____

(1) M. Guizot, *Histoire de la civilisation en France*, t. III, 5e leçon.

l'institution dont la cime majestueuse charme les regards d'Albisson. Mais quand, comment se sont développés ces germes ? Albisson semble croire que c'est tout d'un coup, comme par un miracle de l'esprit nouveau, de l'esprit révolutionnaire. A cette idée empreinte d'exagération, j'ai opposé l'idée d'un homme peu suspect de partialité à l'égard du moyen âge, mais aussi bien capable de sonder les mystères de la génération des lois, grâce à la pénétration de son grand esprit. Avec lui, je vois la féodalité même servir la cause que nous défendons.

Cette cause ne sera plus abandonnée ; mais il s'en faut bien que les diverses coutumes lui prêtent un égal concours. L'esprit rétrograde ou du moins conservateur de certaines Coutumes (Auvergne, Bourbonnais, Rheims, Berry, etc.) fait contraste avec les tendances progressistes de la Coutume de Paris que le plus grand nombre suivait dans cette voie. Dans les premières, les pères ont la même puissance sur les enfants qui ne sont pas émancipés, que dans les pays de droit écrit ; dans les dernières, au contraire, les pères n'ont guère plus de pouvoir sur leurs enfants que les tuteurs sur leurs pupilles (1). Mais un point commun, c'est que toutes les coutumes limitent la durée de cette *potestas*. Les plus germaniques lui donnent pour terme la majorité des enfants, c'est-à-dire l'âge où la protection du père cesse à la rigueur de leur être indispensable ; et les plus romaines ne la prolongent pas au delà de la mort du père ou de la mère ; car alors c'est le cas de la garde, et du bail et de la tutelle dative. Que devient, avec toutes ces limitations, la *patria potestas* absolue de Rome ? Elle est si rétrécie dans son application qu'il est permis de dire d'elle : *Quod jus apud nos exolevit, aut a Francis sublatum aut sensim desuefactum* (2).... Et bien certainement il existe, en ce sens, un courant d'idées non interrompu, une tradition permanente depuis la fondation de la monarchie franque.

« On ne doit trouver étrange, dit Bacquet, si la puissance pater-

---

(1) Argou, *Institut. au droit français.*
(2) Connani, *Comm. jur. civ.*

nelle n'est reçue en France, attendu que le royaume de France n'est point sujet à l'empire romain, et ne dépend aucunement d'iceluy. Tellement que l'émancipation de laquelle aucuns usent en la Coutume de Paris, n'est qu'une ombre, vestige et figure de l'antiquité, faicte pour plus grande asseurance et seureté (1). » C'était par routine et non par nécessité qu'un père, qui voulait intenter un procès au nom d'un sien enfant mineur, déclarait en justice qu'il l'émancipait, le mettait hors de sa puissance ; c'était mal à propos que certains qui voulaient gratifier leurs enfants, ne croyaient pouvoir faire de donations valables sans le préalable de l'émancipation : émancipé ou non, le fils était capable aussitôt qu'il était majeur, et cela dans nos plus importantes Coutumes (Paris, Orléans, Normandie, etc.). Mineur, le fils était, vis-à-vis de son père, comme un pupille vis-à-vis de son tuteur.

Grâce à cette façon d'envisager les choses, l'enfant est relevé de son incapacité par une *auctoritas patris* assimilable à l'*auctoritas tutoris;* il peut, de la sorte, ester en justice et s'obliger valablement. Il ne le pourrait s'il n'était habilité ; son acte alors serait nul et de nul effet, même après la puissance finie (2). « Et est bien raison, dit Coquille, que la nullité demeure... pour ce que, lors du contrat, l'infirmité de jugement pour le bas âge du mineur y étoit (3). »

On annule aussi, dans la plupart des Coutumes, les aliénations que font les pères des biens de leurs enfants sans y être autorisés par décret de justice, et sans remplir les autres formalités requises de la part des tuteurs et curateurs. La légitime ou loyale administration ne fait même plus toujours acquérir au père l'usufruit du bien de ses enfants. « En ce pays, dit encore Coquille (Cout. de Nivernais), nous ne pratiquons ce gain de fruits et tenons le père comme tuteur.... » Il est vrai cependant que certaines Coutumes avaient adopté la disposition du droit romain quant à l'usufruit des

(1) Bacquet, *Traité des droits de justice.*
(2) Berry, t. I, art. 11, 16, 17.
(3) Coquille, *Institut. au droit français.*

biens adventices (*sic*, Reims, art. 8 ; Berry, t. I, art. 22). Mais Ferrière pense que, dans les Coutumes muettes, le père ne gagne point les fruits des héritages donnés à son fils, ou qui lui appartiennent, de quelque côté que ce soit, si ce n'est en vertu de la garde. Ainsi jugé par le parlement de Paris. — Il faut donc avoir soin de ne pas attribuer à la puissance paternelle les effets lucratifs de la garde ou du bail.

L'efficacité des donations variait aussi suivant les Coutumes : en général, le père, en pays coutumier, n'a pas pouvoir de révoquer les donations dont il a gratifié ses enfants en puissance ; et cependant ces donations sont révocables sous les Coutumes de Berry (VII, 5) et de Poitou (222).

Enfin, quant au droit de tester, les diversités étaient si nombreuses que, pour mettre un peu d'ordre dans cette matière, Merlin croit devoir distinguer à cet égard cinq catégories de Coutumes, les unes accordant expressément au fils la faculté de disposer par testament (Poitou, Angoumois, etc.) ; d'autres la lui refusant en termes formels (Liége, Berry, etc.) ; d'autres disant vaguement qu'il faut, pour tester, être libre, de condition franche ou maître de ses droits (Lille, Douai, etc.) ; d'autres permettant au fils de tester, mais dans certains cas ou pour certains biens seulement (Bayonne, Bretagne, etc.) ; d'autres enfin gardant un silence absolu (Paris, Orléans, etc.). En ce dernier cas, on devait avoir égard au caractère général de la Coutume, à ses principes plus ou moins en divergence avec les principes du droit romain. Si la Coutume était décidément hostile à la *patria potestas*, on ne pouvait décemment faire dépendre d'une vaine formalité, d'une émancipation réputée sans valeur, la validité contestée du testament.

Mais il y avait bien d'autres causes de contestations, d'hésitations, de tâtonnements juridiques : la plupart des Coutumes sont muettes sur le fait même de la puissance paternelle (1). Cela ne laissait pas que d'être embarrassant en mainte et mainte circon-

(1) Klimrath, *Travaux sur l'histoire du droit français.*

stance. Telle et telle Coutume ayant conservé l'image affaiblie de la *potestas* romaine, certains auteurs, entre autres le président Bouhier et Bretonnier sur Henrys, en ont conclu qu'il n'y avait au fond, dans les Coutumes muettes, qu'une restriction et non une abrogation, et que cette puissance ayant été reçue même en nos pays coutumiers, on devait la considérer comme en vigueur, à défaut de dispositions prohibitives. Cette théorie était trop contraire aux faits pour ne pas paraître choquante ; on inclinait plutôt vers l'opinion contraire, mais, en définitive, la plupart du temps, on jugeait sur des apparences : rien de précis, rien de défini dans le droit.

Pour trancher la question et lever tous les doutes, les législateurs de 1792 ont eu recours à une abrogation formelle, mais, en fait, il n'y avait rien à abroger : l'œuvre de destruction s'était accomplie lentement, sûrement, dans la conscience publique. Le xviiie siècle était passé par là, et, soufflant sur les cendres du vieil édifice pulvérisé par ses hardis démolisseurs, l'esprit nouveau les avait dispersées. Bienfait suivant les uns, méfait suivant les autres, son acte demandait une constatation : d'où l'attestation légale qu'un décret, adopté sans discussion, lui donne. Point de rapport spécial, rien qu'un simple incident produit à l'improviste au milieu des amendements soulevés par un projet de décret sur les successions, que le rapporteur du comité de législation venait de lire. Un membre ayant alors l'idée de proposer l'abolition de la puissance paternelle, l'Assemblée nationale décrète « que les majeurs ne seront plus soumis à la puissance paternelle ; elle ne s'étendra que sur les personnes des mineurs. » (28 Août 1792.)

Déjà, deux ans auparavant, la loi du 16 août 1790 avait déplacé le pouvoir domestique en interposant, entre le père et le fils, des tiers pour contrôler leurs actes et pour juger leurs différends. « Pleine de défiance contre l'autorité paternelle, cette loi, dit M. Oscar Devallée, n'accorde au père qu'un droit de plainte au tribunal de la famille assemblée, s'il a contre son fils les sujets de mécontentement les plus graves ; on traite le pou-

voir domestique comme le pouvoir politique, on lui donne des
contre-poids ; on en fait un gouvernement constitutionnel dans
lequel le tribunal de la famille juge et décide entre le père qui se
plaint et l'enfant qui résiste (1)!... » L'autorité paternelle, en changeant de mains, échappe à ses légitimes dépositaires. En effet,
de qui se compose ce tribunal de *propinqui?* De membres désignés
par la voie de l'élection. Or, comme un auteur le fait remarquer (2), ce système d'élection, si conforme aux principes d'égalité civile, ne convient pas à la société domestique dont les chefs
sont constamment désignés par la nature. Enfin, trop souvent désintéressés dans les diverses questions qui leur sont soumises, les
membres du conseil ont tant de répugnance à s'acquitter de leurs
fonctions, que, pour triompher d'une telle indifférence, il faut l'in-
trusion d'une autorité légale, l'immixtion d'un élément étranger,
l'intervention des juges de paix qui, de cette façon, se trouvent
investis de l'autorité paternelle! Un tel état de choses ne pouvait
durer, et cette institution boiteuse est supprimée (9 ventôse
an IV). C'était, à nos yeux, un système transitoire, une loi d'équi-
libre, de pondération qui n'avait plus réellement sa raison d'être
après la loi de 1792.

Cette dernière loi clôt l'ère des transactions, des ménagements,
des demi-mesures. Voyez depuis lors quel acharnement on
apporte dans les réformes. On pousse jusqu'au fanatisme l'horreur pour ce qui a été, l'engouement pour ce qui doit être.
On vient d'abolir la puissance paternelle en réservant pourtant
l'autorité du père sur la personne de l'enfant mineur. Cette
réserve est-elle donc exorbitante? Aurait-on dû ne pas la faire?
Y avait-il lieu de s'en repentir? On le croirait, en voyant quelle
hâte on met à promulguer le décret qui abaisse la majorité de
vingt-cinq à vingt et un ans (20 septembre 1792). En faisant
sonner l'heure de l'indépendance quatre ans plus tôt, on diminue
d'autant l'autorité du père, qu'on cherche à battre en brèche et

(1) M. Devallée, *Revue de législ.*, 1852, t. II.
(2) Nougarède, *Essais sur la puiss. patern.*

réduire à néant de toutes les manières. C'est ainsi qu'on supprime la nécessité du consentement des père et mère pour le mariage des majeurs de vingt et un ans. Mais cet enfant, qui de lui-même se marie, ne doit-il pas au moins consulter ses parents? Non, le décret n'exige pas même de lui cette marque de déférence, et le dispense de tout acte respectueux 20-25 septembre 1792).

L'indépendance du fils de famille est complète, même sous le rapport des biens. « La nature, dit Mirabeau, a donné aux enfants des droits incontestables à la succession de leurs pères, et l'égalité de leurs droits dérive de l'égalité de leur naissance. » Un système successoral est fondé sur cette donnée. On abolit, et c'est justice, les droits de primogéniture; mais, de plus, poussant le principe égalitaire jusqu'à sa dernière rigueur, on enlève aux père et mère le droit de disposer d'une partie quelconque de *leurs biens* en faveur de celui de leurs enfants dont ils auraient eu le plus à se louer (1); on les prive du droit de déshériter ceux dont ils auraient eu le plus à se plaindre. A cet égard, le tribunal de cassation avait proposé d'admettre la possibilité de l'exhérédation : 1° en cas de violence ou d'outrage commis par l'enfant à l'égard de ses parents; 2° en cas d'action criminelle ou correctionnelle qu'il aurait intentée contre eux; 3° en cas de mariage par lui contracté sans le consentement de ses père et mère, avant l'âge de vingt-cinq ans; 4° enfin, en cas de condamnation pour crime encourue par l'enfant; mais en vain Maleville défendit cette restriction; en vain encore on essaya d'y suppléer par l'établissement de ce qu'on a nommé la *disposition officieuse*, permettant de réduire par testament l'enfant dissipateur au simple usufruit de sa part héréditaire. Laisser au père le droit d'exhérédation ou même lui laisser certaine latitude dans la répartition des biens, c'eût été prolonger jusqu'à un certain point l'état de dépendance des fils de famille, et c'est ce qu'on ne voulait pas.

Voulait-on du moins sincèrement respecter une autorité paternelle ainsi restreinte, ainsi réduite à sa plus simple expression?

(1) L. du 17 nivôse an II.

On pourrait en douter quand on voit les bâtards mis au même rang que les enfants légitimes (1) ; on dirait que la *légitimité* fait peur au sein même de la famille. Coalisées contre elle, les lois et les mœurs paraissent prendre à tâche de favoriser les unions et les naissances irrégulières. Qu'on lise le décret des 28 juin-8 juillet 1793, § 2, et qu'on me dise si, dans les prétendus droits octroyés art. 3, 4, 5, 7, aux filles-mères, il n'y a pas l'affligeante consécration d'une doctrine anti-sociale. Je le veux, c'était un moyen d'éviter des infanticides, mais c'était avant tout un moyen subversif. Je n'y saurais voir une œuvre de bienfaisance. Un droit civil ne saurait correspondre au devoir moral de la charité.

Quelle que fût la pensée du législateur, en lui supposant les intentions les meilleures, sa tolérance exagérée n'était point faite pour mettre un frein aux mauvaises passions. Aussi voyons-nous cette contagion morale opérer d'effrayants progrès. A l'appui, mentionnons une lettre émanée du Ministère de l'intérieur, à la date du 29 vendémiaire an IX, lettre aux délégués des départements, d'après laquelle le nombre des enfants exposés excède annuellement celui des défenseurs de la patrie, dévorés par une guerre aussi sanglante que glorieuse. C'est un pressant appel aux secours, aux lumières ; et rien ne prouve mieux l'étendue du fléau que la consultation de tant de médecins *sur ce qu'il y aurait à faire*. Donc le mal était grand, et le remède urgent. Par bonheur, on était à l'œuvre. Des hommes bien intentionnés, bien inspirés, élaboraient déjà divers projets de loi qui devaient bientôt nous donner un code unique, instrument de réparation, de régénération sociale, levier puissant qui, soulevant le monde et le dégageant du chaos législatif où le bien, le mal, l'iniquité, la justice, s'entre-choquaient dans un pêle-mêle impossible, lui communique enfin la force ascensionnelle, le vigoureux élan, l'énergique impulsion vers les régions sereines de l'éternelle vérité, du droit suprême, sublimes hauteurs loin de ces bourbiers fangeux où les passions humaines l'avaient fait descendre.

(1) L. du 12 brumaire an II.

CHAPITRE II.

CE QU'EST AUJOURD'HUI LA PUISSANCE PATERNELLE ET COMMENT ELLE S'ACQUIERT.

Il n'y a peut-être pas, dans tout le Code civil, d'articles en butte à plus de récriminations, d'objections, de plaintes amères, que ceux qui règlent la société domestique de manière à conformer aux besoins nouveaux ce qu'on nomme encore la puissance paternelle ; et ces plaintes, ces objections, ne cesseront de se produire tant que, parmi les plus nobles intelligences, la femme de Lot aura des imitateurs qui, comme elle, au risque de partager son sort, regardent en arrière un passé qui s'écroule, tandis que des intelligences moins rétives marchent résolûment dans la voie du progrès. Les rédacteurs de notre Code avaient le choix entre la résistance aux tendances nouvelles et la satisfaction des idées progressistes ; c'est ce dernier parti qu'ils ont cru devoir prendre ; ils nous ont ainsi donné des institutions non parfaites, mais perfectibles, vivantes en un mot, car, qu'est-ce que la vie, si ce n'est une incessante transformation, insensible souvent, mais toujours continue ? Et, pour ne parler que du point qui nous occupe, on les calomnie lorsqu'on vient leur reprocher d'avoir, en quelque sorte, privé de son chef ou décapité la famille, comme une victime immolée sur l'autel de l'égalité. Les passions trop violentes s'étaient bien calmées, lorsqu'ils firent leur grand ouvrage. Aussi ce fut une œuvre de modération, une œuvre éminemment pratique où, Dieu merci, nous ne voyons aucune trace d'entraînements ou d'excès révolutionnaires. « C'est l'honneur des auteurs du Code Napoléon d'avoir les premiers fondé sur ses véritables bases la puissance paternelle, et de lui avoir restitué son caractère naturel, son caractère de bienfaisante protection, en évitant le double écueil d'une excessive sévérité et d'une trop grande faiblesse. » Qui parle ainsi? C'est M. Demolombe. On peut s'en rapporter à lui.

Tous sont loin cependant d'admirer, comme nous, un si sage libéralisme. L'école absolutiste l'a toujours frondé comme incompatible avec les principes qu'elle a de tout temps professés. Cette école, en effet, eut toujours pour maxime : *A Deo rex, a rege lex.* Partout l'autorité et partout l'unité dans l'État et dans la famille. Dans la famille et dans l'État, qu'un seul commande et que tout le reste obéisse. Sauf ceux que Dieu choisit pour ses délégataires, tous les hommes sont nés pour être des *sujets* : qu'on les assujettisse donc dès leur naissance pour leur apprendre de bonne heure à obéir. Voilà l'idéal de la doctrine unitaire qui, parmi ses plus illustres représentants, compte Bossuet et M. de Bonald. Écoutons ce dernier, voyons comment il parle en son ouvrage intitulé *Législation primitive considérée dans les derniers temps par les seules lumières de la raison...* de *ma* raison, devrait-il dire, ce me semble ; le *la* dont il use est par trop ambitieux. Sa raison n'est pas la raison universelle. Quoi qu'il en soit, prêtons l'oreille à ses discours. « La société domestique est formée de trois personnes, père, mère, enfant, unies par les rapports sociaux ou généraux de pouvoir, de ministre et de sujet qui sont les mêmes que les relations universelles ou rationnelles de cause, de moyen et d'effet. Le pouvoir est un, fort de sexe et d'âge, indépendant, immuable et même il peut survivre à l'homme jusqu'à être perpétuel dans ses dernières volontés et ses dispositions testamentaires. Le père de famille a le pouvoir de manifester sa volonté par des lois ou ordres, et de les faire exécuter....

« Le père de famille sera *honoré*, c'est-à-dire aimé et respecté, et ses volontés obéies comme celles de Dieu, dont son pouvoir émane....

« La mère de famille participe du pouvoir domestique dont elle est l'agent nécessaire ou le moyen naturel. Son autorité est non égale, mais semblable à celle de son époux, et lui est subordonnée....

« Les enfants n'ont dans la famille que des devoirs à remplir, et ils sont toujours mineurs ou *sujets* dans la famille, même alors qu'ils sont majeurs dans l'État (1).... »

J'ai sous les yeux un livre de la même époque, et je puis ajouter de la même couleur. C'est un essai sur l'histoire de la puissance paternelle par André Nougarède, en réponse à la question proposée par l'Institut national, pour le concours du 15 nivôse an IX : « Quelles doivent être, dans une république bien constituée, l'étendue et les limites du pouvoir du père de famille? » L'auteur de ce travail, qui, m'apprend la préface, fut distingué par l'Institut, fait de l'institution romaine un portrait trop flatteur pour être ressemblant. Dans son émerveillement, il va jusqu'à dire que les familles romaines offrent le tableau touchant de cette communauté de biens si fameuse dans les premiers siècles de l'Église chrétienne.

Malgré la témérité de leurs assertions, je suis loin cependant de condamner ces hommes qui, pénétrés d'horreur pour l'affreuse anarchie qu'ils ont vue de près, sentent la nécessité de mesures réparatrices, et la sentent assez vivement pour tout sacrifier à la restauration d'une autorité stable et régulière, d'une garantie de paix dans l'État, de bon ordre dans les familles. On comprend tout, même les exagérations, en de semblables circonstances ; mais les temps sont changés. Nous pouvons aujourd'hui, sans scrupule, sans réticence, féliciter le Code d'avoir consacré sur ce point les idées modernes. Une longue et satisfaisante expérience semble avoir rendu la défiance hors de saison. Il semble que notre optimisme aurait dû s'imposer à tous les bons esprits. Quelques-uns, cependant, regrettent encore qu'on se soit écarté des anciens errements. A côté des apologistes du présent, pour qui

______

(1) De Bonald, *Législ. primit.*, t. II, ch. VII.

la loi dont je m'occupe est œuvre pie, nous avons des apologistes
du passé aux yeux de qui notre puissance paternelle n'est
qu'une suprême et malheureuse impuissance. N'en mentionnons
que deux, car il faut nous restreindre.

Dans un article de la *Revue de droit français et étranger,*
M. Blanchet se met au rang des mécontents : « Loin de moi, dit-
il, d'approuver ni la juridiction ecclésiastique, ni la féodalité,
ni le droit d'aînesse ; mais toutes ces choses faisaient corps
en quelque sorte avec la puissance paternelle. La chute des
unes a entraîné la chute de l'autre. » Et c'est cette dernière chute
qu'il déplore, tout en reconnaissant que la stricte logique ne
pouvait manquer d'abolir toute inégalité dans le sein des familles,
quand on rétablissait l'égalité partout. Quoi qu'il en soit, cette
inexorable logique choque l'auteur à plus d'un titre. Il croit fermement, avec Maleville, qu'il importe fort de donner un grand ressort à la puissance paternelle, parce que c'est d'elle que dépendent
principalement la conservation des mœurs et le maintien de la
tranquillité publique. Il s'assimile en quelque sorte ces réflexions
du tribunal d'appel de Montpellier : « La puissance paternelle est
dans la famille ce que le gouvernement est dans la société ; l'une
gouverne par les mœurs et l'autre par les lois. Si le maintien de
l'ordre social dépend de la force du gouvernement, le maintien
de l'ordre domestique tient à l'efficacité de la puissance paternelle,
et comme l'État n'est que la réunion des familles, il ne peut être
heureux et tranquille qu'autant que les familles particulières le
sont aussi. » Puis, il constate avec dépit que la loi de l'an XI ne
va pas plus loin que le programme adopté sous la présidence
de Robespierre.

Quel était ce programme ? Si l'on se reporte à la séance du
26 août 1793, on y voit adopter la rédaction suivante : « L'enfant *mineur* est placé, par la nature et par la loi, sous la surveillance et la protection de son père et de sa mère. Le soin de son
éducation leur appartient ; ils ne peuvent en être privés que dans
les cas et pour les causes que la loi détermine. » Maintenant, le
projet de la commission du gouvernement, présenté en l'an VIII,

portait : « La puissance paternelle est un droit fondé sur la nature et confirmé par la loi qui donne au père et à la mère la surveillance de la personne et l'administration des biens de leurs enfants mineurs et non émancipés par le mariage. » La rédaction de l'art. 372 rappelant ces deux rédactions antérieures, M. Blanchet, sans tenir compte de l'art. 371, conclut de là que nous n'avons pas fait un pas, que la puissance paternelle n'est toujours instituée que vis-à-vis des mineurs, dans l'intérêt exclusif du mineur, et nullement dans l'intérêt du père, dans l'intérêt moral de la famille, dans l'intérêt politique de la nation. M. Demolombe enseigne tout le contraire, lorsqu'il dit : « On demande quelquefois si la puissance paternelle a été établie par nos lois nouvelles dans l'intérêt du père comme sous le droit romain, ou dans l'intérêt des enfants comme sous nos Coutumes. Elle a été créée dans l'intérêt de tous, des enfants, des père et mère, de l'État lui-même. »

Quoi qu'il en soit, M. Blanchet ne veut voir dans tous nos textes y relatifs que les prolégomènes d'une loi plus complète ; et, pour revenir insensiblement à ce qu'il considère comme les vrais principes, il voudrait qu'on rendît au père la faculté d'exhéréder ; qu'on interprétât l'art. 845 en respectant au moins 'es volontés du père quant à la quotité dont il peut disposer, et non, comme fait la jurisprudence, sans avoir égard à ces volontés ; il voudrait que le père ne fût pas victime d'une pareille hostilité dans l'application ou dans l'interprétation de l'art. 1094 ; qu'on modifiât aussi l'art. 750 de manière à préférer la ligne ascendante, les aïeux, aux frères et sœurs ; qu'on modifiât l'art. 384 qui borne à dix-huit ans la jouissance des père et mère ; enfin, qu'une loi déclarât que les enfants coupables d'excès, sévices, injures contre leurs père et mère seront punis au double de la peine appliquée, quand le délit est commis par des étrangers, et ne pourront jamais leur faire de procès, si ce n'est pour aliments, *cognita causa.*

Dans le même sens, je veux signaler encore l'article de M. Oscar Devallée, publié dans la *Revue de législation*, 1852, t. II :

« Comment veut-on, s'écrie-t-il, que l'enfant qui ne respecte pas la puissance paternelle que la nature institue, respecte le pouvoir que fondent la politique et les lois ? » A cela je réponds : La puissance paternelle que la nature institue est précisément celle qui est consacrée par notre Code en tête de ses prescriptions. Le Code et la morale sont ici d'accord pour prescrire à l'enfant le respect des parents et de ce pouvoir directif que Dieu leur donne. Ce que vous réclamez avec tant d'insistance au nom du principe d'autorité, n'est-ce pas plutôt cette puissance arbitraire que la nature n'a pas instituée, mais que la loi seule ou la coutume a créée dans cette longue nuit où l'on a si souvent confondu le droit et la force ? Pourquoi lancer vos anathèmes contre des esprits clairvoyants qui sont les précurseurs des rédacteurs du Code, et qui ont jeté les bases du droit nouveau, contre Locke, en particulier, dont vous voulez flétrir les idées avancées en les décorant dédaigneusement du nom de *déductions démocratiques et protestantes ?* Locke, à vous entendre, est un de ces réprouvés d'où nous vient tout le mal. Qu'a-t-il donc dit pour mériter, pour s'attirer un jugement aussi sévère ?

Il a dit simplement que le droit des parents naît du devoir qui les oblige à élever leurs enfants dans un temps où ceux-ci ne peuvent pas encore développer leurs dispositions à une volonté libre et raisonnée, et que ce droit cesse dès que la cause cesse. Comme le père de l'enfant, en sa qualité d'homme adulte, est libre, parce qu'il peut connaître la loi de la raison et s'y conformer, de même l'enfant ne l'est pas moins lorsqu'il se trouve, avec le temps, dans un cas semblable. Jusqu'à ce jour, sans doute, il est subordonné ; mais il ne s'agit pas d'une domination absolue, arbitraire : l'homme naît libre et raisonnable, dit l'auteur, ce qui signifie que liberté et raison sont deux facultés de notre âme que nous possédons virtuellement en naissant, sans en avoir immédiatement l'exercice, jusqu'au temps où, grâce au perpétuel *devenir* qui métamorphose les êtres, nous devenons capables de nous en servir. Tant que cette capacité n'est pas venue, nous ne pouvons agir librement, rationnellement, mais nous avons du moins une aptitude innée, une vocation naturelle à la raison et à la liberté. Je ne vois dans ceci rien de bien ridicule; pourquoi le ridiculiser en nous disant, avec une amère ironie, que Locke va jusqu'à prêcher la liberté à des berceaux ? S'il prêche mal, écoutez l'abbé Lacordaire et dites s'il prêche autrement : « Un enfant qui ne délibère jamais, qui ne pense jamais, qui est *passif dans tous ses actes*, ne sera propre un jour qu'à obéir lâchement aux hommes et aux choses qui le domineront par l'effet du hasard.... Il ne faut pas qu'un enfant soit *asservi comme un esclave....* » Le prêtre et l'hérétique sont ici d'accord, tous les deux abolitionistes de ce vieux système esclavagiste romain dont quelques partisans surnagent.

Satisfaction donnée aux tendances nouvelles, la loi de germinal an XI a respecté les principes fondamentaux de la famille, sans pourtant rétablir la contrainte servile dont l'ancien droit avait usé et abusé. Heureux de pouvoir rendre hommage à cette loi dont je me fais ici le très-humble interprète, je ne tairai pas ma prédilection pour elle ; je goûte pour ma part le souffle libéral, l'esprit dont elle est animée, et je le déclare hautement, puisque j'ai l'avantage d'être à cet égard d'une complète orthodoxie. Mon *credo* sur cette matière est dans l'exposé des motifs présenté par le conseiller d'État Réal dans la séance du 23 ventôse an XI. Je crois avec lui que, guidé par l'intérêt, par un intérêt aveugle, égoïste, l'homme avait mis le despotisme paternel à la place d'une puissance tutélaire toute de sacrifice et d'abnégation ; je crois, en conséquence, qu'il était besoin d'une réforme radicale, d'un retour à la nature et à la raison. Ainsi rétablie sur sa véritable base, fondée sur la nature, confirmée par la loi, la puissance paternelle doit donner au père et à la mère, pendant un temps limité, sous certaines conditions, la surveillance de la personne, l'administration et la jouissance des biens de leurs enfants.

Qu'est-ce qui donne au père des droits sur ses enfants? « Ce sont, dit M. Franck (1), ses devoirs envers eux. Le père de famille étant obligé de nourrir son enfant, de l'élever, de for-

____

(1) M. Franck, *Droit de la nature et des gens.*

mer son cœur, son intelligence, de donner en lui un membre
utile et honorable à la société, doit être pourvu non point de
la force, mais de l'autorité nécessaire pour accomplir cette
grande et sainte tâche. Son droit est donc purement moral;
il vient uniquement du principe de l'obligation, non point du principe de la puissance matérielle ou du principe de la domination.
Retirez au père de famille ses devoirs, retirez-lui ses obligations, le droit n'existe plus; et cela est si vrai que lorsque ses
devoirs ont été accomplis, que lorsque l'enfant est arrivé à l'âge
de majorité, les droits du père de famille cessent, parce que ses
devoirs ont cessé.... » Ces idées ne sont pas des nouveautés hardies:
pour prouver qu'on les a de tout temps pressenties, reconnues,
enseignées, nous pourrions remonter aux leçons d'Aristote; ne
remontons qu'à celles de Burlamaqui dont j'extrais cette unique
phrase: « C'est par une suite de cet état de faiblesse et d'ignorance où naissent les enfants, qu'ils se trouvent naturellement
assujettis à leurs parents et que la nature donne à ceux-ci toute
l'autorité et tout le pouvoir nécessaire pour gouverner ceux dont
ils doivent procurer l'avantage (1). »

Proudhon fonde de même les droits des parents sur ces devoirs
sacrés dont l'accomplissement leur serait impossible, si les enfants
n'étaient mis sous leur dépendance à l'âge où les parents doivent veiller sur eux. Mais M. Valette lui reproche à bon droit
l'exagération dont il se rend coupable, lorsqu'il dit que, chez
nous, la puissance paternelle n'est plus que le droit naturel mis
en pratique. Oui, la nature elle-même est la fondatrice de l'autorité paternelle; mais les fondations et, si l'on veut, les gros murs
ne sauraient être tout dans un pareil ouvrage; le couronnement
de l'édifice est l'œuvre du législateur. En définitive, il est l'archi-
tecte, et la nature n'a fourni que les matériaux.

Édifiée sur le roc de la conscience humaine et non sur le
sable mouvant des traditions, la loi qui régit l'autorité paternelle est, au bout de soixante années, telle encore qu'au premier

____

(1) Burlamaqui, *Principes du droit naturel.*

jour. Je reconnais volontiers qu'elle est susceptible d'améliorations, de perfectionnements, car le bien n'exclut jamais le mieux en ce monde; mais ce ne seraient là que de simples retouches, des réparations purement locatives qui, j'en suis bien convaincu, ne sauraient changer la physionomie d'une construction durable. Je dis *durable*, car, à moins d'un cataclysme que notre optimisme ne peut envisager, nous ne voyons pas ce qui peut causer sa ruine ou l'ébranler dans ses solides fondements. « La puissance paternelle, telle que nous l'entendons, est *parfaitement en harmonie* avec nos mœurs et nos habitudes de famille, et un peu aussi avec l'esprit d'indépendance qui pénètre et se fait sentir partout à notre époque. » (M. Valette sur Proudhon.)

Mais c'est assez tourner autour de l'édifice; il est temps de m'y introduire et d'étudier ses dispositions intérieures.

Deux mots d'abord sur les modes d'acquisition.

Nous avons vu que la *patria potestas* pouvait s'acquérir, dans l'institution romaine, par trois moyens qui sont : 1° les justes noces; 2° la légitimation, et enfin 3° l'adoption.

Le mariage, à l'époque franque, est la base de la famille. Les Germains n'ont pas connu l'adoption et, d'un autre côté, il ne se conserva des institutions romaines que ce que l'Église soutint. Or, l'Église ne soutint pas l'adoption. Sans doute, il est vrai qu'elle adoptait volontiers tous ceux qui consentaient à se donner à elle; il paraît même qu'elle observait à peu près les formes de l'adoption romaine à l'égard de ceux qui voulaient se vouer à la vie monastique : *Ipsi enim quasi in adoptionem transeunt,* nous apprend Budée, *et in potestatem cœnobiarchæ quasi patris se mancipant.* Mais cette adoption mystique n'avait de commun que la forme avec l'adoption du droit civil, réprouvée par les canonistes. Le *Corpus juris canonici* ne s'occupe des effets de cette quasi-paternité qu'au point de vue des empêchements au mariage, dans sa section intitulée *An et inter quas personas oriretur impedimentum dirimens ex cognatione legali, sive adoptione civili.*

(1) *Budæi Annot. in Pandect.*

Eu fait, l'adoption avait disparu pendant le cours du moyen âge : la famille ne se constituait que par la filiation naturelle. Il en est de même encore aujourd'hui. Pour entraîner l'acquisition de la puissance paternelle, il faudrait que l'adoption eût la prétention d'être, comme autrefois à Rome, une imitation parfaite de la nature ; mais il n'en est rien, nos législateurs se sont gardés de donner à des liens factices la force de liens naturels. Ainsi rejetée par le droit canon, repoussée par notre ancienne jurisprudence, enfin rétablie par le droit intermédiaire (18 janv. 1792), l'adoption ne crée qu'une relation civile de quasi-parenté qui n'a plus maintenant l'énergie suffisante pour conférer à l'adoptant, sur la personne et sur les biens de l'adopté, les attributs de la puissance paternelle : même en ce cas, ces attributs sont l'imprescriptible apanage des père et mère de l'enfant ; car « adoption ne dissout les liens de nature (1). »

Quid, à présent, quant à la légitimation ? Ce n'est plus aujourd'hui qu'un mode d'extension, non d'acquisition de la puissance paternelle, puisque cette puissance existe, eu l'absence de toute légitimation, à l'égard des enfants naturels reconnus, contrairement à la théorie romaine et aux errements de notre ancien droit. Dans notre ancien droit, pour qu'il y ait lieu à la puissance paternelle, il ne suffit pas que le père soit régnicole et capable de l'exercer ; il faut encore que le fils ne soit ni mort civilement, ni bâtard.... « Un bâtard est entendu hors de pain, dès lors qu'il est né (2). » L'enfant naturel n'est donc pas de la famille : il n'a qu'un rang inférieur dans la société : le droit canonique refuse de l'admettre aux dignités ecclésiastiques ; le droit laïque l'exclut aussi des offices, et quand on se relâche de cette rigueur, son incapacité n'en subsiste pas moins par rapport aux droits de famille. Victime d'une faute qui n'est pas la sienne, il se voit refuser les soins, la protection que la Coutume assure aux enfants légitimes. A Rome, où l'intérêt du père est l'intérêt fondamental, ce refus

____

(1) Jean Thaumas, *Dictionn. civil et canoniq.*
(2) Chartes générales de Hainaut, ch. CXXIV, art. 14.

se conçoit d'autant mieux qu'accorder sur les enfants nés hors mariage tous les droits exorbitants de la *potestas*, c'eût été vraiment détourner des justes noces, donner une prime au déréglement, un encouragement au vice. Chez nous, où ce pouvoir est surtout une charge imposée au père dans l'intérêt de l'enfant, un pareil refus systématique, obstiné, est bien moins justifiable ; il ne peut s'expliquer que par deux raisons également pauvres et mauvaises : la routine et le préjugé. La Révolution nous tire, il est vrai, de cette déplorable ornière, mais elle va trop loin et, en assimilant les enfants naturels aux enfants légitimes, elle ébranle les bases de l'ordre social. Le but est dépassé ; il y faut revenir. C'est ce que fait le Code. Ainsi nous le verrons faire deux parts de la puissance paternelle : l'une (c'est la part onéreuse) est dévolue même au *parens naturalis* ; la lui refuser serait presque un crime de lèse-humanité ; l'autre (c'est la part lucrative) est une récompense qu'il ne faut donner qu'aux parents légitimes : le législateur ici la refuse ; il ébrèche la *potestas* ; et cette restriction est de pur droit civil, comme M. Valette le fait remarquer à propos de l'idée émise par Proudhon, que si la puissance paternelle n'est plus refusée aux père et mère sur les enfants naturels par eux légalement reconnus, c'est qu'elle est aussi écrite pour eux dans le Code de la nature. Si le Code de la nature était le seul à consulter, la puissance paternelle appartiendrait à tous également et dans toute sa plénitude.

L'inégalité préétablie par la loi doit nécessairement disparaître en cas de légitimation ; légitimes, légitimés se confondent dans la famille, et la légitimation qui profite au fils, par contre-coup profite au père en complétant les droits qu'il avait incomplets. Toujours est-il qu'elle ne fait pas acquérir la puissance préexistante.

Il ne reste donc plus qu'un mode originaire, la procréation des enfants : je suis forcé d'employer cette expression large pour comprendre à la fois, dans la même formule, les enfants nés des justes noces et les enfants nés d'un commerce irrégulier, abstraction faite des enfants qui sont le fruit de l'inceste ou de l'adultère.

Presque toutes les législations modernes admettent, contrairement aux principes du droit romain, que la puissance paternelle appartient à la mère aussi bien qu'au père. « Jadis, en pays de droit écrit, dit Proudhon (1), les femmes ne participaient ni à la puissance paternelle, ni aux avantages qui y sont attachés. .. » Mais, dans nos mœurs, on n'a plus voulu priver les mères des droits que la nature leur accorde. Déjà Merlin reconnaissait que si la femme n'avait pas sur ses enfants la puissance civile, il était impossible de lui refuser l'autorité qu'elle tient des mains de la nature. Aujourd'hui, la puissance est commune, en principe, au père et à la mère. « Le projet de loi, nous dit le tribun Vesin, n'a pas entendu ne pas associer la mère à cette magistrature.... Ceux qui ont le même intérêt doivent jouir des mêmes droits (2).... » Seulement, aux termes de l'art. 373, le père seul exerce cette autorité durant le mariage. Il est le chef de la société conjugale et, comme tel, il a des droits inaliénables. Ici même il est investi, par la loi, de prérogatives dont il ne peut se dépouiller pour en investir son conjoint. Pas de dérogations par convention possibles à des règles d'ordre public (6, 1388). On conçoit d'ailleurs qu'il serait contradictoire que la femme, soumise au mari pour ses propres actions, en devînt indépendante quand il s'agirait de diriger les actions de l'enfant (3).

Mais que décider si, pendant le mariage, le père se trouve dans l'impossibilité légale ou physique d'exercer l'autorité paternelle ?

Proudhon (4) enseigne que la loi n'accorde à la mère qu'un droit de survivance ; mais il est à peu près le seul de son avis. La puissance appartient *au père et à la mère* (371), l'enfant étant placé sous *leur* autorité (372) dont le père seul a l'exercice légal durant le mariage (373). Mesurons la portée de ce dernier article auquel Proudhon donne un sens absolu. L'art. 373 ne signifie pas que jamais la mère n'aura, du vivant du père, l'exercice d'un droit commun aux deux époux ; il signifie seulement qu'elle en

(1) Proudhon, *Traité de l'usufruit.*
(2) Vesin, *Rapport au Tribunal.*
(3) F. Berriat-Saint-Prix, *Notes sur le Code civil.*
(4) Proudhon, *Traité de l'état des personnes.*

sera privée tant que le père sera capable d'en user, et cette exclusion n'a vraiment rien qui nous choque. Un pouvoir à deux têtes serait défectueux ; le partage était difficile. Mais lorsque disparaissent les difficultés, pouvons-nous, sans raison, refuser à la mère l'exercice de *son* droit ? Je ne le pense pas, et je suis, sur ce point, d'accord avec les textes.

L'art. 141 est ainsi conçu : « Si le père a disparu laissant des enfants mineurs issus d'un commun mariage, la mère en aura la surveillance, et elle exercera tous les droits du mari, quant à leur éducation et à l'administration de leurs biens. » Or, suivant l'observation de M. Valette, quelle différence raisonnable peut-on établir entre le cas où le père a disparu et ceux où il est privé soit de l'exercice actif de la puissance paternelle, soit de cette puissance même, par suite du dérangement de sa raison ou du crime dont il s'est rendu coupable ?

L'art. 149 dit que si l'un des époux est dans l'impossibilité de manifester sa volonté, le consentement de l'autre suffit (pour valider le mariage de l'enfant commun). « On voit encore ici la mère faisant un acte de la puissance paternelle que le père ne peut exercer (1). »

L'art. 2 du Code de commerce déclare que le mineur émancipé doit avoir soin, avant d'entreprendre un commerce, de se faire autoriser par son père ou par sa mère, en cas de décès, interdiction ou absence du père. Voilà encore la mère remplaçant le père, même *constante matrimonio*.

Tout cela nous prouve qu'il ne faut prendre à la lettre ni l'art. 373, ni l'art. 381, et qu'aujourd'hui, comme autrefois, la mère exerce la puissance paternelle non-seulement après la mort du père, mais aussi « dans le cas auquel, pour sa démence ou son absence, il ne pourrait pas l'exercer (2). » Ce n'est pas seulement l'absence déclarée, la simple présomption produira cet effet. A ces causes nous devons joindre le cas où, coupable d'exci-

(1) M. Valette sur Proudhon.
(2) Pothier, *Traité des personnes.*

tation de ses enfants à la débauche, le père est privé de tous droits et avantages à lui accordés sur la personne et les biens de l'enfant (C. pén., 335) ; le cas où le père subit une interdiction judiciaire ou légale (C. Nap., 502 ; C. pén., 29), et même aussi le cas où, sans être interdit, le père serait admis dans un établissement public ou privé d'aliénés, conformément à la loi du 30 juin 1838.

Ainsi, quand le père est incapable d'agir, l'exercice passe à la mère. Est-il capable, elle est réduite à l'impuissance, comme paralysée par le droit du mari, sauf en deux cas divers où son intervention a paru bonne et nécessaire : « La mère doit être consultée lors du mariage des enfants (148, 151), » mais comme ici le père a voix prépondérante, nous n'y voyons qu'un tempérament à la règle qui ne souffre en réalité qu'une véritable exception. Cette exception a trait au droit de consentir à l'adoption des enfants : Celui qui, ayant encore ses père et mère, veut se donner en adoption, ne peut le faire, avant vingt-cinq ans accomplis, qu'en rapportant *leur* consentement à la chose (346) ; donc leur commun accord est requis pour cet acte ; l'avis du père ne suffirait pas du vivant de la mère.

Du reste, suivant la remarque de M. Valette, « ces droits-là ne doivent pas se confondre avec la puissance paternelle proprement dite, car ils s'exercent souvent même après la majorité de l'enfant ou son émancipation ; et, en ce qui touche le mariage, des droits semblables appartiennent, à défaut de père et de mère, aux aïeuls et aïeules de l'enfant ; or, ceux-ci ne sont jamais investis de la puissance paternelle dont il est question dans notre titre (1). » A cet égard, il est donc bon de distinguer deux sortes de puissances paternelles : l'une, que la loi accorde au père et à la mère sur la personne et sur les biens de leurs enfants mineurs et non émancipés (c'est la puissance paternelle proprement dite, ou *stricto sensu*) ; l'autre, qui appartient non-seulement aux père et mère, mais encore parfois à tous les ascendants, et qui dure, à

____

(1) M. Valette, *Explic. sommaire du l. I, C. Nap.*

certains égards, toute la vie des ascendants et des enfants (1).
Remarquons d'ailleurs que cette puissance paternelle, improprement dite ou *lato sensu*, qui s'étend, pour certains droits et certains devoirs, à l'aïeul, à l'aïeule et autres ascendants, ne peut évidemment trouver d'application que pour les enfants légitimes, les enfants naturels ne se rattachant pas aux parents de leurs père et mère.

(1) M. Demolombe, *De la puiss. patern.*

CHAPITRE III.

EFFETS QUANT A LA PERSONNE.

SECTION I.

De la puissance paternelle dans sa plus large acception.

Art. 371. « L'enfant, à tout âge, doit honneur et respect à ses père et mère. »

On a jugé bon de renouveler ici la recommandation d'un vieux Capitulaire : *Hóc cum magno studio admonendum est, ut filii honorent parentes suos* (1). C'est la reproduction des divines paroles du Sinaï : « Honore ton père et ta mère (2). »

« Au sortir de la tourmente qui a tant bouleversé de têtes, tant menacé d'une subversion totale toute idée de subordination et de révérence filiale, ce précepte, disait le tribun Albisson au Corps législatif (3 germinal an XI), devait précéder des dispositions toutes relatives à une autorité temporaire, pour rappeler sans cesse aux enfants que, si la loi les affranchit, à des époques fixes de leur âge, de l'autorité de leurs parents, il n'est point de moment de leur vie, point de circonstance, point de situation où ils ne leur doivent honneur et respect.... » Le mot *devoir* est dans la loi, et

(1) *Capit. de Charlemagne*, LXV. — Collection d'Anségise et Ben. Levita.
(2) *Deutér*, v, 16.

il est dans la bouche de ses interprètes. On reconnaît la dette, et
la dette éternelle des enfants envers leurs parents C'est la réfu-
tation de la fausse doctrine que Rousseau place en tête du *Contrat
social*, lorsqu'il dit : « Les enfants ne restent liés au père qu'aussi
longtemps qu'ils ont besoin de lui pour se conserver. Sitôt que
ce besoin cesse, le lien naturel se dissout. Les enfants exempts
de l'obéissance qu'ils devaient au père, le père exempt des soins
qu'il devait aux enfants, rentrent tous également dans l'indépendance. S'ils continuent de rester unis, ce n'est plus naturellement,
c'est volontairement, et la famille elle-même ne se maintient que
par convention. » Nous, sans jamais réduire le devoir sacré d'ho-
norer son père et sa mère à quelques égards purement volontaires et simplement facultatifs, nous pensons qu'en droit naturel,
en droit civil, l'enfant doit de toute manière honneur et respect
aux parents.

En foi de quoi, M. Demante enseigne qu'en érigeant cette
maxime en loi, le législateur prescrit aux enfants de conformer à
ces sentiments, qu'il ne peut commander, leurs actes extérieurs,
et que, par là, il donne aux magistrats, suivant les cas, le pouvoir
d'empêcher et de réprimer les infractions (1). Et Proudhon va
jusqu'à prétendre qu'à tout âge l'enfant est non-recevable à
ouvrir contre ses père et mère une action qui tendrait à les désho-
norer, parce qu'il ne saurait avoir un droit contraire au devoir
que la loi lui impose (2). Nous croyons cependant, avec M. Valette,
que c'est aller beaucoup trop loin. Sans doute il est grand, il est
beau de s'inspirer de cette sublime pensée :

> Un fils ne s'arme point contre un coupable père;
> Il détourne les yeux, le plaint et le révère (3).

Il est grand et beau pour un fils de s'oublier, de se sacrifier au
besoin pour une idée aussi généreuse, aussi sainte; mais cette abné-

(1) Demante, *Progr.*, t. 1, n° 363.
(2) Proudhon, *État des personnes*.
(3) Voltaire, *Brutus*, act. 1, sc. 2.

gation, ce noble sacrifice, c'est l'héroïsme même de la piété filiale, et jamais l'héroïsme n'a pu se prescrire dans un texte législatif. La loi n'exige pas ces efforts surhumains que parfois la conscience impose. Aussi voyons-nous la loi fournir elle-même des armes à l'enfant dans certains cas prévus, comme en cas de vol commis à son préjudice par son père, sa mère ou ses autres ascendants (380, Code pén.), et dans les cas beaucoup plus graves des art. 330 et suivants du même Code. Comment, surtout dans ces horribles circonstances, contester à l'enfant le droit de porter plainte à la justice? Comment admettre que l'art. 371 doive jamais avoir ce déplorable effet d'encourager en quelque sorte, par l'espoir de l'impunité, les excès honteux, les crimes hideux de parents coupables envers leurs malheureux enfants?

Mais laissons de côté des cas exceptionnels par bonheur assez rares. Hors de là, le juge a le droit et le devoir de chercher le *point d'appui*, la base légale de ses décisions juridiques dans la règle écrite en tête du titre IX, écrite auparavant dans la conscience humaine. Et peut-être on insiste trop sur cette idée que ce n'est ici qu'un précepte de morale dépourvu de toute sanction. Sans doute l'art. 371 n'a pas de sanction générale, mais il est vraiment sanctionné dans divers cas dont je crois devoir faire un examen rapide. Dans ces divers cas que nous allons parcourir, un *droit certain* à ces marques de déférence est acquis aux pères, mères et autres ascendants.

1° Consentement au mariage. — Montesquieu dit que le consentement des pères au mariage de leurs enfants est fondé sur leur puissance, c'est-à-dire sur leur droit de propriété, et qu'il est encore fondé sur leur amour, sur leur raison et sur l'incertitude de celle de leurs enfants (1). — La première base est toute romaine : nous l'avons rejetée pour bâtir notre droit uniquement sur la seconde. « Dans notre système, a dit Portalis (2), on a plus égard à l'amour des pères et à leur prudence qu'à leur autorité;

(1) *Esprit des lois*, l. XXIII, ch. VII.
(2) **Exposé des motifs** du t. V, l. I, C. Nap.

de là ce concours simultané des parents au même degré pour remplir les mêmes devoirs et exercer la même surveillance. Un tel système adoucit et étend la magistrature domestique sans l'énerver. Il communique les mêmes droits à tous ceux qui sont présumés avoir le même intérêt. Il ne relâche point les liens de famille ; il les multiplie et les ennoblit. »

Ces idées, consacrées par le Code civil, ont dans notre vieux droit de profondes racines que j'ai déterrées çà et là, un peu partout. C'est ainsi qu'en 541 je trouve un acte du Concile d'Orléans qui défend d'épouser une fille contre la volonté de ses parents. Sans doute, d'après les principes du droit canon, le consentement des parents n'est pas indispensable à la validité d'une union ; toute contrainte est bannie en pareille matière : *Matrimonia debent esse libera ab omni coactione, et valent sine paterno consensu.*

Cependant, dans le fait de se marier ainsi au mépris des volontés de ses père et mère, les canonistes voient une offense assez grave, assez irrespectueuse pour légitimer l'opposition des parents au futur mariage, la rupture des fiançailles. Ils voient même un péché mortel dans l'acte de l'enfant qui, sans bonnes raisons, omet de consulter les auteurs de ses jours lorsqu'il veut contracter mariage : *Unde notabilis est ad hoc propositum sententia Rebuffi, in Cons. 7, n° 15, qui dicit, quod potest episcopus statuere, quod singuli curati in suis ecclesiis maneant parochianos, ne sine parentum consilio, aut consensu matrimonium contrahant, ut honor et reverentia parentibus conserventur, et ne odium inter genitores, et filios oriatur, et ut boni mores serventur, ac ne juvenes filii et filiæ in hujusmodi connubiis decipiantur, quam monitionem dicit valde prodesse posse.*

Un Capitulaire de l'an 819 déclare *ut qui viduam in conjugio accipere vult, non ita sicut in lege salica scriptum est, eam accipiat, sed cum pa entorum (sic) consensu et voluntate.* Le consentement des parents est mis à la place de ce *reipus* dont il est parlé au chap. XLIV de la loi salique et de l'*achasium* dont il est question dans le titre LXXI tiré d'une ordonnance de Clovis. C'est à dessein que je distingue les deux choses : le *reipus* et l'*acha-sium*, vu que le premier mot servait à désigner l'achat aux parents naturels, et le second l'achat aux parents du mari.

J'arrive à l'ordonnance de 1556 qui, si nous en croyons le président Hénaut, est due bien plutôt à des intrigues de cour qu'à une vive et sérieuse préoccupation des intérêts de la morale. Ce qui semble donner raison à de pareilles conjectures, c'est surtout l'effet rétroactif qui dénote que l'ordonnance a été faite *ab irato*. —Je crois volontiers que de récents déplaisirs inspirent le roi dans ce solennel exorde : « En tant qu'à nous est, exécutans le vouloir et commandement de Dieu, disons, statuons et ordonnons que les enfants de famille *ayant contracté* ou qui contracteront ci-après mariages clandestins contre le gré, vouloir et consentement et au desceu de leurs pères et mères, puissent pour telle irrévérence et ingratitude, mespris et contemnement de leursd. pères et mères, transgression de la loi et commandement de Dieu, et offense contre le droict de l'honnesteté publique, inséparable d'avec l'utilité, estre par leursd. pères et mères et aucuns d'eux exhérédez et exclus de leurs successions, sans espérance de pouvoir quereler l'exhérédation qui ainsi aura été faicte.... »

Non content d'autoriser l'exhérédation, Henri II autorise la révocation des donations et avantages ; les enfants sont enfin déclarés incapables, audit cas d'exhérédation, de tous les profits et émoluments qu'ils pourraient prétendre par le moyen des conventions apposées ès-contrats de mariage ou par le bénéfice des coutumes et lois du royaume.

Toutefois, l'art. 4 restreint la portée de l'art. 1er précité : « Ne voulons, dit le roi, et n'entendons comprendre les mariages qui auront été et seront contractés par les fils excédant l'âge de trente ans, et les filles ayant vingt-cinq ans passés et accomplis, pourvu qu'ils se soient mis en devoir de réquérir l'avis et conseil de leurs pères et mères.... »

(1579.) Les États de Blois confirment les pénalités précédemment établies : « Nous voulons, dit Henri III, que les ordonnances cy-devant faictes contre les enfants contractant mariage sans le

consentement de leurs pères, mères, tuteurs et curateurs, soient
gardées : mêmement celle qui permet en ce cas les exhéréda-
tions. » (Art. 41)

Ces moyens ne produisirent pas l'effet qu'on pouvait en attendre. Louis XIII, dans la déclaration du 26 novembre 1639, se
plaint de l'excès d'indulgence des parents, enclins à remettre
l'offense, au grand détriment de l'ordre public. Alors, pour remédier à cet état de choses, pour donner à la loi une sanction plus
forte que ce droit d'exhérédation dont la plupart du temps les
parents n'usaient pas, les rigueurs légales viennent, à défaut
des rigueurs paternelles, sanctionner l'ordonnance de 1556 : « Les
mariages des fils et des filles, âgés de moins de vingt-cinq ans,
sont déclarés déchus des effets civils à l'égard des contractants et
de leurs enfants. » C'est ainsi qu'un arrêt de Paris, de l'an 1661,
infirme un mariage contracté quinze ans auparavant, à l'âge de
vingt-trois ans, par un fils non muni du consentement de ses père
et mère.

C'est qu'en principe les mineurs de vingt-cinq ans ne peuvent
contracter un mariage valable, s'ils n'ont, pour ce contrat, l'aveu
de leurs parents. Sans doute, je l'ai dit tantôt, les canonistes
étaient d'avis qu'on respectât les unions ainsi contractées ; ils s'ap-
puyaient sur cette considération qu'on s'exposait souvent à briser
de la sorte les couples les mieux assortis. Quoi qu'il en soit, le
droit civil, à cet égard, s'écartait du droit canonique, et quand,
après sentences des officialités confirmant de pareils mariages,
l'appel comme d'abus arrivait aux parlements, les parlements ne
manquaient pas d'annuler l'union contractée (1).

Au contraire, pour les fils de vingt-cinq à trente ans, par arrêt
de 1660, on a jugé que les parents non consultés pouvaient
encore exhéréder l'enfant rebelle, mais non cependant rompre
son union.

Enfin, d'après l'ordonnance de Henri II, il est loisible à la fille
majeure de vingt-cinq ans et au fils majeur de trente ans, d'éviter

(1) Cf. de Ferrière, *Inst. Just. cum jure Gallico collatæ.*

l'exhérédation, pourvu qu'un acte prouve qu'avant le mariage on avait consulté, interpellé les père et mère. On peut, à défaut de réponse favorable, se dispenser d'attendre leur consentement. Mais comme pour dresser cet acte par lequel on requérait « l'avis et conseil des parents, » c'étaient les sergents qui prêtaient leur ministère, l'acte pouvait passer pour un nouvel outrage. Aussi voyons-nous le parlement de Paris réformer cette procédure. D'après son règlement, daté du 27 août 1692, les fils et filles ne pourront dorénavant adresser leurs sommations aux pères et mères sans avoir obtenu la permission du juge, et ces sommations à l'avenir seront faites par les notaires et non plus par les sergents.

Cent ans après (20 septembre 1792), le droit intermédiaire a supprimé ces règles suspectes comme tendantes à favoriser l'orgueil de race et la crainte des mésalliances. Ce n'était pas pourtant une raison pour rompre les liens les plus sacrés. Le Code l'a compris et les a rétablis, non tels qu'ils étaient dans le droit ancien, mais perfectionnés par des changements notables.

L'honneur et le respect dus à ses père et mère font que l'enfant doit, à tout âge, ne pas se marier sans requérir leur conseil. Tout mineur de vingt-et-un ans, qui possède ses père et mère, ne peut se marier sans les avoir consultés, et leur consultation doit être souveraine. *Quid*, en cas de dissentiment ? L'opinion du père l'emporte (148) ; mais pour qu'il y ait *dissentiment*, il faut *deux* opinions émises. Ce dualisme est de rigueur, et, pour ma part, je crois qu'il suffit que la mère n'ait pas été régulièrement consultée pour qu'il y ait lieu à une action en nullité, lors même que le père a donné son consentement, ce consentement n'ayant de valeur légale qu'à la condition d'être accompagné de l'avis de la mère. L'action en nullité est encore aujourd'hui la sanction de la règle ; mais le droit d'exhérédation n'existe plus. Sa suppression est la logique conséquence du régime successoral consacré par le Code dans le s deux art. 745, 913, dont récemment encore, au Corps législatif (20 janvier 1864), la modification était demandée, non sans doute au nom de principes rétrogrades, mais au nom de nos intérêts économiques. Peu touché, pour ma part, des divers arguments sur lesquels sont fondées les réclamations de ceux qui voudraient un retour au droit de Rome, je vois avec plaisir que notre Cour suprême vient encore de s'écarter du droit écrit, dans l'arrêt rendu, chambres réunies, le 27 novembre 1863, sur la question de savoir si l'enfant, donataire en avancement d'hoirie, qui renonce à la succession du donateur, peut retenir son don jusqu'à concurrence de sa réserve et de la quotité disponible cumulées, ou si cette rétention doit être limitée à la portion disponible.

Avant cet arrêt solennel, la Cour avait donné, en des temps différents, trois solutions diverses sur cette importante et difficile question :

1° Un arrêt du 18 février 1818 avait repoussé le cumul de la réserve et de la quotité disponible.

2° Un arrêt du 11 août 1829 avait adopté un système mixte qui, sans se mettre en opposition directe avec le principe du non-cumul, imputait le don de l'enfant renonçant d'abord sur la réserve à laquelle il aurait eu droit s'il fût resté héritier, et subsidiairement, s'il y avait lieu, sur la quotité disponible.

3° Un arrêt du 17 mai 1843 avait enfin admis le cumul de la réserve et de la quotité disponible. Cet arrêt ne fut pas du goût de tout le monde; d'où la satisfaction d'un grand nombre d'esprits, lorsqu'on a vu, le 27 novembre dernier, la Cour, abjurant ses erreurs passées, revenir à la doctrine de 1818, et répudier nettement le principe romain qui faisait dépendre le droit à la réserve de la qualité d'enfant, non de celle d'héritier. Le principe coutumier triomphe : *Non habet legitimam, nisi qui heres est.* Pour tenir de la loi sa part dans la réserve, il faut que l'enfant devienne héritier. Aucune disposition du Code ne sépare la qualité de réservataire et celle d'héritier, et n'autorise l'enfant qui répudie la succession à réclamer ou conserver un droit sur la réserve. (C. Nap., 745, 913, 920, 921.) Par suite, l'enfant donataire en avancement d'hoirie, qui renonce à la succession pour s'en tenir à son don, ne peut retenir ce don qu'à titre de donataire et jusqu'à concurrence de la quotité disponible; il ne peut, si le don excède cette quotité, l'imputer d'abord sur sa part dans la réserve et, subsidiairement, sur la portion disponible, puisque, d'après l'art. 845, il n'a plus la qualité d'héritier. (C. Nap., 785, 845.)

Du moment où l'enfant qui renonce, perd tout droit à sa réserve, il serait contradictoire, dit un considérant, d'admettre qu'il puisse faire nombre, quand il s'agit de déterminer contre lui-même la quotité disponible. Si donc un seul enfant accepte la succession, et peut seul, par suite, avoir droit à la réserve, la quotité disponible doit être calculée comme si le disposant n'avait laissé qu'un seul enfant. Sans doute, le père donateur pourrait déclarer que la donation devra rentrer dans sa succession, si l'enfant renonce; cette condition résolutoire, mise à sa libéralité, n'a rien de contraire aux principes; mais il ne pourrait réserver à son profit le droit de disposer de la part de réserve de l'enfant donataire, pour le cas de renonciation. On aurait ainsi deux quotités disponibles où la loi n'en établit qu'une, nette, précise et qu'on ne saurait dépasser (1).

La loi a désigné les héritiers directs, et leur a garanti des parts du patrimoine : le père ne peut défaire ce qu'elle a voulu faire; à lui n'appartient pas le droit d'exhéréder, lorsque la loi même institue; elle seule est juge des cas d'indignité (727); mais elle garantit aussi les droits du père, par exemple en lui permettant de demander l'annulation d'un mariage contracté sans sa permission expresse, par son fils mineur de vingt-et-un ans. (C. Nap., 182.) L'action, en pareil cas, appartient à tous ceux dont le consentement était indispensable, père, mère, ascendants ou conseil de famille, et, d'un autre côté, à celui des époux qui a contracté mariage sans se munir de cette autorisation, tant il est vrai que le devoir de protection est, dans l'esprit du Code, la cause première des droits qu'ont les ascendants sur les descendants.

J'ai dit que *tout* mineur de vingt-et-un ans contracte un mariage

---

(1) *Journal du Palais*, 1863, 11e livr.

annulable, s'il se marie ainsi sans autorisation ; mais la nécessité d'autorisation se prolonge jusqu'à la vingt-sixième année, pour les fils qui ont encore des ascendants. C'est pour les filles seulement que la première limite est fixe, invariable.

La limite atteinte, les enfants de famille sont toujours tenus, avant de contracter mariage, de demander, par un acte respectueux et formel, le conseil de leur père et de leur mère, ou celui de leurs aïeuls et aïeules, lorsque leur père et leur mère sont décédés ou dans l'impossibilité de manifester leur volonté. (C. Nap., 151.) Nouvelle preuve, à nos yeux, de la sollicitude du législateur à l'égard des fils. S'il fait un devoir au jeune homme de respecter ceux qui sont plus âgés que lui, c'est qu'il sait que l'inexpérience de la jeunesse a besoin d'être éclairée, dirigée par la prudence de l'âge mûr, *incuntis enim ætatis inscitia senum constituenda et regenda prudentia est* (1).

Chargé de présenter le vœu du Tribunat sur la loi relative aux actes respectueux, Gillet, dans son discours au Corps législatif, dit que le Code civil est la première loi qui ait exigé en termes exprès le consentement des aïeuls et des aïeules, ou au moins la réquisition de leurs conseils pour les mariages des majeurs, et que, sous ce rapport, il a d'abord causé quelque étonnement et même plusieurs embarras. « En effet, dit-il, l'édit de 1556, l'édit de 1515 et les ordonnances subséquentes ne parlaient que des pères. Et lorsque des personnes éclairées avaient été amenées depuis à penser que les aïeuls devaient, au défaut des pères, succéder à leurs droits, elles étaient décidées uniquement par des inductions tirées du droit romain, ou bien par la nature même de l'exhérédation.... Ces inductions seraient sans force maintenant, puisque, d'un côté, les aïeuls, d'après notre Code civil, n'exercent pas, comme dans le droit romain, la puissance paternelle, et que, d'un autre côté, ils sont, ainsi que les pères, dans l'impuissance de déshériter. »

Il nous semble pourtant aisé de justifier la disposition du Code,

(1) **Cicéron,** *de Offic.*

mais ce n'est ni par le droit d'exhérédation, ni par la *potestas* romaine ; ce serait plutôt par le *mundium* germanique. Si l'exercice de l'autorité paternelle est aujourd'hui bien moins un pouvoir qu'un devoir tendant à protéger les faibles, pourquoi ne pas admettre qu'au besoin l'aïeul peut aussi tenir lieu de père ? Le Code le suppose, et il a bien raison. D'où le droit octroyé aux aïeuls et aïeules, à défaut de père et de mère, de *s'opposer* au mariage de descendants même ayant dépassé la vingt-cinquième année (173), et, le mariage fait, d'agir en nullité d'une union contractée sans leur consentement, au-dessous de cet âge, s'il s'agit d'un fils, et de vingt-et-un ans, s'il s'agit d'une fille (182), puisqu'au delà l'absence d'actes respectueux n'invalide pas le mariage. D'où aussi la tutelle légale des ascendants à défaut de tuteur datif, élu par le dernier mourant des père et mère (397-402-404). D'où la faculté reconnue aux ascendants d'accepter une donation pour le mineur, même du vivant des père et mère, en leur qualité d'ascendants, sans en avoir la tutelle ou la curatelle (935).

2° Consentement à l'adoption. — Nous avons vu plus haut que l'adoption romaine, antipathique au droit canonique, à nos mœurs, de bonne heure avait disparu de la pratique française. La Révolution nous rend l'adoption, mais tout autre, adaptée à nos idées modernes. C'est donc uniquement le droit des temps modernes qu'on peut consulter avec fruit à cet égard. Nous avons été devancés dans cette voie de perfectionnement, de rajeunissement d'une institution surannée, par le Code prussien, où l'adoption ne rompt pas les liens de la famille entre l'adopté et ses parents ; où elle n'établit entre l'adoptant et l'adopté qu'un contrat personnel et circonscrit entre eux. C'est sur la même base qu'a été fondée l'adoption du Code civil.

Aux termes de notre art. 346, si l'adopté, ayant encore ses père et mère, ou l'un d'eux, n'a point accompli sa vingt-cinquième année, il sera tenu de rapporter le consentement donné à l'adoption par ses père et mère, ou par le survivant ; et s'il est majeur de vingt-cinq ans, de requérir leur conseil : « nouvelle sanction donnée, dit le tribun Gary, à cette puissance tutélaire, à cette magistrature antique et révérée, l'unique appui des mœurs privées, le plus solide fondement des mœurs publiques. » Mais il a grand tort d'ajouter : « C'est la même règle que celle établie pour le mariage. » Non, ce n'est pas la même ; il y a trop de différences notables. C'est ainsi que la limite de vingt-cinq ans est fixée pour tous les adoptés sans distinction de sexe ; c'est ainsi qu'on exige le commun accord du père et de la mère, quand, pour le mariage, au refus de la mère, le consentement du père serait suffisant. La restriction de l'art. 148 n'étant pas reproduite art. 346, nous devons croire à une omission volontaire de la part du législateur. Nous refusons d'admettre le sous-entendu que Marcadé suppose, lorsqu'il vient nous dire qu'en cas de dissentiment entre le père et la mère, le consentement du père suffirait pour l'adoption aussi bien que pour le mariage (1). L'assimilation ne doit pas non plus s'étendre au renouvellement des actes respectueux, exigé des filles de vingt-et-un à vingt-cinq, des fils de vingt-cinq à trente ans, en matière de mariage. Jamais cette réitération n'est requise, lorsqu'il s'agit d'une adoption. Jamais enfin celui qui se fait adopter n'est tenu de consulter des ascendants autres que son père et sa mère. L'art. 150 est sans application dans notre hypothèse présente.

Toutes les déductions, plus ou moins éloignées de l'art. 371, pourraient fournir l'étoffe de plusieurs chapitres, *capita extravagantia*, qui, dans ce travail, ne sont pas indispensables. Au lieu d'aller chercher aux quatre coins du Code ces épaves de la puissance paternelle, je reviens au cœur même de notre sujet, à l'étude de la puissance paternelle telle qu'elle appartient au père et à la mère sur la personne et les biens des enfants mineurs.

(1) Marcadé, C. Nap t. II, sur l'art. 346.

SECTION II.

De la puissance paternelle stricto sensu, dans son acception ordinaire.

1° — DEVOIRS DES PÈRE ET MÈRE.

Art. 203. — « Les époux contractent ensemble, par le fait seul du mariage, l'obligation de nourrir, entretenir et élever leurs enfants. »

C'est encore ici la consécration d'un principe immuable de droit naturel : « Celui qui ne peut remplir les devoirs de père, dit Rousseau, n'a point le droit de le devenir (1). » Il n'y a ni pauvreté, ni travaux, ni respect humain qui dispensent de nourrir et d'élever ses enfants. Le mariage lui-même n'a été institué qu'afin que cette obligation fût plus sûrement remplie (2), mais elle existe, indépendamment du mariage, envers les enfants naturels. Sous ce rapport donc, on pourrait souhaiter plus d'ampleur à la formule de notre article. Nous voudrions qu'il fût ainsi conçu : Les père et mère sont tenus ensemble de nourrir, entretenir et élever leurs enfants, — car de cette façon nous ferions disparaître et la restriction contenue dans les mots « par le fait seul du mariage » et l'inexactitude du mot *contracter*. Ce n'est pas un contrat, c'est un quasi-contrat, c'est une obligation qui naît, sans convention, du fait de la génération. Mais on peut demander ce qui nous autorise à élargir ainsi le sens et la portée de notre art. 203. Nous répondrons que c'est l'esprit même du Code : l'extension du devoir d'aliments indiquée art. 762 à 764, implique, à nos

(1) *Émile*, l. I.
(2) Rapport du tribun Gillet, sur la loi relative au mariage.

yeux, l'extension correspondante du devoir d'éducation. Je vois, dans ces articles, rapprochés du nôtre, la source d'un bon argument *a fortiori* de nature à nous satisfaire.

Ainsi élargie dans sa rédaction, élargie surtout dans son interprétation, cette formule est une des plus salutaires, une des plus importantes prescriptions de la loi. Tâchons donc de la bien comprendre et voyons le parti qu'on en pourrait tirer.

Nourrir, *entretenir* l'enfant, c'est assurer son bien-être physique; l'*élever*, assurer son bien-être moral.

L'âme de l'enfant est une cire molle où se gravent profondément et sans effort les impressions les plus diverses. C'est aux parents d'y faire pénétrer de bonne heure les bons préceptes, de la pétrir avec soin pendant qu'elle est tendre, et de la façonner au bien (1). Le but de l'éducation, dit Locke, doit être de former les hommes à la vertu et au bonheur. La condition nécessaire pour arriver à ce but est de chercher à leur procurer une saine raison dans un corps sain et bien portant (2). Locke en Angleterre, Rousseau en France et Basedow en Allemagne, ces trois grands révolutionnaires en matière d'éducation, ont tous trois prêché le développement harmonique du corps et de l'âme, et tous trois se sont appuyés sur cet adage : *Naturam sequere ducem*. Nous n'avons pas à étudier, à apprécier la valeur relative de ces divers systèmes ; mais nous avons à rechercher jusqu'où s'étend l'obligation des père et mère, aux termes mêmes de notre art. 203.

Constatons d'abord que notre art. 203 place exactement sur la même ligne la nourriture, l'entretien et l'éducation, trois fractions d'un seul et même devoir ; la loi s'exprime au singulier et nous dit « l'obligation. » Unique au fond, bien que tripartite en la forme, l'obligation de nourrir, entretenir, élever, ne saurait, en bonne logique, être autre, en ce qui touche son troisième terme, qu'à l'égard de ses deux premiers Si donc elle est *civile* quant aux deux premiers (ce que personne ne conteste), elle doit l'être encore

(1) Plutarque, *Œuvres morales*, t. I, sur l'éducation des enfants.
(2) Locke, *Some thoughts concerning education.*

à l'égard du troisième, et, par suite, voilà l'éducation civilement obligatoire : c'est cette conséquence qui est repoussée. On distingue où le Code n'a pas distingué ; on sépare une inséparable trinité de devoirs confondus par le législateur dans la même pensée et dans la même phrase, et si bien confondus que c'est la lettre même autant que l'esprit de la loi que j'oppose à la doctrine d'après laquelle élever ses enfants est l'accomplissement d'un simple devoir de morale dénué de toute sanction.

J'estime donc que les enfants ont une action pour contraindre, au besoin, leur père à leur donner une éducation convenable, en rapport avec son rang dans la société. C'est la seule dot qu'on puisse exiger d'un père, depuis l'art. 204 qui, conforme à notre maxime coutumière : *Ne dote qui ne veut*, abroge la Constitution de Sévère et Antonin, citée par Marcien (l. XIX, Dig., *de Ritu nuptiarum*). C'est une dot intellectuelle et morale qui sera réclamée, au nom des enfants mineurs, par la mère, ou par la famille, ou par le ministère public, trois catégories de personnes ayant droit de recourir à la justice pour le plus grand avantage des enfants (267, 302). Même en son propre nom, la mère peut agir ; puisque les époux contractent ensemble, etc., il faut bien qu'elle puisse, en ce qui la concerne, provoquer l'exécution des clauses du contrat tacite qui les lie envers leurs enfants, et parmi ces clauses il faudrait ranger, je pense, la satisfaction des besoins moraux aussi bien que celle des besoins physiques, le pain de l'âme aussi bien que le pain du corps. Priver les enfants de ce pain de l'âme est, à nos yeux, un crime de lèse-humanité qui devrait tomber sous le coup des lois pénales, y tomber toujours, tandis qu'il n'y tombe qu'exceptionnellement, en vertu d'une loi qui devrait bien être généralisée, la loi du 22 mars 1841.

Cette loi, relative au travail des enfants employés dans les manufactures, usines ou ateliers, paraît avoir été en partie inspirée par l'excellent bill de lord Ashley, adopté dès 1833, en Angleterre, et spécifiant que tout enfant, travaillant quarante-huit heures par semaine, devait passer au moins deux heures par jour à l'école, chacun des six jours de la semaine : disposition modifiée par deux

autres bills de 1844 et 1850, qui ont étendu à trois heures la
durée obligatoire du séjour à l'école.

Limite d'âge quant à l'admission dans les divers établissements
industriels, nombre d'heures déterminé quant au travail diurne
ou nocturne : voilà pour le corps ; l'instruction primaire imposée :
voilà pour l'âme. Notre loi de 1841 se place à ces deux points de
vue. Aux termes de l'art. 5, « nul enfant âgé de moins de douze
ans ne pourra être admis qu'autant que ses parents ou tuteurs
justifieront qu'il fréquente actuellement une des écoles publiques
ou privées existant dans la localité. Tout enfant admis devra,
jusqu'à l'âge de douze ans, suivre une école. Les enfants âgés de
plus de douze ans seront dispensés de suivre une école lorsqu'un
certificat, donné par le maire de leur résidence, attestera qu'ils ont
reçu l'instruction primaire élémentaire. » En cas de contravention,
constatée par des inspecteurs établis *ad hoc* (art. 10), la sanction
de la loi consiste en une amende prononcée d'abord en simple
police, puis, pour la récidive, en correctionnelle, contre les propriétaires ou exploitants des établissements, non contre les père et
mère qui, la plupart du temps, se faisant leurs complices, sont
tout aussi coupables et devraient aussi prendre part à la peine
comme ils ont pris part au délit. Le Ministre du commerce était
donc dans le vrai, dans la stricte logique, en insérant au projet la
disposition en vertu de laquelle les père et mère étaient, en cas
d'infraction, punis d'une amende, et, en cas de récidive, punis de
cinq jours de prison. M. Cunin-Gridaine, exposant les motifs du
projet, avait dit à la Chambre des pairs : « La puissance paternelle
n'est pas le droit brutal d'exploiter les forces de l'enfance et de
paralyser le développement de ses facultés, de vendre sa santé
et sa vie. La puissance paternelle, c'est le droit du bienfait, non
celui de l'abus... » Et la Chambre des pairs et la commission de
la Chambre élective avaient tout approuvé et tout ratifié ; mais
M. de Lamartine ayant insisté sur les fâcheuses conséquences que
pourrait avoir dans la famille une condamnation du père ou de
la mère dont l'enfant serait l'occasion, la Chambre des députés
fût entraînée, par ses éloquentes paroles, à supprimer les peines

portées au projet contre les père et mère et contre le tuteur ; et la Chambre des pairs, à son tour, adopta la restriction proposée. Ce ne fut pas pourtant sans protestation ; ce fut contre la proposition de sa commission elle-même qui, par son rapporteur, M. Dupin, soutenait l'impérieuse nécessité d'étendre aux parents la pénalité de la loi future (1).

Telle qu'elle est, la loi du 22 mars 1841 laisse à désirer plus d'un changement utile, plus d'une notable amélioration. Sans revenir sur le sérieux inconvénient du défaut de sanction concernant les parents, lacune regrettable bien que volontaire, ne peut-on dire aussi qu'en entrant à huit ans dans les ateliers, les fabriques, les enfants y entrent trop tôt, et qu'en y restant, à cet âge tendre, huit grandes heures chaque jour, ils y restent trop pour se livrer avec fruit à des travaux d'un autre genre à l'école où la loi les oblige d'aller, où cependant ils ne vont guère ? Je m'en rapporte à l'éminent économiste qui disait récemment (2) au Corps législatif : « Avec la division actuelle du travail, l'école est impossible. » Il faudrait pourtant qu'elle fût toujours possible pour que le but de la loi fût toujours rempli ; or, s'il est reconnu que c'est la loi elle-même qui, par ses limites d'âge et de temps, a trop circonscrit son domaine, s'est créé des difficultés, ne ferait-on pas bien d'aplanir ces obstacles ? Ne ferait-on pas mieux encore en exigeant que tous les pères et mères procurent à leurs enfants ce minimum d'instruction qu'on nomme l'instruction primaire ? Si le principe est bon à l'égard des enfants au service de l'industrie, nous ne voyons pas comment il serait moins bon à l'égard des enfants que les travaux rustiques attachent au sol (*glebæ addicunt*), et que l'instruction seule pourra relever de cette prostration qui courbe vers la terre l'âme en même temps que le corps. L'enfant des champs qu'on force à cultiver la terre, mais dont nul n'est forcé de cultiver l'esprit, c'est encore le serf survivant au servage ; or, nous ne voulons plus d'esclaves, nous ne voulons plus d'abrutis.

(1) Chardon, *Traité des trois puissances*.
(2) Séance du 19 janvier 1864.

Qu'est-ce à dire? Demandons-nous quelque réforme capitale? En aucune façon, car nous nous conformons à la lettre même du Code.

L'art. 203 impose aux père et mère l'obligation de nourrir, entretenir et élever leurs enfants. Les mots *nourrir, entretenir*, se rapportant à l'éducation physique, le mot *élever* désigne évidemment ici le devoir d'éducation morale, devoir qui incombe aux parents eux-mêmes et que certains voudraient imposer à l'État, en rendant l'instruction gratuite. Serait-ce un bien, serait-ce un mal? Il faut distinguer, ce me semble. La gratuité, sans doute, est bonne et nécessaire, quand les parents sont pauvres et d'une pauvreté qui ne leur permet pas de supporter le poids de rétributions scolaires ; mais ce cas d'indigence est justement prévu par l'art. 24 de la loi du 15 mars 1850, article ainsi conçu : « L'enseignement primaire est donné gratuitement à tous les enfants dont les familles sont hors d'état de le payer ; » sage disposition qui me paraît suffire, car, en tout autre cas, pourquoi, je le demande, l'État viendrait-il substituer son action à l'initiative privée, en payant la dette des père et mère, en acquittant, à leur décharge et sans leur participation, l'obligation qu'ils ont librement contractée? Eux seuls sont tenus en droit comme en fait. Seulement, on recule devant la contrainte pour les forcer à remplir leurs engagements. D'où vient qu'on n'est pas plus sévère?

La réponse est dans un intéressant travail (1) où je lis les lignes suivantes : « Nous sommes si chatouilleux en France en matière de liberté que le seul nom d'enseignement obligatoire nous fait frémir. On confond comme à plaisir l'enseignement obligatoire avec l'école obligatoire, quoiqu'il y ait un monde entre les deux questions. On affecte de voir dans l'établissement de l'enseignement obligatoire comme un commencement de triomphe pour les doctrines socialistes, quoique la Chambre des pairs, assurément fort peu favorable à l'esprit d'utopie, ait émis en 1833, dans un rapport officiel, un vote favorable à cette *terrible*

____

(1) *L'Instruction et les bibliothèques popul.* (*Revue des deux Mondes* du 15 septembre 1863.)

innovation, et que M. Cousin en ait été, parmi nous, le premier apôtre. »

Terrible innovation que l'emploi d'un remède indiqué déjà dans les lois de Charondas, que Diodore de Sicile nous a conservées !
Art. 4. « Tous les enfants des citoyens apprendront à lire et à écrire sous des maîtres payés par le trésor public. C'est par l'écriture que s'exécutent les choses les plus utiles à la vie, les scrutins, les lettres, les testaments, l'institution des lois et tous les devoirs de la société. »

Terrible innovation que l'emploi d'un remède dont la noblesse de France demandait avec instance l'application dans une pétition adressée en l'an 1582, à Henri III, pétition tendante à ce que des peines fussent portées contre ceux qui n'enverraient pas leurs enfants à l'école !

Terrible innovation que l'emploi d'un remède éprouvé par l'expérience qu'en ont faite énergiquement la Prusse, la Saxe, le Hanovre, le Wurtemberg, la Hesse-Électorale, les grands-duchés de Bade, de Saxe-Weimar, de Saxe-Cobourg-Gotha, de Hesse-Darmstadt, les duchés de Nassau et de Brunswick, la Bavière, l'Autriche, le Danemark, la Suède, la Norwége et presque tous les cantons de la Suisse ! L'art. 43 du Code général prussien de 1794 porte : « Tout habitant, qui ne peut pas ou qui ne veut pas faire donner à la maison à ses enfants l'instruction nécessaire, e' obligé de les envoyer à l'école dès l'âge de cinq ans révolus. »
Et tous les codes des puissances précitées ont des dispositions analogues consacrant ce que l'Allemagne a nommé le devoir d'école (*die Schulpflichtigkeit*).

Si ce devoir d'école était admis chez nous, la statistique officielle n'en serait pas réduite à déplorer ce fait que six cent mille enfants sont encore aujourd'hui dépourvus de toute pâture intellectuelle. Six cent mille enfants arrachés à l'ignorance et, par suite, probablement à la misère et à la honte, ce serait une noble et glorieuse conquête qu'il faut espérer que nous verrons s'accomplir. Qui veut la fin veut les moyens. Par malheur, ces moyens nous manquent. Il est dur d'employer l'amende ou la prison pour forcer un père à remplir sa tâche sainte. C'est un mode irritant qui blesserait, je crois, le sentiment public plus délicat chez nous que dans d'autres contrées. Comment faire? On a proposé (1) de priver le père qui manque à ce devoir sacré, de tout ou partie de ses droits de puissance paternelle. Mais cette peine souvent serait illusoire : l'enfant, la plupart du temps, n'ayant pas de biens, la privation du droit de jouissance légale serait insignifiante ; quant au droit de garde, c'est moins un profit qu'une charge qu'on ôterait au père exempté d'un fardeau qui lui semblait trop lourd. D'autres ont proposé de le priver seulement de ses droits politiques, comme coupable envers la société tout entière. Reste à savoir quelle serait, en pratique, l'efficacité de ces diverses sanctions.

En tout cas, le père qui néglige de donner ou de faire donner à son enfant une éducation suffisante est coupable, et ce manquement est assez grave pour nécessiter, pour légitimer l'intervention répressive de la loi ; « car ce n'est pas faict en bon père et libéral de ne vestir et parer celuy qu'il a produict et élevé, c'est-à-dire s'efforcer de le faire instruire selon les forces de son bien. D'où vient que Solon établit une loy par laquelle il ordonna que l'enfant ne seroit obligé de fournir les aliments à son père lequel ne lui auroit faict apprendre aucun art (2). » La liberté de faire des brutes n'existe pas ou ne devrait pas exister, comme attentatoire à la sûreté publique, comme attentatoire aux droits des enfants eux-mêmes. « Demander que le père de famille, chez lui ou hors de chez lui, fasse donner à l'esprit de son enfant ces premiers éléments dont l'absence accroît fortement la probabilité qu'il deviendra un être dangereux pour lui-même et pour les autres, est-ce outre-passer le droit de la société et tyranniser l'individu ? N'est-ce pas plutôt agir à la fois dans le sens de la liberté de l'enfant, mieux mis en état de lutter contre les causes qui produisent la misère et les crimes,

(1) Altmeyer, *Quelques mots sur l'enseignement primaire obligatoire.*

(2) Choppin, *Comment. sur la Cout. d'Anjou.*

et dans le sens de la liberté générale, tenue en échec par les criminels (1) ? »

Émettons donc le vœu qu'enfin, sous ce rapport, l'art. 203 ne soit plus lettre morte, et que sa portée restreinte soit élargie par une sanction pénale efficace du devoir d'éducation, l'instruction obligatoire étant, à nos yeux, le seul contre-poison de ce fléau social qu'on nomme l'ignorance.

2° — DROITS CORRÉLATIFS.

Le devoir suppose le droit d'éducation qui suppose le droit de garde et le droit de correction.

1° Droit de garde (art. 374). — Je dis en premier lieu que le père a le droit d'élever ses enfants selon ses croyances. C'était aussi la règle du vieux droit romain : *Filius sub patria potestate dicitur esse in sacris paternis.* D'où saint Thomas et les Docteurs avaient conclu qu'on ne pouvait, contre le gré des père et mère, baptiser les enfants des Juifs : qu'on ne le pouvait même après la mort du père, si la mère s'y opposait, lors même qu'il y aurait un aïeul paternel converti à la foi chrétienne, insistant pour avoir la garde et l'éducation de son petit-fils. Ce sont là d'excellents principes ; on eut bien fait de ne jamais s'en écarter. Par malheur, nous voyons un funeste courant entraîner les races latines hors des voies de la tolérance et de l'équité naturelle. En apparence, on respecte la règle ; en fait, on la détruit par des dérogations, biais imaginés par les canonistes : 1° il suffit que l'enfant ait dix ans et demi, soit *pubertati proximus*, pour se soustraire à la garde de ses parents ; dès cet âge, il peut, malgré leur défense, entrer dans une église qui n'est pas la leur ; 2° il suffit que la mère se soit convertie pour qu'on cesse d'avoir égard aux droits du père, *nam quando diversa est conditio patris et matris, nunc filii illius conditionem sequuntur, ex qua eorum conditio non efficiatur*

(1) M. Baudrillart.

deterior ; 3° il suffit qu'en fait il y ait eu baptême pour imprimer à l'enfant, malgré ses parents, un caractère ineffaçable (*ratione characteris impressi cogentur fidem servare ;* 4° il suffit enfin que l'enfant soit en danger de mort pour qu'on puisse lui conférer le sacrement du baptême sans le consentement de ses père et mère : *Præsertim si id secrete et occulte fiat, ut refert Suarez, dicens hanc sententiam esse piam et probabilem, sed non utendum hac facultate sine magna prudentia et cautela, ac præcipue observandum quod puer in eo sit statu, ut de ejus vita verisimiliter desperetur, ne si postea superviveret, aut patri per vim eripiendus, aut ipsi cum periculo apostasiæ relinquendus esset, et denique id cavendum ne id fiat cum manifesta violentia, et scandalo parentum, quia cederet in injuriam Christianæ religionis* (1).

Ces précautions, d'ailleurs, sont mises de côté à l'égard des enfants d'esclaves infidèles. On n'a garde de réprouver la vieille doctrine romaine en vertu de laquelle l'esclave est sans droits vis-à-vis de son maître qui peut, qui même doit lui ravir ses enfants, suivant cet acte d'un concile de Tolède : *Qui Judæos in servitutem acceperint, in nullo eos permittant rituum suorum ceremonias celebrare, aut colere, et filio eorum a septimo anno nullam cum parentibus suis habitationem, aut societatem habere permittant, sed fidelissimis Christianis nutriendos tradant, et filios eorum et filias Christianis in matrimonium tradant, ne infidelium patrum suorum semitas quibuslibet occasionibus iterare possint* (2). L'esclavage est ici, du moins, une circonstance atténuante, mais, chose plus grave, on en vient à formuler et à appliquer cette règle générale : *Hereticorum filii eximuntur a patris potestate* (3). Dans la Résolution royale par laquelle les Maures sont expulsés des royaumes de Valence et de Castille, je lis cette clause spéciale : « Si, le père étant musulman, la mère est cependant chré-

____

(1) *Paschalii Tractatus de Viribus patriæ potest.*, Ire partie, ch. **vii.**

(2) Concil. 17 Toletan., ch. **viii.**

(3) Clementinus, *de Patria potest.*

tienne, le père seul sera expulsé, et les enfants au-dessous de six ans resteront avec la mère.... *Si el padre fuere morisco, y ella cristiana vieja, él será expelido, y los hijos menores de seis años quedaren con la madre.* »

J'ai hâte de rentrer en France où, dans l'effervescence des passions religieuses, s'étaient produits aussi de notables abus. Pour en prévenir le retour, refréner l'ardeur d'un faux zèle, enfin rétablir l'ordre en faisant respecter les droits souvent violés des pères de famille, Henri IV s'exprime ainsi : « Défendons à tous nos sujets, de quelque qualité et condition qu'ils soient, d'enlever par force ou induction, contre le gré de leurs parents, les enfants de la dite religion pour les faire baptiser ou confirmer en l'église catholique, apostolique et romaine, comme aussi mêmes défenses sont faites à ceux de ladite religion prétendue réformée, le tout à peine d'être punis exemplairement. »

Tels sont les termes de l'édit de Nantes, art. 18. — On sait quel fut le triste sort de cet édit. Je n'insisterai pas sur son abrogation, sur ce qui la suit ou qui la précède : c'est la force qui trône à la place du droit ; or, le droit seul est ici de notre domaine : nous devons nous y renfermer.

Certes nous ne sortirions pas de notre cadre en recherchant dans les arrêts des parlements les variations de l'ancienne jurisprudence relativement à ce droit de garde qui fait l'objet de notre étude en ce moment. Mais il faut nous restreindre, et, pour ne pas rester trop longtemps en dehors du Code, nous y reviendrons immédiatement, sauf à rapprocher, quand besoin sera, la jurisprudence ancienne de la moderne.

Aux termes de l'art. 374, les enfants mineurs sont sous la garde du père; ils ne peuvent quitter la maison paternelle sans son autorisation. Que signifierait le devoir qu'on lui impose de diriger et de surveiller son enfant, si l'enfant pouvait se soustraire ou être impunément soustrait à ses directions et à sa surveillance? Un seul cas se trouve excepté par notre article : c'est celui où, « se sentant pressé du désir de servir sa patrie et de marcher sur les traces des héros à qui la France est redevable de sa

14

stabilité et du rang glorieux qu'elle tient parmi les puissances de l'Europe, il s'enrôle volontairement sous ses drapeaux signalés par tant de victoires (1). » Ces réflexions et la disposition du Code qui permet, dès l'âge de dix-huit ans, les enrôlements volontaires, sont en harmonie avec l'esprit militaire du Consulat. L'esprit moins militaire de la monarchie de Juillet inspire la loi du 21 mars 1832 sur le recrutement de l'armée, dont l'art. 32 s'exprime ainsi : « L'engagé volontaire devra, s'il a moins de vingt ans, justifier du consentement de ses père, mère ou tuteur. Ce dernier devra être autorisé par une délibération du conseil de famille.... » Ce n'est plus à dix-huit, c'est à vingt ans seulement que l'enfant pourra s'engager, sans avoir de compte à rendre à personne de sa détermination. Enfin, un décret du 13 juillet 1848 réduit de dix-huit ans à dix-sept l'âge voulu pour l'engagement volontaire dans l'armée de terre (l'âge de seize ans suffisant pour l'armée de mer) ; mais il laisse subsister la nécessité du consentement du père jusqu'à l'âge de vingt ans.

Quand je dis du *père*, c'est pour parler comme l'art. 374, *de eo quod plerumque fit*. Je me place dans l'hypothèse où les époux étant l'un et l'autre vivants, le père a l'exercice de la puissance paternelle. Supposons cependant qu'un père ait disparu : il est très-conforme aux principes que la femme ait la garde et la surveillance des enfants issus d'un commun mariage (141) ; c'est, dit Bigot-Préameneu, le droit naturel de la mère, c'est la volonté présumée et en quelque sorte certaine du père absent, lorsqu'il n'y a aucune preuve d'intention contraire, et c'est l'intérêt des enfants eux-mêmes, cet intérêt qu'il ne faut pas perdre de vue, surtout lorsque les deux époux sont séparés, de fait ou de droit, peu importe. C'est ainsi qu'en cas de séparation de corps, bien qu'en principe la garde des enfants appartienne à celui des époux qui a obtenu ladite séparation, les tribunaux peuvent cependant ordonner, *pour le plus grand avantage des enfants*, qu'ils seront confiés aux soins de l'autre époux, ou d'une tierce personne. Établie

____

(1) Albisson, Corps législ., 3 germinal an XI.

d'abord en matière de divorce, utilisée pour le cas de séparation, cette disposition de l'art. 302 me rappelle certaines dispositions des Assises dont l'analogie est, je crois, assez frappante pour justifier ici quelques rapprochements. Aux ch. CLXXVII des Assises de la Cour des bourgeois, on lit : « S'il avient que uns hons se soit partis de sa moillier par aucune juste raison et ils ont enfans eu, la raison commande que ce les enfans sont menors de treis ans, il les deit nourir la mère jusques ils aient sept ans ; et le père lor deit donner dou cien à manger et à beire…. Et puis se le père les voisist prendre, et ils ne voisissent aler au père, ou la mère ne les li vost baillier, por ce qu'il avet pris autre feme, ou par autre juste raison, le dreit commande que les jurés devent esgarder et entendre le fait dou père et de la mère, et là où ils verront que les enfans seront miaus, là ils deivent laisser jusques ils aient douze ans…. » Entre ces jurés qui cherchent *où les enfants seront mieux*, et nos juges qui cherchent de même *le plus grand avantage des enfants*, nulle différence sensible.

Dans sa Concordance, Anthoîne de Saint-Joseph nous apprend qu'en Prusse, la mère est maîtresse d'élever l'enfant jusqu'à l'âge de quatre ans ; le père n'intervient qu'ensuite pour déterminer le genre d'éducation. Ce droit de la mère est écrit, dans le fragment précité des Assises, pour le cas où les époux ne sont plus ensemble ; une exception d'ailleurs avait été admise avec grande raison : « Mais se la mère est malade de meselerie (lèpre) ou dou grand mau, la raison commande qu'elle ne deit nul nourir des enfans, mais le père, por ce que tost porret occire ou mahaigner (rendre infirme) aucun de ces enfans, ou par la maladie ou par la meselerie qui mout tost cort. » Encore aujourd'hui, nous n'en doutons pas, la justice pourrait soustraire l'enfant à la garde de ses parents, pour le soustraire à quelque fatale influence qui compromettrait gravement sa vie morale ou son existence physique. Mais, à part des cas tout à fait exceptionnels, la règle de l'art. 374 demeure ; il faut voir maintenant quelle en est la sanction.

Le père ou la mère a certainement le droit de réclamer le concours de la force publique pour remettre à sa place l'enfant déserteur, que cette place soit la maison paternelle ou tout autre lieu désigné par les parents. Le père ou la mère a certainement le droit de revendiquer l'enfant contre un tiers qui le retiendrait de gré ou de force, et ce droit, qui nous rappelle l'*interdictum de liberis exhibendis*, a sa sanction pénale. (C. pén., 354.) Sans doute ici l'obligation de restituer est une obligation de faire, de la part du tiers détenteur, mais cependant on ne peut dire, dans l'espèce, qu'en cas d'inexécution, l'obligation doit se résoudre en dommages-intérêts, aux termes de l'art. 1142. Cet article suppose la possibilité d'un équivalent pécuniaire qui n'existe pas en pareille circonstance. Dès lors nous n'avons pas à nous préoccuper des principes qui régissent les rapports ordinaires de créancier à débiteur.

Mais comment devra s'y prendre le père pour mettre en mouvement la force publique? Lui suffira-t-il d'un ordre du président? Ou bien faudra-t-il l'intervention du tribunal lui-même? MM. Du Caurroy, Bonnier et Roustain penchent vers le second système. Ils enseignent que le pouvoir exceptionnel, attribué au président par les art. 376 et 377, doit être strictement limité au cas prévu: « Ce pouvoir, disent-ils, lui est conféré en ce qui concerne le droit de correction, afin que l'exercice de ce droit ait moins de publicité; or, il n'y a pas les mêmes raisons pour sortir du droit commun, quand il s'agit simplement de ramener à la maison paternelle un enfant qui s'en est échappé. C'est donc au tribunal qu'il appartient de statuer en connaissance de cause, ou du moins, si le président peut être saisi, c'est seulement en cas d'urgence et par voie de référé, pour obtenir une décision provisoire. » (C. proc., 806.) Autre est l'opinion de M. Demolombe. Suivant lui, le titre du père est dans la loi; l'intervention du tribunal est inutile; l'ordre du président suffit dans tous les cas pour qu'on rende un fils à son père; le père peut agir *manu militari*, que l'enfant soit en état de vagabondage, ou qu'il soit retenu, séquestré par des tiers. Seuls, les père et mère ont le droit de *retenir* leurs enfants auprès d'eux ou de les envoyer dans tel ou tel collége, dans telle ou telle institution. « De là, il suit, dit Pothier, qu'un enfant soumis à la puissance paternelle ne peut entrer dans un état, se faire novice, faire profession religieuse contre le consentement de ses père et mère, sous la puissance desquels il est. Cela a été jugé contre les jésuites, au profit de M. Airault, lieutenant général d'Angers, par arrêt de 1587 ; contre les feuillants, par arrêt du 10 août 1601 ; contre les capucins, au profit du président Ripault, par arrêt du 24 mai 1604 ; ces arrêts sont fondés en grande raison (1). » Aujourd'hui encore, la fille mineure de vingt-et-un ans ne doit pas être admise à contracter des vœux dans une congrégation religieuse, si elle ne présente pas les consentements requis pour contracter mariage. (Art. 148, 149 et 150, C. Nap.) C'est ce que décide le décret du 18 février 1809, art. 7, et celui du 28 février 1810 offre le complément du précédent système, en établissant (art. 4) que le fils, âgé de moins de vingt-cinq ans, ne peut être admis dans les ordres qu'autant qu'il justifie des consentements requis par les lois civiles quant au mariage des fils mineurs de vingt-cinq ans.

De la sorte, on fait respecter cette autorité paternelle qui, parmi ses plus précieuses attributions, comprend essentiellement la garde, l'éducation et la direction des enfants, non-seulement durant le mariage, mais encore après sa dissolution. Un arrêt de la Cour impériale de Paris, du 11 août 1854, s'appuie sur ces considérants : qu'à la différence de la tutelle dative, où l'administration de la personne des enfants mineurs se confond avec la gestion des biens, il y a pour les père et mère, à côté et au-dessus de la tutelle, les droits et les devoirs de la puissance paternelle ; que pour eux cette puissance préexiste à la tutelle ; que lorsqu'ils deviennent les tuteurs de leurs enfants, c'est uniquement quant à l'administration des biens ; que la puissance paternelle leur reste entière sans être nullement diminuée ; qu'il n'y a à cet égard aucune différence entre la mère remariée, maintenue dans la tutelle par le conseil de famille, et la mère demeurée veuve ; que tout ce qui tient à l'autorité paternelle est de sa nature

_____

(1) Pothier. *Traité des personnes*, t. VI, sect. 2.

inaliénable ; qu'il n'appartient pas au conseil de famille d'y apporter aucune restriction ; qu'il ne dépend pas non plus de la mère de se dessaisir d'aucune partie de ses droits, parce que ces mêmes droits renferment autant de devoirs envers les enfants ; que ces principes s'appliquent spécialement à ce qui est relatif à la disposition de la personne des enfants, à leur éducation et à leur direction pour le choix d'une carrière, objets qui rentrent essentiellement dans le domaine de l'autorité paternelle.... Cette distinction entre la tutelle et la garde est ancienne dans notre droit. *Aliud est tutela, aliud educatio*, dit le Recueil d'Albert, v° *Éducation ;* et Denizart remarque, sous le même mot, que lorsque le gardien et le tuteur sont deux personnes différentes, l'autorité du tuteur sur la personne du mineur est *éclipsée* pendant la garde par celle du gardien. Du Fail (l. III, ch. xlvii) cite un arrêt du parlement de Bretagne par lequel une mère qui, pour s'être remariée, avait été privée de la tutelle de sa fille, fut cependant préposée à sa garde et à son éducation. Voilà donc un exemple de séparation où la mère gardienne *éclipsera* le tuteur, touchant les droits sur la personne.

Supposons maintenant les deux qualités réunies sur la même tête ; il faudra toujours les distinguer avec soin et se garder d'en confondre les conséquences. Si l'époux survivant est soumis, comme tuteur, à la surveillance du conseil de famille, relativement à l'administration des biens, il n'est, quant à la direction de la personne, susceptible d'aucun contrôle, le droit de garde étant l'inviolable attribut de l'autorité paternelle. Lors donc que nous voyons un conseil de famille s'immiscer dans certaines questions relatives à la garde ou à l'éducation des mineurs, pour savoir s'il est dans son droit, demandons-nous si la tutelle est légale ou dative. Au premier cas, les attributions du conseil, limitées aux biens, ne peuvent s'étendre, sans abus de pouvoir, aux droits sur la personne ; et s'il en est autrement dans le second cas, c'est qu'alors le tuteur n'étant pas investi de la puissance paternelle, les droits y relatifs sont passés au conseil (160, 468, 478, 479). C'est ainsi que s'explique un jugement de Strasbourg, du 3 janvier 1854, qui, pour donner raison au conseil de famille contre un tuteur datif désigné par la mère dans son testament, s'appuie sur l'importante distinction établie entre les pouvoirs déférés aux pères en tant que tuteurs et ceux déférés à toute autre personne, et constate qu'autant les premiers sont larges et presque illimités, autant les seconds sont circonscrits et essentiellement soumis au contrôle du conseil de famille (1). Mais cela ne justifie pas la solution que je trouve au 29ᵉ plaidoyer d'Omer Talon sur le point de savoir si, le père étant mort, l'éducation d'une fille pouvait être confiée à la mère professant la religion réformée. L'appelante s'appuie sur le droit naturel qui l'oblige à nourrir, à élever sa fille; sur les règles de bienséance qui lui en confient la garde et l'éducation; sur l'espèce d'injure et de diffamation qu'entraînerait sa déchéance, enfin sur les termes mêmes de la loi civile, d'après laquelle le survivant exerce seul l'autorité que la loi de Dieu et la nature avaient donnée à deux personnes. La famille aura-t-elle le droit de porter l'inquisition dans sa demeure, afin de l'obliger à nourrir son enfant dans une religion autre que la sienne ? Oui, répond l'ancienne jurisprudence, car « l'autorité maternelle n'entre point en comparaison et en balance avec la puissance paternelle, même le père étant décédé. » Donc l'appellation est mise à néant (27 janvier 1638). Non, répondrait-on de nos jours. L'époux survivant, quel qu'il soit, a la puissance, et en use comme il l'entend, sans contrôle de la famille, sauf l'unique exception relative à la mère quant au droit de correction (381).

2° Droit de correction (art. 375-382). — Par dérogation au principe qui laisse à l'époux survivant, quel qu'il soit, tous les droits de la puissance paternelle, la mère n'a jamais, quant au droit de correction, les mêmes pouvoirs que le père. Des deux moyens donnés au père pour sauvegarder son autorité, pour punir, par la détention, l'enfant rebelle, un seul passe à la mère et encore restreint, puisqu'il faut le concours de parents ou amis pour que la mère agisse par voie de réquisition. J'ai dit *de parents*

(1) *Le Droit*, 10 janvier 1854.

ou amis, bien que le Code (art. 381) ne parle que des deux plus proches parents paternels. D'où Proudhon conclut qu'à défaut de parents paternels, la femme est incapable d'exercer un droit subordonné à une condition expresse qu'elle est, en ce cas, incapable de remplir; mais en général on préfère un système plus favorable qui, comme la loi elle-même, en l'art. 409, se contente au besoin de deux amis du père. Le législateur semble avoir voulu surtout « ne pas laisser peser sur une mère toute la responsabilité d'une mesure de rigueur. » Je préfère, pour ma part, cette raison donnée par le tribun Vésin à celle que nous donne le conseiller Réal, touchant l'assistance requise. Suivant ce dernier, on a dû prévoir que la mère, trop faible ou trop légèrement alarmée, pourrait peut-être trop facilement recourir à ces moyens extrêmes. Tout en reconnaissant que violence et faiblesse vont très-souvent de compagnie, je me demande cependant s'il est permis de se défier du cœur des mères au point de redouter leur exaspération plus que les rigueurs paternelles. La question est complexe; elle touche aussi bien à la physiologie qu'à la psychologie; ce n'est donc pas le lieu de la traiter ici. Je n'insiste pas, je passe outre.

Des termes mêmes de l'art. 381, qui demande le concours de deux proches pour *faire détenir* l'enfant, j'induis que ce concours n'est pas, en sens inverse, exigé pour *faire cesser* la détention. L'exiger encore en ce dernier cas, c'est dépasser et la portée de notre article et, je crois, les intentions du législateur. Si la *levitas animi* des femmes, cette base fragile trop souvent donnée, depuis le droit romain, à des dispositions plus ou moins arbitraires, était l'unique base du présent article, on pourrait, j'en conviens, dire qu'il faut *toujours* se prémunir contre une incurable faiblesse, et redouter autant un excès d'indulgence qu'un excès de sévérité : l'intervention de tiers, appréciant l'à-propos de l'entrée et de la sortie de l'enfant dans tel ou tel lieu de détention, substituerait l'action de la froide raison aux actes plus ou moins passionnés de la mère; l'équité se trouverait bien du maintien de la garantie. Nous pensons cependant qu'un concours de parents n'est demandé que dans la première hypothèse.

Au premier cas, il a cet immense avantage de ne pas laisser la mère seule responsable d'une mesure de rigueur ; mais au second cas il aurait l'inconvénient ou d'entraver tous les mouvements généreux de la tendresse maternelle, ou de gaspiller des sentiments affecteux, quand l'enfant est capable de reconnaissance ; car si la mère est seule sa libératrice, seule elle a droit aux sentiments de gratitude que l'enfant devrait partager entre plusieurs, si nous la supposons forcée de partager la responsabilité, si douce à porter, du pardon et de la clémence. Laissons donc à la mère ce précieux droit de grâce. Nul texte n'autorise à le lui refuser : il est de l'essence même de la puissance paternelle, qui n'est pas seulement la puissance du père, mais qui est aussi la puissance de la mère (372). Les droits sont communs ; les effets communs, sauf les dérogations légales ; mais puisque notre art. 381 ne déroge pas à l'art. 379, appliquons à la mère ce dernier article, et permettons-lui, comme on permettrait au père, d'abréger la durée de la détention.

Des premiers mots de l'art. 381 : « la mère survivante et *non remariée*, » il faut conclure par argument *a contrario* que la mère survivante, qui se remarie, perd en principe le droit de correction sur les enfants du premier lit. Si, dans certains cas, nous la voyons l'exercer de concert avec son nouveau mari, ce n'est pas à titre de mère, à titre d'époux survivant, c'est en qualité de tutrice, autorisée non plus par deux proches parents, mais par le conseil de famille (468).

Autre est le sort du père en cas de subséquent mariage (380). Il peut faire détenir, *jure patrio*, l'enfant du premier lit, mais sous cette réserve qu'il doit désormais n'agir que par voie de réquisition, lors même que l'enfant n'aurait pas entamé sa seizième année ; tandis qu'il pourrait, sans son second mariage, agir par voie d'autorité envers le mineur de seize ans (376) ; il pourrait demander l'ordre d'arrestation au président du tribunal de l'arrondissement de son domicile, et le président devrait le lui délivrer, excepté cependant si l'âge de l'enfant rendait la demande insensée ; si l'enfant, par exemple, avait quatre ou ci 1 ans, le président aurait le droit et le devoir de ne tenir aucun compte du désir du père, un tout petit enfant ne pouvant inspirer le *mécontentement très-grave* exigé par l'art. 375. En tout autre cas, l'ordre serait délivré, si ces quatre conditions se trouvaient remplies :

1° Que l'enfant eût moins de seize ans. — Au-dessous de cet âge, la jeunesse de l'enfant est presque toujours une garantie que le père n'agira point avec passion, qu'il n'obéira pas aux instincts de vengeance. Au-dessus de cet âge, on pourrait, au contraire, redouter les emportements d'un homme à la fois juge et partie dans la cause ; et double garantie est donnée à l'enfant dans l'intervention du président et dans celle du procureur impérial, dont l'impartialité apprécie la valeur des raisons données par le père. Le père doit s'expliquer auprès du président, *dicturo sententiam quam dici volueris* (1), mais seulement au cas où, *cognita causa*, la demande paraîtra fondée. Ces précautions sont bonnes ; la mesure est grave ; ici la détention pourrait durer six mois, tandis que, pour l'enfant au-dessous de seize ans, un mois forme le maximum de la durée.

2° Que l'enfant n'eût pas de biens personnels. — C'est une condition qui ne s'explique guère. On a prétendu l'expliquer en avançant que c'est une précaution prise pour empêcher le père de se faire payer la liberté qu'il laisse à l'enfant menacé d'une détention plus ou moins arbitraire. Le père lui vendrait ainsi son indulgence ; mais on a répondu que ce trafic honteux n'était pas praticable, l'enfant ne pouvant faire de réels sacrifices pour acheter sa liberté. Cet argument n'a pas paru irrésistible. On l'a réfuté en disant : sans doute en droit, pour cause d'incapacité, les engagements du mineur ne sont pas valables (1124) ; mais il était bon cependant d'en tenir compte, parce que l'enfant pourrait se croire moralement obligé de les observer.

3° Qu'il n'exerçât pas un état. — La détention serait presque toujours nuisible à ses intérêts et à ceux de ses clients ; la plu-

____

(1) L. III, Code, *de Patria potest.*

part du temps, elle porterait atteinte à son crédit d'une très-fâcheuse façon. Ici, d'ailleurs, l'enfant mérite plus d'égards.

4° Que le père ne fût pas remarié, — parce qu'il n'est que trop fréquent, dit Proudhon, que le convol à secondes noces du père altère ses sentiments d'affection à l'égard des enfants du mariage précédent.

Mais si le père remarié perd sa nouvelle femme, recouvre-t-il le droit de faire détenir par voie d'autorité ses enfants du premier lit mineurs de seize ans? Si la mère remariée perd son nouvel époux, recouvre-t-elle le droit de correction dans les termes de l'art. 381? — Deux questions au fond identiques auxquelles généralement on répond par l'affirmative, sous prétexte que les termes des art. 380 et 381 supposent que le père ou la mère est *actuellement* remarié, que le mariage existe encore. A nos yeux, si *le père est remarié* veut dire: si le père n'est pas resté veuf; la mère remariée est celle qui n'est pas restée veuve. Des droits étaient accordés au veuf, à la veuve non purement et simplement, mais sous la condition résolutoire d'un subséquent mariage. L'événement de la condition entraîne irrévocablement leur déchéance, et la preuve, c'est qu'aucun texte ne leur restitue, à la dissolution de ces nouveaux liens, les droits retirés par les deux art. 380 et 381, et la raison majeure, c'est que l'influence de l'époux décédé lui survit, influence souvent fatale aux enfants d'un premier mariage qui, après comme avant le décès, ont besoin d'être protégés spécialement par la loi.

C'est encore la loi qui protége l'enfant, lorsqu'elle lui permet d'exercer un recours contre la décision du président lui-même. Ce recours toutefois n'est jamais suspensif. « L'autorité paternelle cesserait, dit Proudhon, d'être aussi respectable qu'elle doit l'être, et serait compromise, si, pour corriger l'enfant, il fallait entrer en lutte judiciaire avec lui; il ne doit donc point être préalablement entendu, et dans tous les cas l'arrestation doit être exécutée par provision et avant que l'enfant soit parvenu à réclamer. » C'est pendant sa détention même, obtenue par voie de réquisition, que l'enfant peut chercher à se justifier par un mémoire.

Le procureur général près la Cour impériale à qui la plainte de l'enfant est adressée, se fait rendre compte par le procureur impérial près le tribunal de première instance ; après quoi, il fait son rapport au premier président de la Cour impériale qui, le père averti, peut, d'après tous les renseignements recueillis, révoquer ou modifier l'ordre délivré par le président du tribunal de première instance.

Mais ce recours s'applique-t-il à tous les cas ? Ou bien devons-nous le restreindre aux deux cas de l'art. 382 ? C'est un point qui a bien divisé les esprits et qui a son importance dans la pratique, puisqu'il s'agit de savoir où finit le pouvoir des présidents de tribunaux de première instance, où commence celui des présidents de Cours. Si, au lieu de ne renfermer que l'exception, l'art. 382 contient la règle, il en résulte que les derniers ont le droit de réformer les décisions des premiers dans les cas des art. 377, 380 et 381.

Pour l'interprétation restrictive, on s'appuie sur la rédaction de l'art. 382. Le recours au premier président est établi par le deuxième alinéa de cet article ; or, cet alinéa complète le premier qui signale deux cas (pas plus) où le dit recours est possible, c'est celui où l'enfant a des biens personnels, et celui où l'enfant a un métier quelconque. D'ailleurs, dit-on, l'abus du droit de correction était plus à craindre dans ces cas que dans les autres. Enfin, on s'appuie tout particulièrement sur les travaux préparatoires ; mais ces travaux ne nous semblent pas concluants, vu l'amas de contradictions qu'on y rencontre. Le Conseil d'État et le Tribunat paraissent n'avoir pu s'entendre. A côté de Camba-cérès (1) et de Réal (2) qui spécialisent, je vois Vesin qui semble généraliser (3), Albisson qui généralise (4). Finalement, l'art. 382 est adopté, mais cet article, qui ne contenait d'abord qu'une phrase unique, a été coupé en deux dans le Code. N'en doit-on

(1) 8 Ventôse an XI.
(2) 23 Ventôse an XI.
(3) 1er Germinal an XI.
(4) 3 Germinal an XI.

pas conclure qu'en isolant ainsi la seconde disposition de notre article, on a eu l'intention de généraliser et de faire porter sur toute la matière le dernier alinéa du dernier article relatif au droit de correction? Pourquoi donc en restreindrions-nous la portée? Le texte ne distingue pas.

Les distinctions d'ailleurs sont-elles justifiables? L'enfant pauvre a-t-il moins besoin de protection que l'enfant riche? Cette sorte d'appel n'est-elle pas conforme aux principes fondamentaux de l'organisation judiciaire? « Si le tribunal lui-même, lorsqu'il prononce la contrainte par corps, ne statue jamais qu'en premier ressort, comment le président seul pourrait-il prendre, relativement à la détention d'un mineur, une décision irrévocable? Qu'il en soit ainsi, lorsqu'il délivre l'ordre d'arrestation que le père a le droit d'exiger, on peut le concevoir, parce qu'alors le magistrat ne décide rien; il obéit à une autorité souveraine, à celle dont la loi investit le père (476). Mais il doit en être tout autrement quand l'ordre d'arrestation, au lieu d'être réclamé par voie d'autorité, est demandé seulement par voie de réquisition; car alors le président du tribunal délibère comme juge; il a une décision à prendre, et il ne doit la prendre qu'en premier ressort (1). » Enfin, dans le doute, on doit préférer, je crois, l'opinion la plus favorable à la liberté individuelle et se rapprocher, autant que faire se peut, sans violer la lettre et l'esprit du Code, des sages précautions qu'en pays étranger on prend pour empêcher les parents d'abuser de l'autorité paternelle. C'est ainsi qu'en Prusse, la détention dans une maison de correction doit être autorisée par le roi ou le ministre de la justice, et qu'en Angleterre ainsi qu'aux États-Unis, il n'y a jamais lieu à pareille détention. Peut-être nous serait-il permis de souhaiter que chez nous il en fût de même. Un père procédant *manu militari* pour faire incarcérer un enfant dont la faute est souvent légère, après tout; un enfant protestant contre l'ordre du père approuvé par le président du tribunal, et cherchant à montrer que le père et le juge ont pu

_____

(1) MM. Du Caurroy, Bonnier et Roustain, I, 560.

.tous les deux se tromper ; la possibilité d'un échec pour le père, d'un succès pour le réclamant ; la volonté du fils triomphant des rigueurs de la volonté paternelle : tout cela n'a-t-il pas quelque chose qui choque, quelque chose qui ne va pas et blesse la délicatesse? L'enfant, dans son mémoire, est poli, je le veux ; convenable en la forme : il y va de son intérêt ; mais ce ton doucereux, cauteleux, hypocrite, mais ce calme apparent, plus ou moins affecté, l'empêchent-ils au fond de manquer au respect que l'art. 371 lui impose? Et le père, de son côté, respecte-t-il l'esprit de l'art. 203, lorsqu'il s'affranchit, sans raison majeure, de la surveillance et de la direction d'un enfant plus ou moins terrible qu'il a la mission divine d'élever et non d'abaisser? Au lieu d'user du *summum jus* que notre Code lui laisse sans lui conseiller de s'en servir, n'aurait-il pas plus de profit à méditer cette pensée de Labruyère : « C'est perdre toute confiance dans l'esprit des enfants, et leur *devenir inutile* que de les punir des fautes qu'ils n'ont point faites ou même sévèrement de celles qui sont légères.... Ils connaissent si c'est à tort ou avec raison qu'on les châtie, et *ne se gâtent pas moins* par des peines mal ordonnées que par l'impunité. » Ne ferait-il pas mieux de s'en tenir toujours à ces châtiments domestiques, à ces petites choses grandes pour les petits hommes, qui lui offrent pourtant assez de latitude, et dont il peut user, disons même abuser, s'il s'arrête en deçà des coupables violences punies par le Code pénal (art. 309, 311, etc.)?

Quoi qu'il en soit, *statuit lex*. Le père a, dans le Code, le droit d'ordonner ou de requérir, suivant l'âge de l'enfant, son arrestation, sa détention. Mais prêt à restreindre autant que possible un droit qui n'est pas un des droits superbes, un des doux priviléges de la paternité, j'admets volontiers que, lorsque le président refuse ou du moins abrége la détention, le père n'a pas la faculté de se pourvoir, à moins pourtant qu'il ne prétende agir par voie d'autorité, quand le président pense cette voie fermée. Dans ce dernier cas, c'est le tribunal lui-même qui jugerait le différend ; et, comme le président ne peut être l'adversaire du père, on nommerait à l'enfant un tuteur *ad hoc*, chargé de soutenir la prétention élevée dans son intérêt par ce magistrat.

En tout cas, que ce soit par voie d'autorité ou par voie de réquisition, que le père arrive à la détention du fils, le vœu de la loi est d'éviter à l'enfant toute espèce de flétrissure. C'est une punition, c'est une correction plus ou moins inintelligente, ce n'est pas une peine que la loi inflige et que les tribunaux seraient chargés d'appliquer pour la répression des délits et pour l'exemple. Partant, point de publicité ; ni requête, ni procédure. On déroge aux art. 31, 68, du Code d'instr. crim. Déroge-t-on aussi à l'art. 609? Non, dit-on ; il faut bien que le gardien transcrive sur son registre l'ordre d'arrestation ; il ne peut recevoir ni retenir personne, s'il n'a pas accompli cette formalité dont, au cas présent, rien ne le dispense. Puisque c'est une mesure d'ordre dont on ne peut le dispenser, on pourrait au moins, ce me semble, exiger un registre à part. Mais ce qui vaudrait mieux encore qu'un registre à part, c'est un lieu à part pour la détention des enfants. Les mettre dans les maisons de correction ordinaires, ce serait, dit Lebrun, les envoyer au crime ; et c'est pour satisfaire à cette observation qu'on a retranché, des deux art. 376 et 377, les mots *dans une maison de correction*, qui étaient dans la rédaction primitive. A Paris, la maison religieuse des Dames de Saint-Michel reçoit les filles arrêtées en vertu de l'autorité paternelle (décret du 30 septembre 1807), mais point de maison spéciale pour les garçons. On y supplée par le régime cellulaire. Faute de mieux, c'est une bonne précaution.

Si, pendant le temps que dure la détention, le père est forcément exempt des soins moraux, il n'est nullement dispensé des soins physiques. Il doit toujours nourrir l'enfant (203). Mais est-il tenu, par l'art. 378-2°, de verser d'avance une somme suffisante pour fournir pendant un mois à l'enfant les aliments convenables, comme un créancier qui détient son débiteur? (789, C. pr.) Non, la soumission souscrite par le père s'applique à la fois aux frais et aux aliments, aux termes de l'art. 2 du projet où le mot *frais* n'était pas suivi de la virgule qui s'est glissée dans l'article, on

.ne sait comment. Qui plus est, cette soumission n'est pas toujours indispensable comme préliminaire de la détention, car l'administration en dispense le père, alors qu'il résulte de l'attestation du juge de paix et du maire, ou du commissaire de police, qu'il est dans l'impossibilité de payer les aliments (1).

Le père ne pourrait, pendant la détention, solliciter un nouvel ordre pour faire retenir l'enfant en prison ; sa *recommandation* ne serait pas admise. Mais lorsque l'enfant, après sa sortie, retombe en de nouveaux écarts, le père est libre encore d'exercer son droit, et de réitérer son ordre ou sa demande pour obtenir de rechef et l'arrestation et la rétention du récidiviste. Cependant, M. Demante pose en question le point de savoir si, par cela seul qu'il s'agit de récidive, le père ne serait pas toujours forcé d'agir par voie de réquisition. La négative ne nous paraît pas douteuse. Si le législateur avait voulu restreindre l'autorité du père, bien sûr il l'aurait dit ; mais il ne le dit pas : au contraire, il renvoie de l'art. 379, y relatif, aux *articles précédents*. Rien ne nous autorise à supposer l'art. 376 hors de la portée du renvoi.

APPLICATION DE LA PUISSANCE PATERNELLE AUX ENFANTS NATURELS
LÉGALEMENT RECONNUS.

Dans les pays de droit écrit, comme la puissance paternelle ne pouvait être produite que par un mariage légitime, les enfants naturels étaient hors de cette puissance. De même, suivant une maxime de Loysel, « quelques Coutumes disent qu'un bâtard, depuis qu'il est né, est entendu hors de pain ; mais l'on juge, ajoute l'auteur, que qui fait l'enfant le doit nourrir (41). » « L'abandon absolu des enfants naturels serait contre l'humanité, » dit Portalis. On s'inspira de plus en plus de cette idée : le droit

(1) De Belleyme, *Ord. sur référés.*

intermédiaire s'en inspira trop. Il n'était ni bon, ni prudent d'assimiler les conséquences de la filiation naturelle aux conséquences de la filiation légitime, de manière à ne laisser nulle distinction entre les effets d'un commerce irrégulier et les effets du mariage. C'est cette distinction protectrice de nos grands intérêts sociaux que le Code a dû rétablir par un système mixte où je vois, d'un côté, la famille légitime intacte, respectée, et, d'un autre côté, les enfants naturels assistés, secourus, et non plus abandonnés à leur libre arbitre à l'âge où il est malaisé de se défendre contre les autres et contre soi-même : d'où la puissance entière quant à la personne, et restreinte à l'égard des biens. Voyons ici ce qui concerne la personne.

A tout âge, l'enfant naturel reconnu doit honneur et respect à ses père et mère ; mais l'extension de l'art. 371, applicable en cas de filiation légitime, est inapplicable ici, parce que l'enfant naturel est civilement étranger aux parents de ses père et mère. Écartons donc les déductions relatives aux ascendants autres que ceux du premier degré. L'art. 158 renvoie bien aux art. 148, 149, 151 à 155, mais omet à dessein l'art. 150 ; l'enfant naturel n'a ni aïeuls, ni aïeules pour remplacer ses père et mère décédés ; il n'a même pas non plus de conseil de famille, puisque civilement il n'a plus de famille. Qui donc l'autorisera, s'il veut contracter mariage avant l'âge de vingt-et-un ans ?

Notre art. 159 nous répond : « Un tuteur *ad hoc* qui lui sera nommé. » Mais comment, mais par qui ? L'article ne le dit pas. On pense en général que ce sont les amis du père ou de la mère, ou même de l'enfant, qui forment un conseil pour nommer un tuteur qui peut être, d'ailleurs, le tuteur ordinaire avec délégation spéciale à cet égard. Nous avons dit des *amis* et non des parents du père et de la mère, car « on eût placé en des mains peu sûres l'intérêt de ces enfants, en les confiant à des familles dont ils sont plutôt la charge qu'ils n'en sont une portion. » C'est en dehors de ces familles que je prendrai les membres d'un pareil conseil, et si l'on demandait pourquoi le dit conseil, composé de gens non suspects, inspirant toute confiance, n'agirait pas lui-même, je répondrais ce qu'on a souvent répondu, savoir, qu'une responsabilité vague et collective est encore loin d'offrir les mêmes garanties que la responsabilité bien définie d'un seul. Ces raisons n'ont pourtant pas paru suffisantes à MM. Du Caurroy, Bonnier et Roustain qui pensent que le tuteur *ad hoc* doit être nommé sur requête par le tribunal.

L'art. 383 accorde aux parents naturels le droit de correction. J'en conclus qu'ils ont le devoir d'éducation et, par suite, le droit de garde. Tout s'enchaîne en cette matière. Du moment que la loi reconnaît les effets, il faut bien que la cause existe. Appliquons donc aux père et mère naturels les art. 203, 372 et 374, et demandons-nous si l'on peut se servir, par analogie, de l'art. 373, au cas où le père et la mère ont tous deux reconnu l'enfant et sont tous deux encore vivants et capables. Qu'ils vivent ensemble ou séparément, nous pensons que la garde et l'éducation doivent appartenir en principe au père, sauf la faculté réservée aux tribunaux de changer cet état de choses, lorsque l'intérêt des enfants l'exige. Sans doute on ne peut s'appuyer ici sur l'autorité maritale, mais les juges statueront d'après les circonstances, comme on fait en matière de séparation de corps (302).

Supposons maintenant qu'un père ait à la fois des enfants naturels et d'autres légitimes. Peut-il, en vertu de son droit de garde, les retenir tous ensemble dans sa maison ? « La loi, dit M. Delpech (1), ne contient aucune disposition prohibitive à cet égard ; par cela même, elle s'en rapporte à la moralité et à la dignité du père de famille qui, jaloux de ne pas scandaliser les enfants légitimes, aura soin d'éloigner l'enfant naturel de son domicile. Cette convenance morale ne pouvait cependant être érigée en règle générale sans une grave atteinte à la liberté. A notre avis, si le fait de cette cohabitation devient scandaleux ; si, par exemple, le père, oubliant l'édification qu'il doit à sa

____

(1) Académie de législation de Toulouse, 1833 ; — *Mémoire sur les enfants nés hors du mariage.*

famille, entretient une concubine et des enfants naturels à côté de
ses enfants légitimes, l'épouse, les ascendants, le conseil de
famille sont recevables à provoquer de la justice les mesures les
plus efficaces pour remédier à un tel abus d'autorité. Nous n'admettons pas qu'une action fondée sur la raison suprême des lois
morales puisse être repoussée par cela seul qu'elle n'est pas formulée dans la loi. »

Logiquement, le droit de correction appartient à qui a la garde
et l'éducation ; mais comment ce droit s'exercera-t-il ? L'art. 383
est trop concis ; il laisse place à bien des doutes. Sous prétexte
qu'il ne mentionne que les art. 376 à 379, des auteurs, prenant à
la lettre ce qu'il dit, en ont restreint la portée à ces quatre articles,
et ont écarté l'application des art. 380 à 382. A nos yeux, c'est
pousser trop loin la rigueur de cette maxime : *Qui de uno dicit,
de altero negat*. S'il faut s'en tenir à la lettre de l'article, éliminer
tout ce qui n'y est pas compris ; si nous n'appliquons pas aux
enfants naturels les art. 380-382, nous ne pouvons pas davantage leur appliquer les art. 371, 372 et 374 ; or, nous l'avons
fait cependant, et nous ne pouvions vraiment pas ne pas le faire.
Donc l'argument de texte est dénué de valeur.

Dans un autre système, on leur applique bien l'art. 382, mais
on rejette encore impitoyablement les art. 380 et 381, sous prétexte que les relations illicites qui ont donné naissance à l'enfant
naturel, ne sauraient avoir, aux yeux de la loi, les effets d'un premier mariage. Quant à nous, nous appliquerions ces articles sans
distinction, parce qu'il a bien pu paraître suffisant de renvoyer
seulement aux articles contenant les règles principales ; parce que
le projet accordait expressément *la même puissance* et les mêmes
droits aux père et mère des enfants naturels légalement reconnus,
disposition qui n'a été modifiée que pour n'y pas comprendre l'usufruit légal ; enfin, parce qu'il serait illogique, immoral d'accorder
aux père et mère naturels plus d'autorité qu'aux père et mère
légitimes, ce qui aurait lieu si les auteurs naturels n'étaient pas
soumis aux restrictions salutaires contenues dans les trois articles
controversés.

Je n'ajouterai qu'une observation touchant la mère naturelle. Pour appliquer l'art. 381, nous remplacerons les deux parents paternels par deux membres du conseil d'amis, improprement dit *de famille*, ce conseil pouvant exister dès la naissance de l'enfant, contrairement au principe admis envers les enfants légitimes (390).

CHAPITRE IV.

EFFETS QUANT AUX BIENS.

SECTION I.

De l'usufruit légal ou paternel.

« Le Code civil, en cette matière comme en bien d'autres, a beaucoup plus emprunté au droit coutumier qu'au droit écrit (1). » Voyons d'abord ce qu'il emprunte au droit écrit.

Conformément à l'institution romaine (2), l'usufruit légal est chez nous un attribut de l'autorité paternelle, tandis qu'en général, en pays de coutumes, c'était un attribut de la garde ou du bail.

Comme en droit romain, l'usufruit légal pourra commencer du vivant des père et mère, tandis que la jouissance émanant de la garde ne pouvait commencer qu'au décès d'un conjoint.

Comme en droit romain, l'usufruit légal porte en principe sur tous les biens de l'enfant, tandis que, suivant l'opinion commune, la jouissance du gardien était limitée aux biens de la succession du père ou de la mère dont le décès avait donné ouverture à la garde.

Bien plus large, sous ces rapports, que la jouissance du gardien,

(1) M. Valette sur Proudhon.
(2) Inst. Just., l. II, t. IX, § 1.

l'usufruit légal emprunte au droit coutumier des restrictions quant à la durée inusitées à Rome où l'usufruit durait jusqu'à la mort de l'ascendant usufruitier (1).

Rome n'avait pas accordé l'usufruit légal à la mère ; c'est un droit de puissance, et la femme est exclue de la *patria potestas*. Autre était l'esprit du droit germanique : *Amisso patre*, nous dit la loi des Burgondes, *filii cum omni facultate in matris solatio et potestate, consistant* (2).

De même, dans nos Coutumes, la garde fructuaire passe à la mère survivante, et le Code, suivant notre droit coutumier, garantit à l'époux survivant, quel qu'il soit, la jouissance légale qui d'ailleurs n'appartient qu'au père ou à la mère, contrairement encore au principe romain. Le principe romain faisait toujours passer l'aïeul avant le père ; mais, d'un autre côté, la garde coutumière préférait le père à l'aïeul. Si, à défaut des père et mère, les aïeuls et aïeules étaient encore appelés au droit de garde-noble, ils ne l'étaient jamais à la garde-bourgeoise d'où nous vient la limitation de la jouissance aux père et mère.

Ce droit de garde existe encore dans le droit commun allemand. L'institution prussienne est à peu près la nôtre. En Autriche, le le père peut seulement prélever, sur les revenus des biens des enfants, les frais de leur éducation, et doit placer le reste ; en Angleterre, le père administre les biens de ses enfants, et rien de plus ; il ne fait aussi qu'administrer en Russie. Au contraire, en Turquie, si le père a des dettes, il peut engager les biens des enfants mineurs (3). De même autrefois, le baillistre avait droit d'engager le fief. Ayant sur le fief un droit temporaire, il pouvait concéder aux tiers des droits également temporaires. Pareil engagement serait nul en notre droit, où le père ne pourrait même aliéner ou hypothéquer son usufruit. L'usufruit légal se rattache intimement à la puissance paternelle ; il est, comme elle, inaliénable,

(1) L. VII, § 1, Code ; *Ad sen. cons.* Tertull.

(2) *Lex Burg.*, t. LIX.

(3) *Concord.*, Anthoine de Saint-Joseph.

imprescriptible, incessible et insaisissable. Cela ne veut pas dire qu'il soit interdit à tous créanciers personnels du père de faire des saisies-arrêts sur les revenus des biens de l'enfant, lorsque ces revenus, acquis au débiteur, constituent leur gage commun ; mais cela veut dire qu'ils doivent envisager le droit paternel, *cum sua causa :* pour parler français, tel qu'il se comporte, avec sa destination primordiale et toute spéciale, qui est de subvenir aux besoins des enfants. Or, les charges auxquelles cet usufruit est soumis s'opposent à toute aliénation volontaire ou forcée ; ce sont là des frais qu'il faut avant tout déduire, et le père et les créanciers n'ont de droit que sur ce qui reste. Enfin, la raison concluante est qu'à vrai dire on n'y saurait voir un véritable usufruit, soumis aux règles ordinaires. La propriété n'est pas démembrée. Point de droits de mutation, aux termes de la loi des 29 septembre-6 octobre 1791, qui porte expressément : « Les pères qui viendront à l'administration et jouissance que quelques coutumes leur donnent des biens appartenant aux enfants mineurs non émancipés, en vertu de la simple puissance paternelle, ne devront aucun droit. » En somme, la jouissance légale n'est qu'une espèce de traitement, la rétribution des soins et des peines que les pères et mères prennent ou doivent prendre pour l'éducation des enfants.

Supposons le père non déchu de la puissance paternelle, mais seulement empêché de l'exercer, pour interdiction, par exemple. L'usufruit continue de lui appartenir (384). La mère ne fait qu'exercer ses droits.

Supposons maintenant le père déchu du droit même de puissance paternelle. (C. pén., 335.) L'usufruit, éteint dans la personne du père, ne renaîtra pas immédiatement au profit de la mère qui, aux termes de l'art. 384, ne peut avoir ce droit qu'autant qu'elle survit à la dissolution du mariage. Telle est l'opinion généralement admise. Le système contraire a pourtant rencontré quelques fervents apologistes (1). Ils s'appuient d'abord sur un argument

____

(1) Marcadé, t. II, n° 135 ; — M. Mourlon, I, 1037.

de texte qui ne me paraît pas tout à fait décisif, la raison de décider n'étant plus la même quand nous passons des *devoirs* aux *émoluments*. Ils s'appuient aussi sur cette considération que la déchéance prononcée contre le père est plutôt *morale* que *pécuniaire*. Ces deux qualités sont réunies, à nos yeux, dans la déchéance légale. La loi, croyons-nous, manquerait son but si, dépouillant le père de ses charges, elle était conçue de telle façon qu'il pût encore profiter des avantages; or, cela la plupart du temps arriverait si l'usufruit passait tout de suite à la mère; car, si nous supposons le cas le plus fréquent, les époux mariés en communauté, le père retrouverait, comme mari, la jouissance des biens que la loi lui enlève, et cette déchéance serait sans effet.

L'usufruit légal est attribué de plein droit au père ou à la mère, et rien n'autorise à en subordonner l'ouverture à une acceptation quelconque. Comme c'est un avantage que la loi lui offre, et non une charge qu'elle lui impose, le père ou la mère peut y renoncer. S'il a plusieurs enfants, il peut y renoncer par rapport à tous ou à tel ou tel, comme il lui plaira. Cette faculté, que nul aujourd'hui ne conteste, était fort contestée par nos anciens auteurs. Sauf Renusson qui la reconnaît au gardien, les jurisconsultes s'accordent à regarder comme contraire à la bienséance et comme devant être proscrite la renonciation partielle qu'on voudrait faire à la garde. Appelé à la garde de mes enfants, je ne puis accepter la qualité de gardien pour les uns et la répudier pour les autres (1).

Dans l'ancien droit encore, si les époux, par leur contrat de mariage, sont convenus que le survivant ne pourra point prétendre la garde de leurs enfants mineurs, il faut s'en tenir à la clause (2). « On peut bien, dit Pothier, par contrat de mariage, renoncer à une succession future; pourquoi les conjoints ne pourraient-ils pareillement renoncer au droit de garde-noble? »

(1) M Demangeat, *Étude historique sur le droit de bail. (Revue de droit français et étranger,* t. II et IV.)
(2) *Nouv. Denizart,* v° *Garde-noble.*

Et maintenant, les futurs époux peuvent-ils, par leur contrat de mariage, renoncer d'avance à l'usufruit paternel? Non, nous répond l'art. 1388. Ils ne peuvent déroger aux droits conférés au survivant des époux par le titre de la puissance paternelle.

Mais au moins ne peut-on donner ou léguer des biens à l'enfant, sous cette condition expresse que le père et la mère n'en jouiront pas? Oui, aux termes de l'art. 387. Seulement, la condition dont parle notre article ne peut être imposée qu'à la portion de biens disponible et non à la réserve que la loi assure à l'enfant (1). C'est ce que M. Demolombe démontre *in extenso*, en se reportant à la tradition romaine suivie dans l'ancien droit quant à la légitime due à l'enfant dans la succession du disposant. La Novelle CXVII permet au testateur d'enlever à l'ascendant du légataire l'usufruit du bien légué, mais ce droit de disposition n'affecte pas la part transmise non par le vœu du disposant, mais par la volonté de la loi elle-même (*partem quæ lege debetur*). La loi transmettant encore aujourd'hui la réserve aux réservataires, on n'a pas de bonnes raisons pour s'écarter du principe romain que n'a pas délaissé notre ancienne jurisprudence. On peut considérer l'usufruitier légal comme un véritable ayant cause de l'enfant: « Le même moment qui voit naître la propriété de l'enfant sur les biens qui lui adviennent, voit naître aussi l'usufruit paternel sur ces mêmes biens, et le père doit avoir dès lors, pour le maintien du droit que la loi lui confère, la même action qui appartient à l'enfant (2). » Il aura, suivant nous, l'action en réduction (921). La loi établit entre le père et l'enfant une espèce de société universelle qui ne doit pas avoir moins d'efficacité qu'une société de tous gains librement contractée. Or, il est incontestable qu'un associé pourrait de son chef demander la nullité de la condition par laquelle l'ascendant d'un coassocié déclarerait propres au réservataire, en dehors de la société, les revenus de la réserve (1837). Si l'ascendant n'a pu mettre son

(1) M. Valette, *Explic. sommaire du C. Nap.*
(2) M. Demolombe.

héritier dans l'impuissance de remplir une obligation purement conventionnelle, il n'a pas pu davantage rendre impossible l'exercice d'un droit établi par la loi elle-même, au nom de l'enfant qui ne doit pas être moins obligé en vertu de la loi qu'il ne le serait en vertu d'une convention.

Nous n'excepterons même pas de cette solution le cas où le père aurait accepté la succession sous forme de donation, au nom de l'enfant donataire, sans protester contre la clause qui le prive de l'usufruit des biens donnés. Au lieu d'y voir, avec Toullier, une renonciation tacite, nous n'y voyons aucun lien de droit pour le père ; nous n'admettons pas qu'on renonce *in futurum*, nous n'admettons pas qu'il existe une réserve avant l'ouverture de la succession, une action quelconque en réduction avant la mort du *de cujus*.

Quant à tous les biens non compris dans la réserve, on a fort bien fait de ne pas restreindre la liberté de donateur ou testateur. Parfois le disposant eût été détourné de donner à l'enfant dont le père et la mère n'ont pas toutes les sympathies, si ses libéralités à l'égard de l'un devaient en tout cas profiter aux autres. Ces prévisions ont poussé le législateur à laisser au disposant toute latitude, sauf en ce qui touche les biens réservés.

Le législateur affranchit lui-même de l'usufruit légal les biens que les enfants pourront acquérir par un travail et une industrie séparés (387), biens constituant, dans les pays de droit écrit, un pécule adventice dont le père avait l'usufruit. Notre Code a suivi la règle des pécules *castrens* et *quasi castrens*.

Il en affranchit les biens de la succession dévolue à l'enfant, par suite de l'indignité de son père ou de sa mère qui y était d'abord appelé (730).

Enfin, aux termes d'un avis du Conseil d'État du 30 janvier 1811, la jouissance légale des père et mère ne s'appliquait point aux biens compris dans un majorat ; il devait être pourvu à l'administration et à l'emploi des revenus des biens, pendant la minorité des titulaires, conformément aux règles prescrites à l'égard des biens désignés art. 387.

Aux termes de l'art. 453, les père et mère, tant qu'ils ont la jouissance propre et légale des biens du mineur, sont dispensés de vendre les meubles, s'ils préfèrent les garder pour les remettre en nature, sauf à rendre la valeur estimative de ceux qu'ils ne pourraient représenter *en nature*, c'est-à-dire, suivant nous, propres encore à l'usage auquel ils étaient destinés, et non pas seulement *dans l'état où ils se trouvent.* On conçoit cette restriction pour l'usufruitier ordinaire qui *doit* conserver les meubles en nature. On la concevrait moins pour le père ou la mère qui n'est pas forcé de les conserver et qui même, dans l'ancien droit, devait les vendre. « La jouissance du gardien, dit Bourjon (1), embrasse les meubles appartenant au mineur ; mais, comme sa jouissance ne doit pas diminuer le fonds, il est obligé de faire faire la vente des meubles, et la jouissance se réduit à jouir du prix d'iceux. » Si le Code, plus tolérant, lui permet de garder les meubles, est-ce à dire qu'il l'autorise à *diminuer le fonds*, en prenant un parti nuisible aux intérêts de son enfant? Impossible d'admettre cette innovation intempestive, dangereuse, enfin incompatible avec l'esprit du Code.

L'usufruitier légal diffère encore de l'usufruitier ordinaire, en ce qu'il est dispensé par la loi elle-même de donner la caution qu'elle impose à tout autre, s'il n'en est dispensé par l'acte constitutif (601). En Prusse, on exige cette caution du père qui a la jouissance des biens de ses enfants. Si, chez nous, cette exigence n'est pas reçue, c'est qu'elle blesse un peu les sentiments délicats, en laissant planer sur le père un soupçon presque injurieux. La loi donne aux enfants l'exemple du respect.

Sous d'autres rapports, les deux usufruits se ressemblent. L'inventaire des meubles et l'état des immeubles sont des formalités qui sont toujours requises (600). Les dépenses d'entretien (606), les contributions (608), les arrérages des rentes, les intérêts des dettes (610-612), charges de l'usufruit ordinaire, sont aussi des charges de l'usufruit paternel. Le 1° de l'art. 385 nous l'indique.

____

(1) Bourjon, *Droit commun de la France*, 1.

Le reste de cet article est relatif à des charges qui n'affectent que la jouissance paternelle.

La nourriture, l'entretien et l'éducation se présentent en première ligne ; mais il faut distinguer cette obligation de celle de l'art. 203.

L'obligation de l'art. 203 a pour cause la procréation des enfants, et la qualité de père et de mère ; celle de l'art. 385 n'a d'autre cause que l'usufruit conféré conditionnellement par la loi elle-même.

D'où les conséquences suivantes :

1° En vertu de l'art. 203, les père et mère sont tenus d'élever leurs enfants selon leur fortune personnelle ; en vertu de l'art. 385, c'est selon la fortune des enfants eux-mêmes.

2° En vertu de l'art. 203, les père et mère ne sont tenus de payer *de suo* les frais d'entretien et d'éducation qu'autant que les enfants n'ont pas de biens personnels pour y satisfaire (208, 209). Supposons qu'un enfant ait des biens personnels, soustraits pour la plupart à l'usufruit du père (nous avons vu tantôt que la chose est possible, sauf en ce qui concerne les biens réservés). En pareille hypothèse, le père aurait le droit d'imputer ces frais sur les revenus des biens dont il n'a pas la jouissance, si nous n'avions que notre art. 203 ; mais, grâce à notre art. 385, le père sera tenu d'imputer ces dépenses sur les biens dont il jouit, puisque ce sont là des charges de sa jouissance.

3° Encore en vertu de l'art 203, ces charges seraient communes au père et à la mère, *constante matrimonio*. Au contraire, l'art. 385 les impose à celui qui a la jouissance, par conséquent au père seul, si les revenus de l'enfant y suffisent. Supposons à présent la mort d'un des conjoints. Proudhon (1), d'après Pothier, dit que le survivant est tenu de toutes les dépenses nécessaires à l'entretien et l'éducation des enfants, lors même qu'il ne jouirait pas de tous les biens provenant de la succession du prédécédé, par rapport à la prohibition d'usufruit faite par celui-ci ; et qu'il

_____

(1) *Traité de l'usufruit.*

ne peut se dispenser d'y fournir, parce qu'en ce cas là même, son usufruit a toute l'étendue que la loi a voulu lui donner, en permettant la prohibition du surplus. Il a tout l'usufruit légal ; il faut donc qu'il supporte toute la charge indivisiblement affectée par la loi à cette espèce d'usufruit.

4° Enfin, en vertu de l'art. 203, les enfants ne sauraient empêcher les créanciers personnels de leurs père et mère de saisir et faire vendre tous les biens de leurs débiteurs ; au contraire, notre art. 385, affectant l'usufruit à des charges réelles, permet par cela même aux enfants de demander le prélèvement *ad hoc* d'une somme quelconque.

Une autre charge spéciale à notre usufruit paternel, c'est le payement des arrérages ou intérêts des capitaux, non pas à échoir (cela rentrerait dans le 1° de notre article), mais déjà échus (tel est le cas du 3°), déjà dus par le *de cujus* au moment de l'ouverture de la succession. Vainement on objecte que le père, n'ayant aucun droit aux fruits échus ou perçus avant le commencement de la jouissance, ne doit pas en supporter les charges. Même dans les Coutumes qui n'accordaient pas au gardien la propriété des meubles, il devait payer toutes les dettes mobilières, et acquitter les arrérages dont le défunt se trouvait débiteur à l'époque de sa mort. C'est cette tradition du droit coutumier que le Code a suivie ; tout en accordant libéralement la jouissance légale au père, notre Code a soumis sa libéralité à cette restriction profitable à l'enfant, qui ne souffrira pas du payement de ces dettes, arrérages ou intérêts. Remarquons, quant aux intérêts des capitaux, que l'ancienne jurisprudence n'eut jamais à s'en occuper, le prêt à intérêts étant alors proscrit. C'est le Code qui les a mis sur la même ligne que les arrérages, et cela rend parfois la charge si lourde que l'usufruitier renonce à son droit pour se décharger d'un pareil fardeau. Sa renonciation est licite tant qu'il ne s'est pas immiscé. Le 3° de l'art. 385 ne s'applique pas, d'ailleurs, aux loyers et fermages déjà échus, probablement, nous dit M. Valette, parce que ces prestations, dues par le locataire ou par le fermier, peuvent très-souvent ne pas se concevoir d'une manière simple et distincte (à la différence des intérêts et arrérages), mais se mêlent à d'autres obligations accessoires du preneur, ou encore se compensent dans certaines limites avec des obligations du bailleur, le tout découlant d'un seul et même contrat de louage ; probablement aussi pour ne pas accabler l'usufruitier légal en ajoutant au poids des intérêts et arrérages le poids exorbitant d'un nouvel arriéré.

Une dernière charge spécialement imposée à l'usufruit légal, est celle d'acquitter les frais funéraires et ceux de dernière maladie (385-4°).

Delvincourt a soutenu qu'il s'agissait ici des frais funéraires et de dernière maladie de l'enfant lui-même ; mais attendu que les frais de toutes ses maladies tombent à la charge de l'usufruitier, on ne voit pas pourquoi sa dernière maladie jouirait d'une mention spéciale ; et, d'un autre côté, quant aux frais funéraires, on ne voit pas pourquoi on les imposerait spécialement au père, à la décharge des autres héritiers de l'enfant. Laissons de côté cette décision, qui n'est pas du tout juridique, et cherchons des lumières dans notre ancien droit. Pothier nous fait part des difficultés qui s'étaient élevées sur le point de savoir si, dans les Coutumes où le gardien-noble ne gagnait pas les biens mobiliers échus au mineur, ce gardien devait néanmoins supporter les frais funéraires du prédécédé. On n'hésitait pas à mettre à sa charge les frais de dernière maladie de la personne à laquelle l'enfant avait succédé, car c'était vraiment une *dette* mobilière ; mais on hésitait à l'égard des frais funéraires de la même personne, parce que ces frais n'étaient pas une *dette* proprement dite du défunt, étant plutôt des charges de sa succession. Pourtant, l'opinion qui obligeait le gardien à acquitter ses mineurs des frais funéraires du prédécédé avait prévalu dans un grand nombre d'arrêts ; et le Code a suivi cette jurisprudence.

SECTION II.

De l'administration légale du père pendant le mariage.

Art. 389. — « Le père est, durant le mariage, administrateur des biens personnels de ses enfants mineurs.

« Il est comptable, quant à la propriété et aux revenus, des biens dont il n'a pas la jouissance, et, quant à la propriété seulement, de ceux des biens dont la loi lui donne l'usufruit. »

Si l'on n'avait égard qu'à la place occupée par notre article dans le Code, on pourrait croire que, se trouvant au chapitre *de la Tutelle,* c'est une tutelle qu'il organise. Il n'en est rien pourtant. Ce chapitre commence par une négation. C'est comme s'il disait : Ne sont pas en tutelle les enfants mineurs, pendant le mariage de leurs père et mère. L'affirmative ne vient qu'à l'article suivant : après la dissolution du mariage.... Si le rapprochement de ces deux articles indique assez la pensée du législateur, l'étude des travaux préparatoires nous la fait encore mieux connaître. Nous y voyons que l'art. 389 ne se trouvait pas, dans le projet du titre *de la Tutelle,* officieusement communiqué au Tribunat, et que c'est sur les observations de cette assemblée qu'on a cru devoir ajouter audit chapitre cet article supplémentaire. Le Tribunat avait insisté sur ces idées que jamais le père ne fut qualifié du nom de tuteur avant la dissolution du mariage; qu'autrement, il faudrait, durant le mariage, par rapport aux biens personnels de ses enfants, l'assujettir à toutes les conditions et charges imposées au tuteur, et, par suite, le mettre sous la surveillance d'un subrogé-tuteur, sous la dépendance d'un conseil de famille, etc., ce qui répugne aux principes constamment reçus (1).

(1) Locré, *Lég.,* t. VII.

Ces principes constamment reçus, ce sont ceux qui, en droit romain, régissaient le pécule adventice, et dont l'application paraît s'être étendue des pays de droit écrit aux pays coutumiers. « Tutelle légitime et administration légitime, dit Coquille, à proprement parler, sont deux choses diverses. Le père se dit légitime administrateur de son enfant qui est en sa puissance et, quand l'enfant est émancipé, il devient légitime tuteur.... »

La distinction que notre Code établit ou plutôt consacre, ne saurait être purement nominale. La différence de nom doit correspondre à une différence de situation. Autrement, notre article ne voudrait rien dire; tandis que les réclamations du Tribunat nous prouvent qu'il était impossible de ne pas parler, sans s'exposer à de fâcheuses confusions, à de regrettables méprises. Le législateur a fait droit à la requête; il a parlé, mais en termes si laconiques qu'à défaut de plus amples éclaircissements, d'excellents esprits ont cru devoir appliquer à l'administration du père toutes les règles de l'administration du tuteur. On distingue les noms, mais on confond les choses. Administrateur pendant le mariage et tuteur après sa dissolution, le père aurait, dans ces deux situations diverses, toujours mêmes droits et mêmes obligations. La règle quant aux biens serait ce qu'elle est quant à la personne, et de même que le gouvernement de la personne de l'enfant mineur ne subit nul changement quant aux droits et devoirs du père, de même la régie des biens de l'enfant serait encore après le décès de la femme ce qu'elle était auparavant. C'est un système que nous ne pouvons admettre.

Nous ne pouvons admettre tant d'imprévoyance de la part du législateur. Eh quoi! l'enfant, contre le vœu de la nature, a perdu, avant l'âge, son ange gardien, sa toute dévouée protectrice; il a perdu sa mère qui devait sans cesse intercéder pour lui et fléchir au besoin les rigueurs paternelles; il a perdu peut-être son plus ferme appui, et nos lois n'auraient pas égard à sa détresse; et nos lois, si prodigues de soins, de secours envers les mineurs et les faibles, contre leur habitude ici ne feraient rien,

rien pour réparer cette perte irréparable, rien pour assurer au moins de la part du père le respect des droits sacrés du pauvre orphelin ! Mais non, le législateur n'a pas confondu les situations si différentes de l'enfant qui grandit entre deux protecteurs, deux gardes du corps qui s'entr'aident, se soutiennent, se concertent pour sa défense, se liguent pour ses intérêts, se rappellent à l'ordre lorsqu'ils les oublient, et de l'enfant réduit à la garde d'un seul qui pourrait, surtout en cas de second mariage, oublier parfois son rôle de providence, s'il n'y avait plus rien pour le lui rappeler.

« L'expérience et la connaissance du cœur humain justifient donc ce que les précédents avaient établi. La psychologie est d'accord avec la tradition pour nous indiquer la nécessité d'une ligne de démarcation à tracer dans la gestion paternelle au moment où le mariage se dissout, et pour nous faire sentir le besoin de substituer des garanties légales aux garanties naturelles dont l'enfant se trouve privé par la mort de sa mère. L'histoire et la philosophie témoignent également de la sagesse des dispositions législatives qui ont satisfait à ces exigences en accordant au père, tant que dure le mariage, une gestion toute de confiance, et en transformant, lors de la dissolution du mariage, l'administration du père en tutelle, c'est-à-dire en une gestion entourée de mesures de précaution (1). »

De là des garanties spéciales qu'on applique au père tuteur, mais dont l'application ne parait pas possible à l'égard du père administrateur.

Impossible d'admettre un subrogé-tuteur à contrôler le père pendant le mariage. L'art. 420 dit bien que dans toute tutelle il y aura un subrogé-tuteur, mais, *durante matrimonio*, point de tutelle et, partant aussi, point de subrogé-tuteur.

Impossible d'admettre un conseil de famille intervenant à chaque instant pour contrôler les actes de simple administration

____

(1) M. Aubry, *de l'Administration légale*. (*Revue de droit français et étranger*, 1844.)

du père; ce contrôle serait une immixtion fâcheuse, et cette intervention ne se peut justifier que dans les cas tout à fait graves, pour les actes d'aliénation.

Impossible d'admettre sur les biens du père l'hypothèque légale attribuée par l'art. 2121 aux mineurs sur les biens de leur *tuteur* seulement (disposition limitative), et non sur ceux de leur père administrateur.

Enfin, nous n'admettons pas qu'il faille appliquer au père administrateur les causes de dispense, d'incapacité, d'exclusion, de destitution de la tutelle indiquées art. 427 et suivants. Le père ici puise son droit de gérer ou d'administrer, dans la puissance paternelle. L'administration des biens de l'enfant n'est pour nous que la conséquence de l'autorité du père sur sa personne. Qu'il perde son droit de puissance, il perd sur-le-champ l'administration des biens • *sublata causa, tollitur effectus*. Mais tant qu'il n'est pas déchu de cette puissance, il n'est pas déchu de son droit d'administrer. C'est à la fois un droit qu'on ne peut lui ravir et un devoir auquel il ne peut se soustraire.

1° Actes d'administration. — L'extrême concision du texte sur lequel nous nous appuyons nous oblige à chercher, dans les mandats légaux reconnus par la loi, des points communs, des dispositions générales susceptibles d'être appliquées à notre cas.

Parmi ces règles larges, nous trouvons d'abord l'obligation de faire inventaire, et nous n'hésitons pas à l'appliquer ici. Seulement, à défaut du subrogé-tuteur, ladite opération se fera sans contrôle, à moins que la sollicitude maternelle ne veille sur sa confection. Nous voyons par les art. 1415, 1442, 1504 que, quand un mobilier devait être inventorié et ne l'a pas été par fraude ou négligence, il est permis d'en établir la consistance tant par titre que par témoins. Appliquons ici cette règle générale.

Appliquons aussi ce principe général d'après lequel les ventes mobilières ne sont que des actes d'administration. Grâce donc à son droit d'administration, le mari peut vendre le mobilier de son fils comme il peut aliéner les meubles de sa femme, et il le peut sans être assujetti aux formes prescrites au tuteur par la loi du

24 mars 1806, art. 3, à l'égard des transferts d'inscriptions au-dessus de 50 francs de rente, et par l'art. 452 du Code. Il suffit de lire ce dernier article pour voir qu'il est tout à fait spécial au tuteur. Non-seulement on dispense le père des formalités, s'il veut vendre, mais il est dispensé de cette vente même.

Enfin, c'est encore un principe général que celui des art. 1429 et 1430 relatifs à la durée des baux ; et l'art. 1718 étendant ces dispositions aux baux des biens des mineurs, sans distinction, nous ne pouvons pas ne pas les appliquer dans l'espèce.

2° *Actes de disposition.* — « En ne conférant au père, dit M. Aubry, que la qualité d'administrateur, l'art. 389 lui refuse par cela même le droit de passer de son autorité privée les actes qui sortent de la classe des actes d'administration, et le soumet implicitement, pour la passation de ces actes, à l'accomplissement de conditions et de formalités analogues à celles qui sont impo-sées en pareil cas aux administrateurs du patrimoine d'autrui. »

Ici encore, nous avons, pour nous guider, un texte d'une portée générale. En effet, les art. 953 et 954 du Code de procé-dure ne laissent aucun doute sur ce point de droit. Il y est établi d'une façon fort claire que la vente des biens des mineurs ne pourra être ordonnée par le tribunal que d'après un avis de parents. Or, la rubrique même du titre VI, C. Pr., et l'art. 953, parlent de la vente des biens immeubles appartenant à des *mineurs, lato sensu,* sans spécifier si les mineurs sont ou ne sont pas en tutelle. Nous n'avons donc pas le droit de distinguer où la loi ne distingue pas. D'ailleurs, la nécessité de l'intervention du conseil de famille et de la justice n'a rien qui nous choque ou qui nous étonne vis-à-vis du père administrateur. N'est-elle pas ici parfaitement logique, puisque le père n'a pas les pouvoirs nécessaires par rapport à tous actes de disposition? Le droit d'aliéner n'est pas une dépendance d'un mandat d'administrateur, et la puissance paternelle ne donne rien que le droit d'adminis-trer. Si donc le père veut aliéner, hypothéquer pour cause d'avantage évident, de nécessité absolue, il doit avoir recours au conseil de famille et se faire donner une autorisation qui, pour valoir, doit encore être homologuée par le tribunal de première instance qui y statuera en la chambre du conseil, le procureur impérial entendu. Nous sommes ainsi conduits à appliquer au père les dispositions contenues dans les art. 457 et 458 ; et, nous n'en doutons pas, en agissant ainsi, nous nous conformons aux vues du législateur : la preuve en est dans les travaux préparatoires. En effet, d'après le projet présenté par le Tribunat, l'art. 389 contenait un troisième alinéa ainsi conçu : « Tout ce qui intéresse la *propriété* des biens sera réglé par les dispositions de la section VIII. » C'était exiger de la façon la plus claire, pour les actes de disposition, des garanties qu'on n'avait pas cru devoir prendre vis-à-vis du père pour les actes de simple administration. Cette distinction n'a pas été supprimée par la suppression dudit alinéa, disparition qui s'explique sans peine à la lecture de la section VIII. C'est l'esprit bien plus que la lettre des dispositions de cette section qu'il faut appliquer au père administrateur, en ce qui touche la propriété des biens. Ce qui se rattache *exclusivement* à l'organisation de la tutelle ne saurait trouver son application tant que la tutelle n'est pas ouverte. On a fait observer d'ailleurs avec raison que l'alinéa premier qualifiant le père simplement du nom d'*administrateur*, il eût été bien inutile d'ajouter qu'il ne peut se comporter en *propriétaire*.

Nous avons aussi un texte pour l'hypothèque ; c'est l'art. 2126. Quand cet article dit, en termes généraux : les biens des *mineurs* ne peuvent être hypothéqués que pour les causes et dans les formes, etc., qu'est-ce qui m'autoriserait à distinguer entre le cas de tutelle et le cas d'administration légale ? L'hypothèque aussi intéresse la *propriété des biens ;* les rédacteurs devaient l'avoir aussi en vue, lorsqu'ils voulaient renvoyer à la section VIII ; et nous n'avons vraiment pas de raisons plausibles pour scinder les dispositions de l'art. 457 que nous appliquons à la vente. Du reste, la faculté d'hypothéquer suppose la capacité d'aliéner (2124).

De même encore, l'art. 776 renvoie, pour l'acceptation des successions échues aux mineurs, aux dispositions du titre X. L'article ne dit pas que ces dispositions toutes protectrices ne seront applicables que si le mineur a eu le malheur de perdre sa mère. Par suite, tout nous autorise à en faire l'application au cas où, pendant la durée du mariage, une succession est échue au mineur. Le père administrateur doit, pour l'accepter ou la répudier, réunir, consulter le conseil de famille, et se soumettre à la décision du conseil ; puis aussi, son acceptation autorisée, se soumettre à cette décision de la loi qui veut que l'acceptation n'ait lieu que sous bénéfice d'inventaire (461).

Enfin, l'art. 466 dit que, pour obtenir à l'égard du mineur tout l'effet qu'il aurait entre majeurs, le partage devra être fait en justice et précédé d'une estimation par experts. Si nous n'avions que cet article, comme il se trouve dans la section relative à l'administration du tuteur, on pourrait douter qu'il s'appliquât au père avant l'ouverture de la tutelle ; mais, au chap. vi du titre *des Successions*, nous avons un article qui, par sa situation, ne s'offre pas à nous comme spécial au régime de la tutelle : je veux parler de l'art. 838 qui déclare que si, parmi les cohéritiers, il y a des mineurs, même émancipés (tous les *mineurs* ont droit à cette garantie), le partage devra être fait en justice. On oublie ici la fiction légale en vertu de laquelle le partage est, dans notre droit, simplement déclaratif, et pourrait rentrer de la sorte dans le cercle des actes d'administration, pour l'assimiler, dans l'intérêt des mineurs, aux actes d'alinénation, et cela à très-juste titre, la doctrine romaine ayant raison de dire que le partage n'est qu'un véritable échange, transférant la propriété.

Pour l'emprunt, il faut bien le reconnaître, nous n'avons plus de texte généralisant les dispositions du titre *de la Tutelle* ; mais est-ce une raison sérieuse pour ne pas appliquer ces dispositions ? Comment, lorsque l'emprunt, à l'égard du tuteur, est mis tout à fait sur la même ligne que l'hypothèque et l'aliénation, et lorsque l'esprit et la lettre de la loi nous obligent à ne voir aucune différence entre un tuteur et le père administrateur pour deux de ces actes, nous refuserions d'admettre l'assimilation à l'égard du troisième, en nous fondant sur le silence de la loi ! La loi se tait, c'est vrai, mais à quoi bon parler quand la logique et le bon sens parlent pour elle?

Nous en dirions tout autant pour la transaction, car un simple raisonnement *a fortiori* nous ferait appliquer au père l'art. 467, puisque l'accomplissement des formalités imposées au tuteur est exigé du père, comme nous l'avons vu, pour des actes moins graves. Donc, même à défaut de tout autre texte, nous dirions du père administrateur ce qu'à cet égard on dit du tuteur, aux termes de l'art. 467. Mais les premiers mots de l'art. 2045 nous donnent la confirmation de cette opinion préconçue. « Pour transiger, dit cet article, il faut avoir la capacité de *disposer* des objets compris dans la transaction. » Cette capacité, le père ne l'a pas tant qu'il n'est qu'administrateur ; donc il ne saurait transiger *ipso jure*, en dehors des formes prescrites pour la garantie des mineurs. Et qu'on ne nous objecte pas le droit qui lui est laissé de vendre les meubles, pour en conclure qu'au moins en matière mobilière, il doit pouvoir transiger sans contrôle. S'il peut vendre les meubles, c'est qu'en pareil cas la vente est regardée comme acte d'administration ; mais cela n'implique pas de sa part le droit de les aliéner de toute autre manière ; en un mot, on peut toujours dire qu'il n'en a pas la libre disposition, et qu'il ne peut jamais transiger de lui-même, sans avoir eu soin de s'y faire autoriser.

Les dispositions des art. 464, 465, 817, 818 et 1428 nous empêchent de considérer l'exercice des actions immobilières comme acte d'administration. Tuteurs et maris ont besoin, dans ce cas, qu'on leur vienne en aide. N'est-il pas évident que l'administrateur qui voudrait exercer ces actions par lui-même, sans l'appui du conseil, serait vraiment coupable d'un abus de pouvoir? Et cet abus serait bien plus choquant encore s'il s'agissait de disposer du patrimoine des enfants mineurs par des compromis ou même par des donations. Il est bien impossible qu'un mandat légal d'administrateur donne au père le *jus abutendi* qui l'autoriserait à se comporter ainsi en propriétaire. Non, le mandataire ne peut rien faire au delà de ce qui est porté dans son mandat : le pouvoir de transiger ne renferme pas celui de compromettre, dit l'art. 1989.

Nous sommes en présence d'un mandat légal qui, vu son étendue, peut être assimilé à une procuration générale. Or, aujourd'hui, la procuration générale ne confère que le pouvoir de faire des actes d'administration. Pour tout acte de disposition, il faut une autorisation spéciale, expresse. De même ici, pour que le père pût faire seul un compromis, il faudrait que le droit de compromettre seul lui eût été spécialement concédé, ou encore que l'exercice de ce droit rentrât dans les actes de simple administration. Les deux suppositions sont également fausses.

Tous ceux auxquels la loi ne l'interdit pas peuvent acheter ou vendre, dit l'art. 1594. Or, nulle part la loi n'interdit au père d'acheter les biens de ses enfants mineurs. Donc cette acquisition n'a rien d'illicite, malgré les prohibitions, spéciales au tuteur, de l'art. 450, les dérogations aux règles générales devant en principes'interpréter strictement. La capacité est la règle ; l'incapacité, l'exception. Pourquoi donc ne pas appliquer la règle quand rien ne s'oppose à son application? Il est bien vrai que l'art. 1596 défend aux mandataires de se rendre adjudicataires des biens qu'ils sont chargés de vendre ; mais on peut éluder cette prohibition en chargeant de cette vente un tuteur *ad hoc*.

Sans doute, comme tout mandataire, le père administrateur est tenu d'accomplir le mandat tant qu'il en demeure chargé, et répond des dommages-intérêts qui pourraient résulter de son inexécution (1991) ou de sa mauvaise gestion (450) ; mais les règles de gestion, imposées au tuteur par les art. 454, 455 et 456, sont d'autant moins faites pour le père administrateur que le père tuteur lui-même n'y est pas soumis, d'après l'opinion que j'adopte, pour éviter toute immixtion importune ou blessante du conseil de famille dans une administration qui, d'après le vœu de la loi, doit être indépendante. Mais comment parer aux inconvénients de cette absence de contrôle? Lorsqu'un tuteur est d'une inconduite notoire, incapable ou infidèle dans sa gestion, le conseil de famille est là qui le destitue, si le cas est assez grave pour nécessiter l'emploi d'un pareil moyen. Mais, en présence du père administrateur, la famille étant désarmée, les mineurs seront-ils condamnés à souffrir les tristes conséquences de cette inconduite ou de cette incapacité? C'est ce qu'on ne saurait admettre. Le pouvoir judiciaire a mission de veiller sur les intérêts des mineurs (C. pr., art. 83-6°; décret des 16-24 avril 1790, t. VIII, art. 3.); seulement, n'ayant pas, en matière civile, de pouvoir inquisitorial, les tribunaux ne pourront, sans provocation, statuer sur ces questions majeures.

Les tribunaux pourraient intervenir encore sur la demande du père administrateur qui se verrait privé, par une condition apposée à une libéralité entre vifs ou testamentaire, de l'administration légale des biens donnés ou légués à l'enfant; et s'il était prouvé que l'exécution de la clause en question porterait préjudice aux vrais intérêts du mineur, cette considération serait assez puissante pour qu'on fît droit à la requête paternelle, sans tenir compte de la condition qui serait réputée non écrite. Mais, remarquons-le bien, cela ne veut pas dire que cette clause est en elle-même illicite, comme contraire aux lois et aux mœurs. Merlin l'a soutenu, mais ce système n'a pas prévalu. Il n'en est pas de l'administration du patrimoine comme du gouvernement de la personne; le gouvernement de la personne est un attribut *essentiel* de la puissance paternelle; l'administration des biens ne l'est pas; ce n'en est que la conséquence naturelle, et la loi l'en détache elle-même, lorsque l'un des époux va de vie à trépas. Pourquoi donc le testateur ou le donateur ne pourrait-il faire de même? Il peut bien enlever au père ou à la mère l'usufruit légal : pourquoi serait-on plus sévère à son égard pour le droit d'administration, surtout si, dans les intentions du disposant, la clause restrictive n'avait pas pour but d'humilier le père en le soumettant lui-même à une sorte d'incapacité? Les seuls droits qu'on ne peut pas ne pas respecter, ce sont les droits sur la personne; on peut déroger aux droits sur les biens; la loi elle-même y déroge.

Puisqu'aux termes de l'art. 389 le père administrateur est aussi comptable, nous le soumettrons aux règles du droit commun relatives à cette obligation de rendre compte, et notamment aux dispositions des art. 469, 471, 473, dispositions qui sont tout à fait susceptibles d'être généralisées. Nous lui appliquerons les règles de droit commun contenues aux art. 1108, 1116, et non la disposition tout exceptionnelle de l'art. 472; les art. 1153, 1996, et non l'art. 474 qui y déroge en ce qui touche le tuteur; enfin l'art. 2262 ou la prescription trentenaire, applicable à tous mandataires, non l'art. 475 ou la prescription décennale spéciale au tuteur pour des raisons spéciales.

Nous avons, à la fin du précédent chapitre, consacré quelques pages à l'application de la puissance paternelle aux enfants naturels légalement reconnus. Si nous ne faisons pas de même avant de clore celui-ci, c'est que, soumis quant à la personne seulement à la puissance paternelle, les enfants nés hors mariage n'y sont pas soumis quant aux biens.

Tandis que les père et mère légitimes ont la jouissance des biens de leurs enfants mineurs, comme une juste récompense des soins de la paternité, les parents naturels n'ont pas cet avantage. Ce sont là des émoluments honorifiques dont le législateur a voulu les priver. On a modifié la rédaction du projet qui portait : « Les articles du présent titre seront communs aux pères et mères des enfants naturels légalement reconnus; » on a mis à la place la formule moins large de l'art. 383, précisément afin de donner à entendre que l'usufruit légal n'appartiendrait jamais aux pères et mères naturels. Et l'art. 384, qui commence ainsi : « Le père, durant le mariage, et après la dissolution du mariage... » ne laisse pas l'ombre d'un doute quant à cette exclusion des parents naturels.

Sont-ils exclus de l'administration légale? Je le crois. Notre art. 389 ne leur semble pas applicable. Expressément relatif à la régie des biens des mineurs *durant le mariage*, il ne paraît pas susceptible de s'étendre aux biens des mineurs dont les pères et mères ne sont pas mariés. La tutelle, à nos yeux, doit ici remplacer l'administration légale, et les biens des enfants doivent être régis conformément à l'art. 450.

Ainsi, nulle et de nul effet est la puissance paternelle relativement aux biens des enfants naturels

CHAPITRE V.

COMMENT FINIT LA PUISSANCE PATERNELLE.

L'ancien droit a subi plusieurs variations quant à la durée de la garde. Jean Desmares (décis. 247) déclare *les enfants de pooste aagiez* à quatorze ans les fils et à douze ans les filles ; les enfants nobles à vingt-et-un ans seulement, quant aux choses *nobles et féodataires*, et à quatorze ans quant à celles qui sont tenues en villenage. Beaumanoir indique l'âge de quinze ans pour les hommes et douze ans pour les femmes, qu'il s'agisse de fiefs ou de tous autres biens. Quinze ou vingt ans, suivant le sexe, pour les nobles ; douze ou quatorze ans seulement pour les non nobles, font finir à Paris l'usufruit du gardien, dès lors comptable des revenus des mineurs. Voici d'ailleurs comment s'exprime la Coutume, art. 268 : « La garde-noble dure aux enfants mâles jusqu'à vingt ans, et aux femelles jusqu'à quinze ans accomplis ; la garde-bourgeoise dure aux enfants mâles jusqu'à quatorze ans, et aux femelles jusqu'à douze ans finis et accomplis ; le tout pourvu que les dits père et mère, aïeul ou aïeule, ne se remarient point ; auquel cas la garde est finie. » Je ne veux présenter que deux observations touchant la fin de cet article : la première, c'est que les mots *aïeul ou aïeule* ne s'appliquent qu'à la garde-noble où les ascendants supérieurs étaient appelés à défaut de père et de mère, tandis qu'ils ne l'étaient jamais à la garde-bourgeoise, comme aujourd'hui encore le père et la mère ont seuls vocation à notre usufruit légal ; la seconde, c'est que cette disposition, qui fait finir la garde au mariage du gardien, s'accorde à la fois avec la loi des Burgondes en vertu de laquelle, pour conserver la garde, il fallait que la mère, *electa castitate*, s'abstînt de convoler à de nouvelles noces, et avec le Code qui (386) fait cesser la jouissance à l'égard de la mère, dans le cas d'un second mariage.

En principe, aujourd'hui, la garde *lucrative* ou l'usufruit légal finit trois ans avant la puissance paternelle (384). On lit dans la Coutume normande, art. 231 : « Si le seigneur, étant requis, contredit le mariage ou refuse de donner son conseil et licence, il peut être appelé en justice pour en dire les causes, et, après la permission de justice, la fille aura délivrance de son fief. »—« Chez nous, dit à cet égard M. Demangeat (1), le consentement des père et mère en matière de mariage ne peut pas être suppléé par l'autorisation de la justice ; alors, pour atteindre cependant le même but qu'atteignait l'art. 231 de la Coutume de Normandie, pour ne pas laisser la conclusion d'un mariage convenable à la merci de personnes intéressées à s'y opposer, on a fait finir la jouissance légale des père et mère à une époque avant laquelle, en général, un mariage ne peut guère avoir lieu. »

Abstraction faite des intérêts matrimoniaux, la sage prévoyance du législateur garantit à l'enfant quelques fonds de réserve qui souvent lui seront utiles, nécessaires, tandis que, sans ces trois années d'économies, l'enfant arriverait à sa majorité dénué de toutes ressources.

Si l'âge de dix-huit ans est le terme normal de la jouissance légale, cette jouissance peut cesser auparavant. Elle cesse d'abord par la renonciation, comme un usufruit ordinaire. Mais nous n'admettons pas l'effet rétroactif reconnu par ceux qui professent que le père peut se soustraire, même pour le passé, aux conséquences d'une acceptation antérieure, en renonçant à son usufruit pour l'avenir et en restituant les fruits déjà perçus. A nos yeux, le renonçant doit rester tenu des intérêts et arrérages dus

_____

(1) *Étude historique sur l'ancien droit de bail.*

par la personne à qui l'enfant a succédé, des frais funéraires et de
dernière maladie concernant la dite personne, des frais d'entretien, nourriture, éducation, puis des réparations, enfin, de toutes
charges attachées à son titre, jusqu'au moment où il a cessé de
l'avoir

Notre usufruit légal cessera-t-il aussi, comme un autre usufruit (618), pour abus de jouissance? Nous ne le pensons pas.
L'art. 618 est la reproduction et la consécration d'une fausse
doctrine, d'une fausse interprétation du droit romain, passée des
ouvrages de Dumoulin dans les Coutumes officielles, et conservée
bien mal à propos dans le Code; jamais le droit romain ni le droit
féodal, et l'ancien droit de nos Coutumes primitives n'ont admis,
pour pareille cause, la perte de la garde ou de l'usufruit. Sub-
repticement insinuée dans notre droit, la déchéance, à nos
yeux, n'est pas susceptible de s'étendre jusqu'à l'usufruit paternel.
A fortiori, j'applique au père ce que dit du gardien le *Nouveau
Denizart:* « Si les affaires du gardien sont en mauvais ordre et
donnent lieu de craindre qu'il ne pourvoie pas d'une manière convenable à la nourriture et éducation des mineurs tombés en garde,
cette crainte, quoique bien fondée, ne suffirait pas pour faire pro-
noncer la destitution du gardien. »

A la différence de l'usufruit ordinaire, l'usufruit légal ne ces-
sera pas toujours à la mort de l'usufruitier. Le père mort, la mère
a la jouissance, si l'enfant est encore mineur de dix-huit ans (384).
La jouissance ainsi dévolue au survivant pourra cependant se
trouver perdue, s'il n'a pas pris soin de faire faire un inventaire à
la mort du prédécédé. Telle est la peine prononcée dans cette
espèce par l'art. 1442. Deux controverses se sont élevées sur cet
article. Résumons-les brièvement.

La première est relative à la question de savoir dans quel délai
se fera l'inventaire. Trois opinions sont en présence sur ce point:
En principe, dit Proudhon, pas d'effet rétroactif pour les conditions potestatives. Mais il ne serait pas juste d'appliquer ici ce
principe sans tempérament; il faut que le survivant ait un délai
durant lequel il lui suffise d'avoir fait inventaire pour jouir de son

usufruit rétroactivement et sans interruption depuis la mort du prédécédé. Donnons-lui donc trois mois, le délai ordinaire (795, 1456, C. Nap.; 174, C. pr.), sauf, bien entendu, les cas de prorogation. L'effet rétroactif ne sera plus possible à l'expiration de ces délais de rigueur. Cependant nous accordons que si l'inventaire, quoique tardif, a été fait de bonne foi, sans soustractions, ni recélés, l'époux survivant fera siens encore les fruits qu'il percevra depuis sa confection.

Un second système, plus sévère, enseigne que si l'inventaire n'est pas fait dans les trois mois, le survivant arrive trop tard pour le faire, et est irrévocablement déchu de l'usufruit. Il s'appuie sur la doctrine de l'ancien droit, passée dans l'ordonnance de 1667 et relatée par le président de Lamoignon : « Est tenu le gardien de faire faire inventaire des meubles, titres et papiers appartenant au mineur... dans *les trois mois* du jour de l'acceptation, et, ce temps passé, *demeurera déchu* du profit de la garde-noble. »

Enfin, dans le système de la jurisprudence, ce délai de trois mois n'est pas un délai fatal ; et lors même que le survivant a laissé passer trois mois sans faire inventaire et sans avoir obtenu prorogation, il n'est pas encore nécessairement déchu de sa jouissance légale, si ce retard s'explique par des circonstances indépendantes de sa volonté. Cette indulgence me semble d'autant plus équitable qu'on peut même contester la légalité d'un délai qu'on applique par analogie, sans avoir de texte précis.

La deuxième controverse, plus importante encore, porte sur le point de savoir si l'art. 1442 s'applique en cas de régime dotal, d'exclusion de communauté ou de séparation de biens. M. Pont soutient vaillamment l'affirmative dans un article de la *Revue de législation* (1). Nous croyons cependant, avec M. Bressolles, qui l'a réfuté dans un subséquent article (2), que la déchéance prononcée

(1) *Revue de législ.*, 1847, t. III.
(2) *Idem*, 1848, t. II.

par l'art. 1442 n'est applicable qu'au cas où les époux étaient mariés sous le régime de la communauté. Nous n'admettons pas l'indépendance relative des deux parties de l'art. 1442. Il s'agit, dans la première, du défaut d'inventaire des biens de la communauté ; la seconde, ajoutant que le défaut d'inventaire fait perdre *en outre*, etc., reste certainement dans la même hypothèse. C'est une pénalité rigoureuse et spéciale qui remplace la continuation de communauté, et qu'on n'a pas de bonnes raisons pour étendre aux autres régimes.

Enfin, accessoire de la puissance paternelle, notre usufruit légal ne saurait lui survivre : *Accessorium sequitur principale.* Tandis que les Romains ne le faisaient finir qu'à la mort du *parens* lui-même (1), il finira chez nous à la mort de l'enfant, si l'enfant meurt avant sa dix-neuvième année.

La déchéance de la puissance paternelle, par application de l'art. 335, Code pén., entraîne aussi la perte de l'usufruit légal, qui finit au plus tard avec cette puissance, quand il ne finit pas avant.

Et puisque, par une transition naturelle, nous sommes arrivés aux causes d'extinction de la puissance paternelle, remarquons que l'art. 335 précité est le seul qui prononce cette déchéance, relativement à l'enfant envers lequel le délit a été commis. La dégradation civique n'entraîne pas la perte de notre puissance ; l'interdiction légale ne l'entraîne pas non plus ; tandis que, dans le droit féodal, le baillistre n'avait la jouissance du fief qu'à la charge de rendre le service militaire et d'administrer les héritages, règle qui a passé dans le droit coutumier, l'interdiction du père ou de la mère survivante ne fait obstacle qu'au droit d'administration ou de tutelle, non au droit de jouissance légale; car notre *patria potestas* a des droits beaucoup plus étendus que ceux de la tutelle. Voilà ce qui fait que, pour destituer un père de la tutelle de ses enfants, il faut des motifs bien plus graves que pour destituer un tuteur ordinaire. S'il résulte de l'art. 443 que la

____

(1) L. **VII**, Code, *Ad sen. cons.* Tertull.

condamnation à une peine afflictive ou infamante emporte de droit l'exclusion ou la destitution du tuteur, il résulte aussi des art. 28 et 34, C. pén., que la dégradation civique, qui constitue une peine infamante, n'entraîne plus cette destitution d'une manière absolue, lorsque le tuteur est le père survivant. « Même exclus ou destitués de la tutelle, les père et mère ne sont pas pour cela privés de la puissance paternelle qui peut être séparée de la tutelle avec d'autant plus de raison qu'il s'agirait là d'une peine qui, n'étant pas prononcée par la loi, ne peut être suppléée par le juge (1). » Un arrêt de la Cour royale de Paris, du 29 août 1825, s'appuie sur ce considérant : « Si, quant à l'administration légale seulement, l'application de l'art. 444 peut être prononcée, cet art. 444 ne saurait être invoqué pour dépouiller un père de la garde de ses enfants, droit dérivant de la puissance paternelle. » C'est conformément à cette jurisprudence que j'adopte ces excellentes conclusions de M. Demolombe : « Les tribunaux, dit-il, ne pourraient, quelle que fût l'indignité du père ou de la mère, lui enlever en quelque sorte préventivement la puissance paternelle, si cette indignité n'était pas telle qu'elle compromît la personne des enfants, leur bonne éducation physique et morale. Lors même que le père ou la mère commettrait des abus dans l'exercice de l'un des droits de la puissance paternelle, les tribunaux ne pourraient pas lui enlever ses autres droits, dans l'exercice desquels il ne serait pas reprochable ; ils ne pourraient enfin le révoquer, le destituer. Bref, le droit pour les tribunaux de remédier aux abus de la puissance paternelle et d'en empêcher les excès, droit qui n'est pas écrit dans un texte formel, mais qui est fondé sur la nécessité, doit avoir pour mesure et pour limite cette nécessité même qui en est la cause. »

Les droits de tutelle et de puissance paternelle ne doivent pas être confondus : *Aliud tutela, aliud patria potestas.* En cas d'interdiction, de présomption d'absence, sans doute l'usufruitier légal ne peut user des prérogatives attachées à son titre, mais

______

(1) Favard de Langlade, *Rép. de legislation*, v° *Tutelle.*

cè n'est pas une raison pour l'en priver; il en recueillera toujours les bénéfices. La jouissance sera exercée pour son compte.

Bien qu'exclu de la tutelle, le père ou la mère, conservant les droits de la puissance paternelle, garde le droit d'émanciper, c'est-à-dire d'abdiquer la puissance elle-même par une déclaration devant le juge de paix assisté de son greffier (477). On sait l'antique formalisme des Romains, leurs cérémonies compliquées : ces simulacres ne pouvaient s'éterniser. Le temps simplifia bien des choses. Cependant, grâce à ce qui s'était conservé des institutions primitives, dans les pays de droit écrit, l'émancipation fut toujours considérée comme un acte assez important pour nécessiter le ministère du juge. On était plus facile en pays coutumier où l'acte n'avait pas une égale importance ; prenons, par exemple, la Coutume de Montargis et voyons comment elle s'exprime : « Émancipation, dit-elle, se peut faire du père aux enfants en quelque âge que soient lesdits enfants, tant en jugement que dehors, présence que absence desdits enfants, pardevant notaire et témoins (1). » Et la Coutume de Berry nous dit, plus explicite encore : « Peut le père émanciper son enfant présent ou absent, en quelque âge qu'il soit, et n'est requise par la dite Coutume la solennité de droit en l'émancipation… pourvu que la cause pour laquelle se fera la dite émancipation soit au profit des enfants (2). » Nous avons suivi la tradition coutumière.

Aux termes de notre art. 477, il suffit, pour l'abdication de la puissance, que l'enfant ait atteint ses quinze ans révolus ; l'article suivant, au contraire, nous apprend que l'enfant resté sans père ni mère ne peut être émancipé qu'à l'âge de dix-huit ans par le conseil de famille. Pourquoi cette différence ? « C'est que les père et mère offrent une garantie tout à fait exceptionnelle, à raison de leur tendresse pour l'enfant, et aussi de la connaissance intime que presque toujours ils ont de son aptitude, de son caractère, de ses véritables intérêts. On a pu craindre aussi que certains tuteurs

(1) Montargis, ch. VII, art. 8.
(2) Berry, I, art 5.

ne fussent trop tôt disposés à provoquer ou favoriser une émancipation qui les débarrasserait du fardeau de la tutelle (1). »

Remarquons que les père et mère naturels ont aussi le pouvoir d'émanciper l'enfant ; c'est la conséquence de leurs droits sur sa personne. Remarquons enfin que l'enfant peut se trouver émancipé malgré lui par ses père et mère, contrairement au principe admis en droit romain.

L'art. 476 reproduit une ancienne règle de droit coutumier en déclarant que le mineur est émancipé de plein droit par le mariage. C'est notre seul cas d'émancipation tacite, mais le droit coutumier en reconnaissait d'autres. Coquille (Coutume de Nivernais, ch. xxii, art. 2) dit qu'on sort de puissance paternelle soit par émancipation, soit par mariage en âge compétent, soit par prêtrise, soit par promotion à quelque office public... « car, en tous ces cas, ajoute-t-il, selon la Coutume, usance de ce royaume, l'émancipation est présumée. »

Bien qu'en droit romain le mariage ne fût pas une cause d'émancipation, il acquit pourtant la vertu d'émanciper dans plusieurs de nos provinces de droit écrit, entre autres dans celles de ces provinces qui étaient du ressort du parlement de Paris. Brodeau dit que « le même se pratique et se juge au parlement de Toulouse ; » toutefois Boutaric (2) nous fait ici connaître certaines restrictions qu'il est bon de signaler. Le mariage, dit-il, émancipe, savoir : le fils lorsque le père, en le mariant, lui fait une donation à cause de noces, et la fille lorsque le père, en la mariant, lui constitue une dot. Telle est la règle dans la Coutume de Toulouse. Mais les arrêts en ont restreint la disposition à l'égard du fils, au cas où le fils, après le mariage, habité séparément de son père, ou que, demeurant avec son père, il agit en père de famille, chargé par exemple du soin et de la conduite de la maison, *si vivat seorsim a patre, vel in domo patris tanquam paterfamilias.*

_____

(1) M. Valette, *Explic. somm.*
(2) Boutaric, *Inst. Just. collat. cum jure Gallico.*

Plusieurs Coutumes nous offrent des dispositions conformes à la jurisprudence toulousaine. Citons d'abord la Coutume de Bourbonnais. L'art. 166 de la dite Coutume permettait au père qui mariait son fils, de retenir expressément ses droits de puissance. Ainsi le fils ne se trouvait émancipé que si cette réserve n'avait pas été faite, et encore Dumoulin a bien soin d'ajouter, comme on ajoutait à Toulouse : *Hoc intellige, quando datur eis habitatio seorsim; secus si et quamdiu retinentur in domo paterna, ut prius; ut satis patet per hanc consuetudinem et per locum a communiter accidentibus.* Mais, d'un autre côté, dans la même Coutume, la fille, une fois mariée, était émancipée irrévocablement (art. 232). « C'est, dit Omer Talon, une chose qui choque la raison et blesse le sens, qu'une femme qui est adoptée dans une famille étrangère, qui change de nom, qui prend une alliance nouvelle, qui quitte père et mère pour adhérer avec son mari, demeure encore en la puissance de celui qui l'a abandonnée, en la mariant, et qu'en effet elle serve à deux maîtres.... »

Cette espèce d'*abandon* résultant des fiançailles, préliminaires du mariage, on en concluait quelquefois que les fiançailles entraînaient l'émancipation, conclusion bizarre, insolite, extravagante, qui prend force de loi dans le chap. iv, art. 1, de la Coutume d'Auvergne, ainsi conçu : « Depuis qu'une fille a été fiancée ou mariée, bien que, par viduité ou dissolution de fiançailles, elle ne soit plus en la puissance de son mari ou fiancé, néanmoins ne retourne en la puissance de son père, mais demeure dame de ses droits. »

La différence que la Coutume de Bourbonnais fait entre les fils et les filles se retrouve dans la Coutume de Poitou, où la fille, tant noble que roturière, est réputée émancipée par le seul fait du mariage, tandis que, pour le mâle noble, il faut une émancipation expresse, et, pour le roturier, mariage et demeure séparée par an et jour (1); dans la Coutume de Saintonge, où il faut, pour l'émancipation des mâles, tant nobles que non nobles, âge,

_____

(1) Poitou, 225, 276, 312, 314.

mariage et demeure séparée, tandis que le mariage à lui seul émancipe les filles (1) ; enfin dans les Coutumes de Normandie (227, 230), Auvergne (XIV, 12), haute Marche (298), Montargis (VII, 5, 6), duché de Bourgogne (IV, 1) et comté de Bourgogne (24), où l'émancipation n'a lieu que pour la femme seúlement.

Mais ces distinctions ne sont pas admises en pays vraiment coutumiers, où l'art. 14 de la Coutume locale de l'Alloue sous Artois forme la règle générale : « Enfans mariés sont tenus pour hors de pain et de pot (2). » Les enfants mariés (fils ou filles) sont tenus pour émancipés et usant de leurs droits, et ont « l'administration de leurs biens meubles et fruits de leurs immeubles, combien qu'ils ne soient âgés de vingt-cinq ans, mais ne peuvent aliéner leurs immeubles sans décret avant l'âge de vingt-cinq ans (3).... » Cet âge de vingt-cinq ans est celui où, en droit commun coutumier, finit nécessairement la puissance paternelle. L'âge n'émancipait pas, en pays de droit écrit, ni même encore en certains pays de Coutumes ; mais, en sens contraire, il y avait des Coutumes affranchissant l'enfant dès qu'il avait vingt ans, majorité précoce admise en Normandie, en Bretagne, à Amiens et en d'autres endroits. La loi du 20 septembre 1792 et le décret du 21 janvier suivant déclarent toute personne majeure à vingt-et-un ans accomplis, et notre Code, art. 488, adopte à cet égard le droit intermédiaire.

(1) Saintonge, 2, 73.
(2) Loysel, *Inst. coutum.*, 38.
(3) Coquille, *Instit. du droit fr.*

CONCLUSION.

Je voudrais maintenant envisager l'ensemble des constructions et substructions étudiées une à une, pierre après pierre, dans les divers chapitres de notre travail. Qu'y voyons-nous ? D'abord l'institution romaine, étouffant à plaisir la voix de la nature, et masquant, sous le nom de puissance paternelle, le despotisme paternel. Défiant à l'égard de mes propres impressions, j'ai voulu consulter un peu celles des autres. Loin des objurgations un peu déclamatoires des orateurs du Tribunat, j'ai cherché dans le droit, tant ancien que nouveau, l'opinion d'esprits calmes, modérés, réfléchis, qui pouvaient éclairer la mienne; et j'ai vu, non sans satisfaction, je l'avoue, que mes sensations ne m'avaient pas trompé, que mes antipathies étaient bien légitimes et que mes répugnances, d'ailleurs partagées, n'avaient rien de trop passionné. Jusqu'au vieux Connanus lui-même qui s'écrie : *Credo quod tanto imperio suo nonnulli ad crudelitatem abuterentur Romani* (1). *Nonnulli !* c'est un euphémisme. Je sais bien que Pothier a dit : « On ne voit guère d'exemple des abus du pouvoir paternel avant la corruption des mœurs. » D'accord, si l'on veut faire remonter avec moi cette corruption à la fondation de Rome. Autrement, je ne puis être de son avis.

Mais je suis de l'avis de Klimrath, lorsqu'il dit (2) : « L'intérêt du père de famille est, dans le droit romain, le principe constitutif

(1) *Comm. de jur civ.*, l. II.
(2) *Essai sur l'étude histor. du droit.*

et régulateur de la petite société dont il est le chef. Ses enfants sont *in potestate ;* sa femme est *in manu.* L'affection pouvait corriger quelquefois dans la pratique la rigueur de la loi, mais la loi était *immorale et tyrannique.* »

Omer Talon, cherchant la raison d'être de cette grande et impérieuse autorité que ce peuple, jaloux de commander à tout le monde, avait introduite dans chaque famille, dit qu'elle avait pour but et d'obliger les hommes à souhaiter des enfants, quand ils s'imaginaient en devoir être les maîtres, les seigneurs absolus, et de leur inspirer jusque dans leurs maisons ces durs instincts d'absolutisme qui devaient faire la base de l'ordre social. Quoi qu'il en soit, ce droit naquit, et il vécut et il suivit la marche des armées romaines. Il envahit la Gaule et il s'y répandit. Il envahit même nos possessions lointaines où nous le retrouvons dans toute sa rigueur, appliqué de maître à esclave. L'art. 28 de l'édit de 1685, touchant la police des îles de l'Amérique française, s'exprime ainsi : « Déclarons les esclaves ne pouvoir rien avoir qui ne soit à leur maître... sans que les enfants des esclaves, leurs père et mère... puissent y rien prétendre par succession, dispositions entre vifs ou à cause de mort, lesquelles dispositions nous déclarons nulles.... »

Les principes romains nous avaient submergés ; ils avaient inondé la France ; mais les inondations ne sont qu'accidentelles : vient toujours un moment où les eaux se retirent. C'est ce qui arriva, et l'on vit nettement se dessiner alors ce courant germanique qui avait traversé les effluves romaines comme le Rhône passe à travers le Léman, sans s'y perdre, sans s'y confondre. Sous la triple influence des idées chrétiennes, du germanisme et de la féodalité grandit la famille nouvelle, animée d'un esprit nouveau. « Ce n'est plus, dans la société du moyen âge, le lien civil de la puissance qui lui sert de fondement, c'est le lien religieux du mariage (1). » Il n'y a en puissance que les enfants

---

1) D'Aspinay, *Mémoire sur l'infl. du droit canon.* (Acad. de lég. de Toulouse, 1855.)

légitimes : les bâtards et les adoptifs n'y sont point, ces derniers, « parce que l'adoption n'est plus en usage en France (1). » Et cette puissance des pays coutumiers ne ressemble guère à la *potestas* romaine. Allons plus loin : disons que c'est la négation de la puissance paternelle dont on usait dans les pays de droit écrit, négation présentée (Coutume de Senlis, 221) sous cette forme brève et significative : « Puissance paternelle n'a lieu ; » négation propagée en pays de Coutumes par Dumoulin, Loysel, et maint et maint auteur. « C'est, dit Bretonnier, une maxime triviale que la puissance paternelle n'a pas lieu dans les pays coutumiers (2). » Et Coquille : « La puissance paternelle n'est que superficiaire en France, et par nos Coutumes en ont seulement été retenues quelques petites marques avec peu d'effet. Pour quoi ne faut trouver étrange si les Coutumes en ont parlé diversement.... » Et plus loin : « De fait, pour le général en France, le droit de la puissance paternelle n'est qu'imaginaire. » — « En la Coutume de la prévôté et vicomté de Paris, la puissance paternelle n'est reçue, dit Bacquet (3), mais seulement la révérence paternelle. » — « Nous n'avons plus, dit encore M. Du Vair, au VIᵉ des arrêts prononcés en robe rouge, la puissance paternelle que les Romains avaient sur leurs enfants ; cette souveraine domination est changée, de la part des pères, en un charitable amour, et cet esclavage, de la part des enfants, en un honneur plein de respect (4). »

Les droits civils du père de famille cèdent le pas à ses devoirs moraux. On est enfin entré dans un ordre d'idées qui, contenant en germe les plus grands progrès, aboutiront à la rédaction de nos Codes où les diverses sources que nous avons vues déposeront un jour leur limon généreux, comme pour féconder notre champ de travail. Mais avant d'arriver au port, que de tempêtes, et, par

(1) Argou, *Instit. au droit fr.*

(2) Questions de droit, vᵒ *Puiss. patern.*

(3) *Traité des droits de justice*, ch. XXI.

(4) Louet, *Recueil d'arrêts du parlem. de Paris.*

suite, d'ébranlements dans une institution d'une telle importance !
« Il n'arrive point de révolution dans l'État, la civilisation ne fait
point de progrès que la constitution et l'esprit de famille ne s'en
ressentent profondément. Et, à son tour, la famille porte en son
sein ou la force conservatrice ou le principe dissolvant de la
société. L'ordre civil, l'ordre moral, l'ordre politique, tout est
là (1). » C'est ce qui nous explique que tout novateur qui prétend
opérer des changements durables, tourne ses regards du côté de
la famille pour en faire une institution aristocratique ou démocra-
tique, suivant les tendances de la réforme ou suivant les besoins
de la cause à servir. Dès le début de la Révolution française, nous
voyons l'attention tournée de ce côté. Il s'agit de faire pénétrer
dans les familles les principes de *self-government*, les idées de
liberté et d'égalité dont on rêve le triomphe dans l'ordre social.
Comment s'y prendra-t-on? Par des moyens extrêmes, car comment éviter les exagérations dans ces moments d'effervescence
populaire où tout est possible, moins la modération? Tôt ou tard,
chaque peuple a son âge héroïque où, devant les autres peuples
qui le contemplent, il grandit tout d'un coup et prend des proportions étranges, gigantesques. Partout, en tout, l'excès dans le
bien, dans le mal. L'harmonie règne encore au milieu du désordre. L'énormité du mal, l'énormité du bien s'équilibrent et se
compensent.

Le mal, nous l'avons vu, c'est l'exagération des principes égali-
taires qui fait qu'on assimile l'enfant naturel à l'enfant légitime,
et qu'on énerve encore ces liens de famille déjà si relâchés en pays
coutumiers. Le bien, c'est la suppression, au sein des familles,
d'une illégitime inégalité, c'est l'abolition des choquants abus de
la puissance paternelle, qui rendaient le droit écrit si contraire à
la liberté du commerce et de l'industrie, même aussi à la liberté
individuelle ; ce sont enfin ces nobles aspirations des ténèbres à la
lumière, aspirations passées dans la Constitution de 1791 où il est
dit qu'il y a des parties d'enseignement *indispensables* pour tous

______

(1) M. Naudet, *Acad. des sc. morales*, 23 mai 1844.

les hommes, dans le décret du 29 frimaire an II, qui proclame l'instruction primaire obligatoire et punit les pères récalcitrants, la première fois, par une amende égale au quart de leurs contributions, et la seconde fois par la suspension de leurs droits civiques pendant dix années ; enfin dans la Constitution de l'an III, qui punit les jeunes gens eux-mêmes en leur refusant expressément l'inscription sur les registres civiques, s'ils ne prouvent qu'ils savent lire et écrire : dispositions qui n'ont, hélas ! laissé de trace que dans la loi du 22 mars 1841, une petite loi qui devrait bien devenir grande.

Si, pendant la tourmente révolutionnaire, l'ancien régime avait sombré, il avait cependant laissé bien des épaves. Pour conserver sûrement ces débris du passé, les utiliser sous des formes rajeunies en les accommodant à des besoins nouveaux, on les a recueillis dans un Code, et ce Code se trouve être l'arche sainte de la civilisation moderne. Combien d'idées ailées en sont déjà sorties et sont allées s'abattre aux quatre aires du vent ! Combien d'autres ne demandent qu'à être lâchées pour prendre leur essor vers les rives prochaines ou les plages lointaines ! Que de germes féconds concentrés, renfermés dans ce petit volume, et n'attendant plus rien qu'une main qui les lance, un bon vent qui les pousse, une voix qui leur dise : « Croissez et multipliez-vous ! »

Suivant M. Chardon (*Traité des trois puissances*), la responsabilité des mauvaises actions, indispensable dans l'intérêt général, est peut-être le motif qui a le plus contribué à donner à la puissance paternelle autant d'étendue qu'elle en a. De tout temps, les parents ont été responsables des délits de l'enfant mineur : « Et ce il faiseit nul mau et nul larecin tant come il est desous son père, la raison juge qu'il en est tenus le père ou la mère auci bien, come c'il meisme l'eust fait, et de faire l'amende sur tous ses biens (1). » Le Code Napoléon (1384), le Code pénal (74), le Code forestier (206), la loi sur la pêche fluviale (74) sont conçus dans le même esprit. Pour moi qui, comme Montaigne, « accuse toute

____

(1) Assises, Cour des bourgeois, ch. CCXVIII.

violence en l'éducation d'une âme tendre qu'on dresse pour l'hónneur et la liberté, » croyant que l'exercice du droit de correction n'est pas un excellent moyen d'éducation à l'usage des père et mère, estimant d'ailleurs avec le tribun Vesin (1), que ce droit ne doit jamais être un instrument de despotisme entre leurs mains, je pense qu'on ne le leur laisse que pour sauvegarder au besoin cette responsabilité qui leur incombe.

Nous avons dit ce qu'est la puissance paternelle au point de vue du droit positif. Terminons en cherchant ce qu'elle devrait être au point de vue théorique du droit naturel. Connanus en pose la base : *Paternum sane dominatum*, nous dit-il, *natura instituit, sed eum humanitatis plenum et pietatis.* C'est un pouvoir de garde et de protection. Les liens de la sujétion des enfants, dit Locke, sont semblables à leurs langes et à leurs premiers habillements. L'âge et la raison les délivrent de ces liens qui, enseigne Perreau, doivent se relâcher à mesure que l'enfant, par le développement continuel de ses facultés physiques et morales, acquiert à la fois plus de force et de raison, et commence de vivre de sa propre vie. « La puissance, ajoute-t-il, cesse d'être coercitive à l'époque où l'enfant, devenu homme, jouit, dans leur plénitude de ses moyens d'existence.... Mais quoiqu'il y ait une époque où elle doit cesser d'être coercitive, il n'en est point où elle puisse perdre ce caractère sacré qui lui donne des droits éternels aux égards, au respect de l'enfant. »

Ces idées-là n'ont pas été perdues de vue par nos législateurs. L'exorde de Réal m'en fournit une preuve et m'offre la meilleure des péroraisons, le meilleur résumé des idées théoriques que j'ai essayé d'indiquer en peu de mots :

« Nous naissons, dit-il, faibles, assiégés par les maladies et les besoins ; la nature veut que, dans ce premier âge, celui de l'enfance, le père et la mère aient sur leurs enfants une puissance entière, qui est toute de défense et de protection.

« Dans le second âge, vers l'époque de la puberté, au moment

____

(1) Sur l'art. 282.

même où l'esprit commence à exercer ses forces, où l'imagination commence à déployer ses ailes, où nulle expérience n'a formé le jugement, la puissance paternelle, qui est alors toute d'administration domestique et de direction, pourra seule ajouter la vie morale à l'existence physique, et, dans l'homme naissant, préparer le citoyen.

« Enfin arrive l'âge où l'homme est déclaré par la loi, ou reconnu par son père en état de marcher seul dans la route de la vie. A cet âge ordinairement, il entre dans la grande famille, devient lui-même le chef d'une famille nouvelle et va rendre à d'autres les soins qui lui ont été prodigués.... En vain la loi civile l'affranchirait alors de toute espèce d'autorité paternelle : la nature, plus forte que la loi, le maintiendrait éternellement sous cette autorité. Désormais libre possesseur de ses biens, libre dans la disposition qu'il peut en faire, libre dans toute sa conduite et dans tous les soins qu'il donne à ses propres enfants, il sent qu'il n'est pas libre de se soustraire à la bienfaisante autorité qui ne se fait plus maintenant sentir que par des conseils, des vœux, des bénédictions. Ce n'est plus un devoir dont il s'acquitte envers les auteurs de ses jours, c'est un culte qu'il leur rend toute sa vie... c'est désormais la piété filiale adorant la piété paternelle. »

Qu'il y a loin de ces nobles pensées qui ont inspiré la réorganisation de l'autorité paternelle à ces idées barbares qui avaient inspiré la fondation de la *patria potestas !* A Rome, liberté, propriété, sûreté, ces droits imprescriptibles de l'homme social, sont lettre morte pour les enfants en puissance. Mais l'ordre naturel a été retabli. Nous avons marché depuis Rome et plus que Rome, et nous marchons encore d'un pas résolu sous la bannière du droit et de la justice.

POSITIONS.

DROIT ROMAIN.

I. Le *jus vitæ et necis erga liberos* a disparu dès les premiers temps de l'empire.

II. La *condictio*, action de droit strict, ne peut jamais être donnée contre le père pour les contrats passés avec ses préposés, que dans les cas seulement où il en serait passible, s'il avait contracté lui-même. C'est en ce sens restreint que nous devons entendre le § 8 du t. VII du l. IV des *Institutes*.

III. L'action *de peculio* devait être accordée, même *ex ante gesto*, contre l'*adrogator*.

IV. L'incapacité dont le *parens* est frappé par la stricte application des lois caducaires, l'empêche d'acquérir les hérédités ou legs laissés à son fils en puissance. *Nec obstat* l. CXL, *de Verb. signif*.

V. Sauf l'exception relative à la *dotis dictio* (*Vat. fragm.*, 99), les filles de famille peuvent s'obliger civilement.

VI. Un fils a, contrairement au sénatus-consulte macédonien, fait un emprunt d'argent : le prêteur qui a reçu de lui et consommé ce qu'il savait appartenir au père, est en tous cas passible de la *condictio*. La bonne foi du prêteur seule serait un obstacle à l'exercice de l'action. Ainsi se concilient Julien et Marcellus. (L. IX, § 1, Dig., *de Sen. cons. Maced.*, et l. XIV, Dig., *de Reb. cred.*)

VII. Celui qui, contrevenant au sénatus-consulte, a prêté de l'argent à un fils de famille, et qui, de ce dernier devenu *sui juris*, a reçu une partie de la somme prêtée, n'est pas soumis sans doute à la répétition, mais n'a pas d'action pour réclamer le reste, à moins que le payement partiel n'ait été fait expressément à titre d'à-compte. (L. VII, § 16, Dig., *de Sen. cons. Maced.*)

VIII. La loi XXXVIII, Dig., *de Condict. indeb.*, démontre, par des applications diverses, la portée de cette règle que le profit du pécule n'existe, pour ceux qui y ont droit, que sous la déduction des dettes grevant ce pécule.

DROIT FRANÇAIS.

I. L'enfant détenu par application de l'art. 377 a un recours contre la décision du président, non-seulement lorsqu'il a des biens ou un état (382), mais dans tous les cas où la détention a été ordonnée par voie de réquisition.

II. Les meubles compris dans un usufruit légal sont aux risques et périls du père usufruitier ; c'est pour lui qu'ils périssent et se détériorent ; il doit les rendre propres encore à l'usage auquel ils étaient destinés, ou sinon payer la valeur estimative (453). Il ne suffit pas pour lui de les rendre dans l'état où ils se trouvent, non détériorés par son dol ou sa faute.

III. L'usufruitier légal est tenu d'acquitter non-seulement les intérêts et arrérages qui ont couru depuis l'établissement de l'usufruit (charge imposée à tout usufruitier d'une universalité ou d'une quote-part d'universalité), mais en outre les intérêts et arrérages qui auraient couru antérieurement à l'établissement de l'usufruit, et qui n'étaient pas encore payés à cette époque.

IV. L'art. 477 autorise la mère à émanciper son enfant, même avant la dissolution du mariage, lorsque le mari est dans l'impuissance de remplir activement les droits et les devoirs de l'autorité paternelle.

V. La mère n'a jamais droit à l'usufruit légal avant la dissolution du mariage.

VI. L'art. 1442, qui prononce contre le survivant des époux la déchéance de l'usufruit légal sur les biens de ses enfants mineurs, pour défaut d'inventaire, doit être limité au régime de communauté.

VII. La clause par laquelle on refuse au père l'administration des biens donnés ou légués à l'enfant, n'est pas nulle en principe, mais seulement annulable, *cognita causa*.

VIII. La prohibition de l'usufruit paternel, autorisée art. 387, ne peut s'étendre à la réserve de l'enfant.

IX. Les enfants n'ont droit à la réserve que la loi leur accorde sur les biens de leurs père et mère et ne la recueillent qu'à titre d'héritiers : aucune disposition du Code ne sépare la qualité de réservataire de la qualité d'héritier, et n'autorise l'enfant qui répudie la succession à réclamer ou conserver un droit sur la réserve.

DROIT PÉNAL.

I. En principe, la prescription de l'action publique entraîne l'extinction de l'action civile.

II. A part les restrictions indiquées dans la loi, le juge pénal est aussi juge des questions préjudicielles.

HISTOIRE DU DROIT.

I. L'influence des Coutumes celtiques a été nulle ou presque nulle dans la composition de notre droit français.

II. La noblesse française a sa source dans l'antrustionat de l'époque franque.

Vu par le Président de thèse.
ORTOLAN.

Vu par le Doyen,
C. A. PELLAT.

Permis d'imprimer.
CH. GIRAUD.